● 本研究选取了泛长三角 42 座城市为研究节点

改革开放以来泛长江三角洲
空间结构演变研究

沈惊宏 ◎ 著

合肥工业大学出版社

图书在版编目(CIP)数据

改革开放以来泛长江三角洲空间结构演变研究/沈惊宏著 . —合肥：合肥工业大学出版社,2017.2
ISBN 978 - 7 - 5650 - 3270 - 7

Ⅰ.①改…　Ⅱ.①沈…　Ⅲ.①长江三角洲—区域经济—空间结构—研究　Ⅳ.①F127.5

中国版本图书馆 CIP 数据核字(2017)第 025035 号

改革开放以来泛长江三角洲空间结构演变研究

沈惊宏　著　　　责任编辑　疏利民　　　　　特约编辑　孙南洋

出　　版	合肥工业大学出版社	版　次	2017 年 2 月第 1 版
地　　址	合肥市屯溪路 193 号	印　次	2017 年 4 月第 1 次印刷
邮　　编	230009	开　本	710 毫米×1010 毫米　1/16
电　　话	总 编 室:0551 - 62903038	印　张	18.75
	市场营销部:0551 - 62903198	字　数	288 千字
网　　址	www. hfutpress. com. cn	印　刷	合肥现代印务有限公司
E-mail	hfutpress@163. com	发　行	全国新华书店

ISBN 978 - 7 - 5650 - 3270 - 7　　　　　　　　　定价:38.00 元

如果有影响阅读的印装质量问题,请与出版社市场营销部联系调换。

前 言

　　长江三角洲经过 30 多年的高速发展，导致土地、淡水、人力、能源等资源供给紧张，出现了诸如工业增长幅度回落、商务成本不断提高、经济效益明显下滑等问题。为此，需寻求成本更低、空间更大的经济腹地，以实现产业转移和产业结构升级。新形势下，长三角地区变得更加开放，合作范围更加广泛，以苏、浙、皖、沪三省一市组成的泛化下的长三角日趋形成。本书正是通过对泛长三角改革开放以来经济、可达性和城市场的空间结构演变进行研究，探求其演变规律、作用因素和空间特征，从而为泛长三角空间结构整合及发展战略提供科学依据，最终实现泛长三角区域经济一体化。

　　本研究基于扩散理论，从城市经济扩散视角研究区域经济空间结构演化特征。诚然，从不同的视角研究区域空间结构，其总会展现不同的空间结构特征，从而可以提炼出不同的空间结构演化类型，并以此进行空间整合，达到解决科学问题的目的。

　　本书对可达性的研究中，从时间可达性、费用（经济）可达性、吸引机会可达性三大层面六个角度分别进行测算，其中最短费用可达性、最小费用可达性以及吸引机会可达性测算方法少有学者涉猎。书中构建了场对数扩散效应模型，这一模型以场强"平均值"法取代"制高点"法，可以较真实反映区域经济联系强度，从而避免了以往区域场影响区算法中理论与实际脱节的现象。从泛长三角场强空间结构特征提炼出的五种空间结构类型，既是对区域空间结构的一种全新解释，又对过往经典空间结构模式做了有益的补充，更好地阐释了区域空间结构演化的

1

过程。

由于时间跨度较大、地域范围较广，给数据获取及其测算造成了一定的困难。考虑到庞大工作量的问题，本研究选取了泛长三角42座城市为研究节点，对42座城市经济、交通和城市场进行了演化测算，得到的是基于42座城市三方面的空间演化状态，这对城市布点较稀疏且处外围的浙江南部和江苏北部来说，肯定会对其空间结构微观状态有点影响。如果取泛长三角县级城镇为基本研究单元，则可更加细致地了解其空间结构的演化实情，这将是今后研究泛长三角空间结构继续努力的方向。

本书历时一年，得到了南京师范大学张小林教授、黄震方教授、赵媛教授以及南京大学张婕教授等的悉心指导，尤其是我的导师陆玉麒教授前前后后的鼎力指导，最终完成了这本书，在此一并感谢。

作者

2016 年 10 月 18 日

MU LU 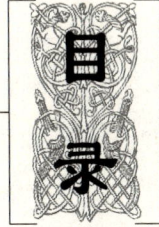 目录

1

3

第一章 绪 论

1.1 研究背景

1.1.1 区域经济一体化发展趋势及区域经济发展不平衡

伴随着经济全球化，新的劳动地域分工在世界范围内延伸，后工业社会的经济组织关系发生了巨大变化，城市区域化、区域一体化日益成为全球发展的趋势，在全球化和信息化浪潮推动的全球激烈竞争中，整合市场和资源以形成整体区域竞争力，使得一体化的趋势不可逆转。近年来，在一体化进程不断加快的同时，不同区域的发展具有不同的特点和速度，区域一体化呈现出纷繁复杂的新格局。

改革开放以来，我国经济发展驶上了快车道，令人耳目一新。但是，由于受到区位不同、资源禀赋有别、历史积累的差异和国家政策倾斜等多种因素的影响，地区经济发展的不平衡状况也在加剧，有的地区即将完成工业化，有的已步入工业化中期，有的则刚刚进入或尚未进入工业化阶段。面对新的形势，该如何采用适当的地域空间组织模式，通过协调发展机制，以实现社会、经济及生态环境的综合优化和区域可持续发展便成为我国区域规划专家、社会学家、经济地理学家及行政管理工作者共同关注的热点，并引发了许多理论和实践探索。

1.1.2 长江三角洲泛化的必然性

长江三角洲（下文简称"长三角"）16 市经过 30 多年的高速发展，已经导致土地资源、淡水资源、人力资源和能源资源供给紧张。长三角地区出现了诸如工业增长幅度回落、经济效益明显下滑、吸收外资增势减缓和外贸进口增幅下降等新问题；长三角区域经济需要解决的最主要问题是调整经济结构，转变增长方式和实现产业升级。原来那种粗放的、主要依赖廉价劳动力实现经济增长的方式必须要变，"老路已经走到头了"，即长三角的传统产业需要转移，部分优势产业亟待升级，这就要求长三角地区有一个成本更低、空间更大的腹地。这个更大的腹地，需要有低廉的劳动力、丰富的土地资源、广阔的市场和良好的交通条件等（朱舜，2007）。长三角的品牌不是某一部分城市所独有的，也不是某一个地区能够形成的。长三角的品牌需要更多的周边城市来共同打造，这样才可能使其真正成为"世界第六城市群"。随着区域经济的转型，区域经济合作的形式也就要相应做出调整。比如，现在很多的长三角企业因为商务成本不断提高，正逐渐向成本较低的周边城市转移。这样一种趋势，就要求长三角突破原来"半封闭"的状况，使其更加开放。新的形势下，如何调整和整合这种泛化下的长三角，已成为经济地理学者和区域经济学者研究的焦点。

1.1.3　经典空间结构模式应用的不足

对区域空间结构及其演化的研究，是区域经济学理论体系中的核心内容。不同的区域和发展阶段，区域空间结构既表现出一定的共性，也存在差异，呈现出各种形态。有关区域空间发展模式的理论探讨和实践应用，如增长极模式、点轴模式、核心-边缘模式、网络模式等显然对设计区域经济空间格局有直接的、长期的价值。这些空间结构模式的提出主要是建立在"点-点""点-线""面—面"基础上的，它们对区域不同发展阶段进行了定性描述，从不同角度科学地揭示了区域空间结构演变的规律，为区域发展提供了战略决策依据。但这些区域空间结构发展模式跳跃性强，一般用三或四个形态特征来粗略地描述整个区域发展的过程，忽略了某些阶段空间形态的刻画，特别是对当今中国快速发展过程中短瞬间历经的一些空间形态阶段有所忽略。区域发展是不平衡的，一个大的经济区内部更是如此，如何针对区域发展阶段差异，找出其外现的不同空间结构阶段形态，从而进行有效的空间整合及提出发展对策，最终实现区域一体化，这些将是本书试图解决的问题。

1.2 研究目的和意义

1.2.1 研究目的

区域空间结构是处在不断变化发展中的，空间结构中的每一种事物、客体及其相互间产生的运动现象，都形成一种空间态势，它们在整体中的结合关系便产生一种多重空间。对空间系统的考察分析，强调系统中各组成部分即子系统之间的相互关联性，也强调它们连接变化的过程（陆大道，1995）。区域空间结构形态演变具有一定的规律，找出其发展演变特征，预测发展走向，从而为生产实践服务。通过对泛长三角改革开放以来空间结构演变研究，探求其演变规律、空间特征和作用因素，从而为泛长三角空间结构整合及其区域发展决策提供科学依据。

1.2.2 理论意义

空间结构是社会经济客体在空间中的相互作用及所形成的空间集聚程度和集聚形态，是区域发展状态本质反映的一个重要方面，是从空间组织和空间分布角度考察、辨认区域发展状态和区域经济社会有机体的罗盘（陆大道，2003）。本书在改革开放以来泛长三角城市综合实力空间扩散形态演变研究的基础上，拟以点、线、面要素相结合，其中突出以面要素为特征，提炼并构建了泛长三角改革开放以来空间结构的五种类型。这五种空间类型兼具有一定的发展阶段性和时空并存性，突破了以往的"点-点""点-线""面—面"要素构建的空间结构模式不能反映大经济区局部空间形态差异的演变过程。本研究较具延续性地刻画了改革开放以来泛长三角城市综合实力扩散形态不同时期的空间结构特征，是对以往空间结构模式理论的有益补充，从而更好地为泛长三角经济发展提供理论指导。

1.2.3 实践意义

（1）为区域空间整合提供新视角的参考。区域空间整合是经济地理学研究的传统课题之一，也是一个具有实践性的规划问题，它是政府制定区域发展规划、合理布局生产力与进行区域经济合作的重要依据。经济空间整合之所以必要，是由于区域经济差异的客观存在。区域经济差异作为经济发展过程中出现的一个普遍性问题，具有明显的负面效应，直接影响着社会的安定和人民生活水平。因此，按照各地区经济发展的差异性及独特性，实施不同的经济发展战略和区域发展政策显得尤为重要（万荣荣，2001）。

空间结构是经济活动的空间表现形式，它反映了经济活动的区位特点以及在地域空间中的相互关系，合理的空间结构对区域经济的增长和发展有着显著的促进作用（崔功豪，1999）。本研究提炼的泛长三角空间结构类型是基于区域场强模型和一定经济社会发展阶段，客观、科学地评价泛长三角各地域空间形态特征及其一定的历史阶段性，进而提出区域空间整合，并在此基础上提出相应的产业发展战略。从区域的整体利益出发，强调区域全面协调可持续发展，实行积极有效的宏观调控政策，对于泛长三角各地域尽快完成工业化，实现党在十六大提出的全面建设小康社会的战略目标具有十分重要的现实意义。

（2）对实现东西部承接区经济的可持续发展有着重要的现实意义。近年来，长三角地区积极探索与安徽的全面合作，共同打造以苏、浙、皖、沪三省一市为合作主体的"泛长三角城市经济区"。目前泛长三角大经济区发展不平衡，区域差异显著。在合理的经济空间规划基础上，搞好泛长三角城市经济区内部的经济分工与协作，必将使泛长三角城市经济区各地域优势得到充分发挥，从而促进社会生产力的发展。根据泛长三角城市经济区发展的要求及其地区内部经济特点，按不同区域实行生产力择优布局；在认真分析各地区情况和特点的基础上，正确认识不同经济区域在泛长三角经济发展中的地位和作用，从而在泛长三角经济一体化发展战略引导下，确定不同类型经济区域的发展目标和方向；针对区域经济发展和布局中存在的问题，采取积极措施，逐步调整和改善区域经济结构，使各地域经济能朝着正确的方向和目标发展。

支持中部地区崛起、促进全国区域经济协调发展战略是中央区域经济政策的一次重大转移，为安徽的经济发展提供了机遇。安徽省东临长三角地区，西接广大中西部地区，劳动力资源丰富，基础设施较完备，具有承接东部资本流动和产业转移的良好条件，因此安徽省是构建泛长三角经济区的必然选择。在这一前提下，明确安徽省内较先进地区和较落后地区的区间格局，揭示其在泛长三角经济区的经济地位，对于进一步研究和分析安徽省内各区域经济发展的状况，探求切实可行的区域协调发展政策以实现安徽省作为东部产业转移承接实验区的经济可持续发展有着重要的示范意义。

1.3　研究对象

长江三角洲本是个自然地理概念，它是指长江所携带的泥沙在入海口不断堆积形成的堆积体，一般认为其范围包括江苏镇江以东，浙江杭州湾以北，通扬运河以南，面积约 5 万平方千米，是长江中下游平原的一部分。如今人们更关注它的社会经济意义，通常有"小长三角""大长三角""泛长三角"等提法。

长三角土地肥沃且具有丰富的水资源，是我国较早开发的地区之一，也是近代产业和发展资本集聚最快的地区之一。长三角处于沿海黄金海岸和长江黄金水道的结合处，水网交错，拥有长江流域广大的经济腹地，还可以通过海上交通和陆上交通与东北、东南及华北交流，可以最有效地集聚资源、资金并向外扩散。改革开放以来，长三角的经济区位优势更加明显，经济实力及其在国家的经济地位不断提升。正因如此，长三角一直是国内外学术界、商界、政界高度重视的地区，并吸引了大量资金的注入，在较短时间内成为城市化和工业化进程加速发展的地区。随着工业化的进程长三角范围不断扩充，由于经济发展和区域协调发展的需要，"泛长三角"便应运而生（佘之祥，2009）。

1.3.1　长江三角洲范围的扩展

长江三角洲作为一个区域空间，在近 30 年里有着不同地理位置的划分，出现了不同范围的指称，而这种指称与划分是伴随着区域经济一体化发展步伐而不断扩展的。

长三角区域是由最初提出的"以上海为中心建立长三角经济圈"的

设想逐渐演变而来的，这里所说的长三角区域在空间上仅指上海、南京、宁波、苏州、杭州5个城市的范围。

正式将长三角列为国家级经济区的时间是 1982 年 12 月，国务院决定成立以上海为中心的上海经济区。成立上海经济区的主要目的是考虑上海与其周围城市的经济联系十分密切，而同时又存在计划体制及行政区划的约束。这个范围包括上海、苏州、无锡、常州、南通、杭州、嘉兴、湖州、绍兴和宁波，共 10 个市，基本上和自然地理的范围相当。

1997 年由市长级别组成的长江三角洲经济协调会，每两年举行一届正式会议，第一届协调会的常务主席是上海市，而后其他市轮流担任主席。长三角经济协调会研究并提出了广泛涉及资源开发、外贸、金融、信息、基础设施建设和环境治理等方案以及相应的文件。协调会的章程规定："长三角协调会由长江三角洲地区 15 个城市组成"，它包括上海、杭州、宁波、嘉兴、湖州、绍兴、舟山、南京、苏州、常州、无锡、镇江、南通、扬州、泰州，即现在的浙北和苏南。长三角总面积为 77800平方千米，约占全国总面积的 1%。由于地区内部的合作发展需要，长三角地区仍有地方的活动组织，比如长三角 15 城市（上海市、江苏省的南京、苏州、无锡、常州、镇江、扬州、泰州、南通、浙江省的杭州、宁波、绍兴、嘉兴、湖州、舟山）共同组成的协作办（委）主任联合会，它以区域合作共同发展为主题，自 1992 年到 1996 年共召开了五次会议。

由于经济高速发展，长三角地区已成为我国经济最活跃、最发达、最具国际竞争力的地区之一。受其发展魅力的吸引，越来越多的一些华东城市正纷纷申请加盟。在 2003 年 8 月召开的长三角第四次城市经济协调会上，浙江省的台州市被正式接受为长三角第 16 个城市，形成了所谓"15＋1"长三角 16 市，即普遍意义上的"小长三角"。

2010 年 3 月在浙江省嘉兴市召开的长江三角洲城市经济协调会的第10 次市长联席会议决定，长三角经济协调会成员由 16 个增至 22 个，即长三角核心城市群扩容。不仅吸收金华、衢州、盐城、淮安等 4 个苏、浙城市为新成员，而且让安徽省的合肥、马鞍山两市也正式成为新会员，使"长江三角洲"大大突破了自然地理界线，成为真正意义上的经济区概念。

1.3.2 "泛长江三角洲"提出的背景

（1）经济全球化的带动，参与国际竞争的需要。当今世界全球化的趋势日益显著，这是生产力发展的必然，也是世界经济发展的结果。经济全球化为各国提供了机遇和挑战，也是包括中国在内的广大发展中国家长足发展的必由之路。对于发展中国家而言，借鉴发达国家的历史经验，采取开放引进、综合创新和后发战略，少走弯路，主动融入全球化的浪潮是其发展的重要途径。经济全球化促进了长三角地区的快速发展，如今的长三角地区，乃至全中国都是世界市场的一部分，参与全球化资源的重新配置。随着长三角的快速崛起，国际资本在中国的投资重心逐步从珠江三角洲转移，长三角目前正以其优越的自然条件、优良的人文环境、雄厚的经济基础、广阔的腹地而深受投资者青睐。长三角地区在承接国际资本转移中拥有得天独厚的优势，同时可以利用自身的产业结构优势，将处于"中部塌陷"地区的安徽等地区作为原有产业的转移地，相互之间加强合作、合理分工、优化配置，以实现长三角地区的区域平衡发展。

目前，长三角地区已经成为世界制造业转移的主要承接基地，与经济全球化的联系非常紧密，面对激烈的国际竞争，长三角地区部分正逐步失去低成本优势的传统产业仍占相当比重，装备工业仍缺乏国际竞争力，经济整体素质和运行质量不高，专业化程度和相互关联配套度不高。如果长三角地区继续将资源集中在传统的加工工业上，面对未来的全球产业价值链的竞逐就会处在不利地位。面对未来国际产业转移所带来资金和技术的转移浪潮，长三角地区要充分体现其优势，要加快产业升级，加速原先比较优势的资源消耗型、劳动密集型的产业转移，以便有更充分的资源来发展具有国际竞争力的新兴高科技产业。在经济发展中，随着技术因素的作用不断增大，长三角地区应利用技术学习的跳跃式特征，缩短与发达地区在高新技术领域研究水平的差距，由此改变长三角地区在国际经济体系中的分工地位，争取在国际经济分工体系中率先由垂直型的下游地位向中游和上游分工地位转变，以提高其在新一轮国际经济合作中的地位及竞争力。这就要求长三角地区要在今后的发展过程中不断寻求空间的拓展，扩大长三角的区域范围、加强区域内部整合并提升区域整体实力和发展能力，为产业转移和区域合作创造良好的发展环境，并推动上海尽快成为国际经济中心，已成为我国参与国际竞争、承担国际分工和保持经济持续高速发展的客观需要。

（2）国家战略规划和区域统筹发展的需求。2007 年，温家宝总理在上海主持召开长三角地区经济社会发展座谈会时明确指出："长三角区域优势明显，在我国社会主义现代化建设中处于十分重要地位，要进一步地解放思想，加快推进改革开放，充分发挥长三角区域优势，促进长三角地区实现科学发展、率先发展，提高创新能力，增强综合实力、国际竞争力和可持续发展能力。"

推进长三角地区实现统筹发展意义深远：有利于加强综合国力和国家经济实力，更好地支援广大中西部地区，促进全国所有地区共同发展；有利于发挥长江三角洲地区经济增长极和发动机的功能，带动沿海地区和长江流域的经济发展；有利于提升我国经济抗风险能力和国际综合竞争力。长三角地区率先走科学发展的道路，不仅是该地区本身发展的迫切需要，同时也可为全国其他地区发展提供有益的借鉴经验，具有极其重要的示范功能。近 30 年来，长江三角洲地区改革开放和现代化建设走在全国的前列，取得了显著成就，也积累了许多重要经验，有力地带动了东部地区和长江流域的发展，为全国经济和社会发展做出了重要贡献。

要谋求长三角地区的更快更好发展，就要做到视野宽、思路新和起点高，想得更深，看得更远。既要着眼于科技革命和经济全球化迅猛发展的大好势头，同时又要从我国当前全面建成小康社会和实现现代化的伟大目标出发，发挥区域整体优势和各地比较优势，确定正确的发展方向、发展模式和发展战略。

按照经济内在发展需要，长三角经济圈扩容和社会一体化已势在必行。一般而言，社会一体化是国家现代化必须要面对和解决的问题，否则将导致区域发展不平衡、城乡冲突凸显和地方矛盾突出。长江流域中下游的安徽等地区，由于许多方面原因，它们的社会发展和经济发展远落后于长三角地区。就整个中国来说，全国经济增长的制高点与发达国家先进水平相比还相差较大，经济发展的巨大潜能远未释放，地区发展的强力拉动还待挖掘，空间整合的发展潜力亟须提升。为此，需要在原有区域点状发展中心的基础上实现区域经济社会协调联动，推进区域趋优调整，为扩大区域规模注入新的动力源。

（3）中部崛起及其承东启西的经济联动发展需要。国际国内的经验表明，不发达地区承接发达地区的产业梯度转移，是加快发展、赶上先进地区的基本动力和途径，这也是中部崛起的一个重要选择。东部长三角地区经过20多年的发展，资金和技术均有很大的积累，现有的产业结构已难适应经济发展的需要，必须进行产业结构的优化升级。长三角地区部分企业，尤其是劳动密集型企业，也在寻找时机向内地转移。在以企业为主体、以市场机制为主导的产业转移中，企业家选择的根本动力是资金回报，看重的是市场发展环境和产业发展环境。这就使交通可达性较好、资源丰裕、市场辐射力强、产业基础完备、成本低廉的广大中部省市自然而然成为产业转移的优先地。

"中部崛起"的意义远远超乎中部地区本身，在中国区域发展总体战略中，中部省份起着"承东启西"的作用。从全国的空间地理位置和经济发展状况来看，中部地区的经济发展具有承东启西、连接南北、辐射全国和促进区域经济协调发展的整合功能。基于中部地区承东启西的区位优势，它既是东部产业梯度推移的承接基地，又是西部大开发的前哨和辐射源。安徽东面与江苏、浙江接壤，紧靠长三角的区域中心上海，在上海4小时经济圈的辐射范围之内；西面与湖南、湖北、河南接壤，是东部产业向中西部转移的桥梁与纽带，也是西气东输、西电东送的必经之路。在东部地区率先发展、西部大开发循序渐进的新形势下，中部六省，特别是安徽在长三角带动中部地区发展中更是发挥着不可替代的重要作用。

（4）长三角城市群经济发展的必然趋势。经过多年积累，长三角已拥有强大的生产规模和综合实力，城市群的外溢效应和产业的扩散效应不断彰显，城市群辐射地域不断扩大，已具备经济扩张的实力；另外，地处我国沿江和沿海产业发展轴的结合点，这些区位优越、地势开阔腹地为长三角的扩展提供了可能性。但是，拿长三角城市群和世界五大城市群相比的话，长三角的带动能力和整体实力仍然有很大不足：从人口、区域面积和经济总量考察，美国大西洋沿岸城市群人口占全美的20%，面积约82万 km²，制造业占全美国30%，核心城市纽约 GDP 占全美 24%；日本太平洋沿岸城市群面积占整个日本 20%，国民收入和工业产值分别占全国的 65% 和 75%，核心城市东京 GDP 占全日本 26%；而长江三角洲 16 市面积仅约 10 万平方千米、约占全国 1%，人口也不足全国 6%，经济总量也只占全国 1/5，其核心城市上海 GDP 占全国的 4.6%。可见，长江三角洲的区域范围显然太小，其经济实力不足、地理空间缺乏完整性、带动能力有限，核心城市上海市还不具备与世界经济中心城市平等对话的能力，不能满足我国参与世界竞争的需要。因此，扩大长江三角洲城市群范围，提升区域发展潜能和整体实力，加强区域内部空间整合，促进上海尽快成为世界经济中心，已成为中国承担国际分工、参与世界竞争和保持经济高速稳健发展的客观需要。

（5）缓解土地、资源和环境压力的必由之路。长三角地区人口、资源和环境等瓶颈制约比较严重，资源环境对社会经济的约束日益突出，已成为长三角地区经济快速发展的症结所在。长三角能源和资源都紧缺，主要依靠外部输入，供给保障特别是土地资源是一个巨大问题。尽管近年来大力提倡可持续发展和循环经济，长三角的节能工作虽取得了显著成绩，但是其自身资源的约束和区内经济的高速发展，能源和资源紧缺的压力会逐渐加大，由此带来的供给、运输和环境问题将十分严峻。

长三角地区土地资源总量少，后备资源不足，土地资源承载力不高。经济快速增长引致人口大量集聚，加之大量的工业和建设用地，土地的承载力已超负荷运转，可面对经济发展的大趋势，对于土地的需求却有增无减。以全国作为参照区域，根据 1990—2010 年长三角地区相对自由承载力的相关数据资料显示，土地资源承载力始终处于超载状态，且超载的人口数量从 2000 年呈逐年上升的趋势，由 2000 年的 552.63 万人增到 2010 年的 2 167.56 万人。

长三角地区大量集聚的第二产业，特别是那些高能耗、高污染的行业是污染的主要来源。据统计，2010 年末江苏工业废气排放总量上升为 31 212.9 亿立方米，工业产生的固体废物达 9 063.86 万吨，且呈不断攀升之势。整个长三角地区都处在酸雨威胁中，浙江是华东酸雨污染最严重的区域，全省降水 pH 年均值为 4.38～5.20，2010 年城市平均降水酸度最低为 4.38，酸雨频率平均为 91.9%，最高达到 98.6%。上海降水 pH 值为 4.92，酸雨频率为 32.7%。

长三角地区同时还面临国际大环境下土地、劳动力和能源等基本生产要素供给的紧张和价格上升，使对此有较高依赖的原劳动密集型产业成本增加，发展优势大幅度减弱。面对国内和国外激烈的竞争，根据长三角地区经济发展的现状，只有展开新一轮的产业结构升级。对一些失去比较优势的资源消耗型和劳动密集型的产业实施转移，寻求更广阔的发展空间和丰富的资源，减轻本区域内土地、资源和环境的压力，才能在激烈的市场经济条件下逐步提高自己的竞争力，得到更好更快地发展。

（6）区域分工、协作和市场空间拓展的现实需要。近 10 年来，长三角地区已经进入了工业化的中后期，极核区已经进入了后工业化时代，在我国产业梯度较高。长三角地区已有大规模的基建投入，使得该区域内的机场、港口、公路、铁路、水路、邮电、通信和电力等已成网络。

长三角周边地区已有的一些优势也是长三角地区空间协作和市场拓展的肥沃土壤。这些地区有广阔的土地、丰富的煤等自然资源、低成本劳动力，具备一定的产业配套能力及广阔的内地市场等。这些使长三角地区能与周边地区产业互补，为长三角产业转移提供了较好的、优于其他地区的承接空间，有利于长三角城市功能和产业结构升级；有利于产生区域发展的联动效应；可以扩大中心城市生产服务业范围，从而实现城市服务功能的跳跃式提升；实现区域经济的完整性和系统性，直接参与分工合作能够降低行政成本、提高效率并加快区域整合的步伐。

1.3.3　泛长江三角洲概念的提出

为顺应时代潮流和区域发展的需要，2006 年中国国务院提出了建立"泛长三角经济区"。

2007 年 11 月，沪、苏、浙三省（市）就长三角新的地理空间范围达成共识，即由原 16 市调整为"两省一市"，也就是说"16＋X"的扩容模式基本被排除，十七大报告已明确提出要突破行政区划的界限，形成若干带动能力强、经济联系较强的经济带和经济圈。

11

2008 年初，胡锦涛在安徽视察工作时，指出应充分发挥安徽区位优势、劳动力资源优势和资源禀赋优势，主动承接沿海省份的产业转移，积极参与泛长三角地区的分工与合作。这是中央领导人第一次明确提出的"泛长三角"概念及"泛长三角区域发展分工与合作"问题，这一及时性的精神指示被经济和地理学界普遍视为泛长三角开始步入前台的标志。之后不久，国务院常务会议审议并原则通过了《进一步推进长江三角洲地区改革开放和经济社会发展的指导意见》。此后，"泛长三角"概念及其范围引起了广大学者的关注。

同年 7 月底，由苏浙沪相关方面主办的首届泛长三角区域合作与发展论坛在上海举办。8 月份，安徽派出领导小组去浙江、江苏等地针对泛长三角区域分工合作问题展开调查。无疑，安徽作为泛长三角的一个重要组成部分，如何参与其分工合作引起人们的广泛关注，尤其是作为省会的合肥如何承接泛长三角产业转移也成为一个重点话题。

2008 年 9 月，国务院常务会议审议并原则通过了《进一步推进长江三角洲地区改革开放和经济社会发展的指导意见》（国发〔2008〕30号），正式明确了长三角区域范围为上海、江苏、浙江一市两省。《指导意见》已将长三角范围由"16 城市"扩容至"上海、江苏和浙江的全部区域"，本次"长三角规划"扩大了长江三角洲地区的规划范围。从 16个城市扩大为两省一市全境，把经济发展水平差距较大的相邻地区扩展进来了，其有利之处是扩大了长江三角洲地区资源、环境潜力和发展空间，有利于经济集聚区发展能量的扩散，有利于带动周边地区发展（虞孝感，2010）。《指导意见》提出"泛长三角"概念，强调"积极推进泛长江三角洲区域合作"，这是"泛长三角"首次被写入中央文件。《指导意见》提出将包括上海市、江苏省和浙江省的长三角地区建设成为亚太地区重要的国际门户、全球重要的先进制造业基地和具有较强国际竞争力的世界级城市群。

专家们认为，以往长三角多指上海及江苏、浙江的部分城市，带有区域不稳定性、行政不对称性和目标不确定性，很难形成真正意义上的或是最高层次的区域一体化。泛长三角作为一种理论提法，众多专家曾多次讨论其范畴，其中主要有以下三种意见：其一是包括江、浙、沪在内的"两省一市"的省际扩容模式，被称为大长三角模式；二是"3＋

2",即沪、苏、浙加皖、赣；三是"1＋3"模式，即以上海为龙头，把江苏、浙江和安徽三省全部纳入泛长三角经济区；四是"6＋1"，即沪、苏、浙、皖、赣、闽与台。近几年对于扩容并无定论，范围虽未最后确定，但安徽应占有一席已基本达成共识。

1.3.4 泛长江三角洲范围的界定

现在的长三角，部分优势产业需要升级，原来的传统产业需要转移，根据区域经济学中的扩散效应的原理，这就要求长三角周边存在一个成本更低的空间，需要一个市场广阔、交通便利、区位合理、土地资源丰富和劳动力资源低廉的经济发展空间，从以上长三角泛化过程看，安徽无疑是满足这个条件的首选。

基于以上分析，本书把泛长三角范围界定为江、浙、沪、皖三省一市，由于所取数据年限止于 2010 年，2011 年被撤销的安徽省巢湖市仍作为一城市纳入计算范围内。因此，安徽省辖淮北市、宿州市、亳州市、阜阳市、淮南市、蚌埠市、六安市、合肥市、巢湖市、滁州市、马鞍山市、芜湖市、铜陵市、池州市、安庆市、黄山市和宣城市，共 17 城市；江苏省辖苏州市、无锡市、常州市、镇江市、南京市、南通市、扬州市、泰州市、淮安市、盐城市、宿迁市、徐州市和连云港市，共 13 城市；浙江省辖杭州市、绍兴市、湖州市、温州市、台州市、舟山市、衢州市、金华市、嘉兴市、宁波市和丽水市，共 11 城市，另外加上海市，它们是本书的研究区域范围，总计 42 个城市。

1.4 研究目标、内容和关键问题

1.4.1 研究目标

在全球经济一体化、区域经济一体化的趋势及长三角目前面临的发展困境下，长三角泛化已成为必然要求，泛长三角经济发展和空间结构的演变已成为区域经济学者关注的重要课题之一。研究泛长三角经济发展和空间结构演变过程对于了解这一地区经济发展状况、预测未来发展态势和研究其作用机制都有着重要的作用，继而为该地区空间结构优化及区域发展战略决策提供科学指导依据，最终实现泛长三角区域经济一体化。

1.4.2　研究内容

（1）泛长三角省域经济发展现状、市域经济发展的数理特性和空间结构演变、城市市区综合实力和空间演变的分析。本研究首先从大的层面即泛长三角三省一市层级上分析其经济发展的综合概况，紧接着从经济发展的"三驾马车"即投资、消费和出口三个方面对泛长三角地区进行分析。其次，从泛长三角地级市及以上市域层面就 GDP 指标分析其经济发展差异的数理特性及其空间结构演变。第三，由场强模型可知，城市（市区）综合实力（本书亦称城市经济影响力）是城市影响范围的要素之一，衡量城市综合实力不能单靠一个或两个指标，它应当包括经济、社会、文化、科技及环境等方面的影响和作用。本研究中采用综合指标体系来分析城市综合实力，分别从城市经济发展、社会发展、科教发展、环境发展及资源与基础设施规模等方面测算泛长三角城市综合实力及空间演变进程。

（2）泛长三角城市可达性分析。由场强模型可知，城市可达性是城市影响范围的要素之一，本书力图从时间可达性、费用可达性和考虑经济因素的吸引机会可达性三个层面，从全域时间可达性、局域时间可达性、邻域时间可达性、基于最短路径的费用可达性、不计时间不计路程的最小费用可达性以及吸引机会可达性 6 个指标分析泛长三角可达性空间结构及其演变，并在此基础上建立综合可达性模型，从总体上衡量泛长三角综合可达性空间结构及其演变过程。

（3）泛长三角城市经济区空间结构及其演变分析。首先，构建城市场模型。众所周知，场模型理论用于测算区域经济影响范围，其实现原理是各城市通过扩散途径向其腹地扩散其影响力。此过程中，取区域内任意点接受各城市的最高扩散势能，其结果是每一点都必须归属一个最高势能源，从而获得各城市的经济扩散影响范围。但这种归属方法有一定的局限性，在经济欠发达时期这种城市经济势能的扩散只是理论上存在，因为区域内任意点对每个城市场源来说不管是时间距离还是空间距离都是永远存在的，而城市场源的规模大小也是存在的，则任何场源都对区域内每一点都必然产生理论势能。经济欠发达时期远离城市场源的点所接受的场势能极其微小，而"制高点"法则又赋予了该点的归属范围，从而得到城市场源对该远离点的影响范围，而实际生产活动中这种影响力由于极小基本上可忽略或不存在。经济发达区域这种情况比较适用，因为时间距离大大缩小，城市场源影响力规模在扩大，城市间的经济联系大大增强，城市场对其腹地的影响力也名副其实。因此，场模型理论对于区域经济的长时段的演化来说，用"制高点"法则来计算城市经济影响范围从而获取区域经济的空间结构发展演变同样是不可取的。

尽管场模型对界定现代区域空间结构有一定的优势，但如上分析其局限于区域社会经济发展阶段。不仅如此，"制高点"法则赋予任意一点的势能大小只是某单个城市对其施加影响的结果，区域内所有事物是联系的，对于反映区域系统内的任意点接受所有城市场强势能施加的影响（本书定义为场强强度）则无能为力。能否用场强模型测算区域内任意点的场强强度并以此对相同或相近势能点进行归类？还存在的一个问题是区域内不论是单个城市节点或是多个城市节点所受的场强强度大小差异在空间可视化上很难加以区分，其原因是场强模型中的距离系数使得区域内近距离点势能相对急速增大，而远距离的点势能则相对急速减小，因此，造成了区域内势能绝对差距的极大化，而利用对数则可以解决这一问题。以上思路构建出了新的场对数扩散效应模型，这种扩散效应模型是在场模型理论基础上发展和演化而来的。

其次，利用所构建的场对数扩散效应模型分析泛长三角城市经济区空间形态及其演变。主要从泛长三角城市经济区空间形态、扩散面大小、扩散值等方面的演变过程进行分析。在此基础上，探究泛长三角空间结构演变的作用机理。

（4）泛长三角改革开放以来空间结构形态的演变阶段特征和规律。从泛长三角空间结构演变特征中提炼出其空间结构演变的五种类型，即疏点类型、散块类型、条带类型、团块类型和板块类型，并对每种空间类型的经济社会发展特征作出分析。这一空间演化类型，能够较完整地解释区域空间结构的演变，同时从城市场这一全新视角对空间结构演变进行阐释，从而丰富和发展了区域空间结构理论。

（5）提出泛长三角空间结构整合方案及发展对策。区域空间结构的研究最终都是为区域空间规划服务，找出区域空间局部不同的发展特征，针对不同的空间形态特征提出空间规划达到区域经济平衡发展和可持续发展的目的，同时也对其他地区的空间结构形态研究及其空间规划有着借鉴意义。针对泛长三角空间结构发展特征，如何更好地优化泛长三角发展空间，文中提出泛长三角空间结构整合方案及区域发展的科学决策建议。又因为安徽省是泛长三角地区空间结构层级较低的区域，安徽怎样融入泛长三角，加快安徽地区的发展，本书将提出一些针对性的发展对策。

1.4.3　拟解决的关键问题

（1）构建能表达区域经济影响力扩散场模型及计算机算法的实现问题。尽管场模型对界定现代区域经济影响范围有一定的优势，但其局限于区域社会经济发展阶段，并不能真正反映出城市经济所影响的实际范围（尤其是那些较边缘地区）。不仅如此，"制高点"法则其结果更多的是对区域城市影响势力圈的映射，不能反映区域系统经济发展层级。因此，构建区域经济影响力扩散效应模型来反映区域经济发展阶段从而在区域空间结构中显现出来则是本研究要解决的关键问题之一。区域经济影响力的扩散方式及其计算机算法则是针对所选的计算机现代软件问题，即把区域经济的地表要素转化成计算机能识别的点、线、面要素组成区域经济的系统要素，然后通过一定的算法实现经济影响力的扩散面的相关计算。

（2）泛长三角空间结构局部形态演变规律提炼及其发展特点。从泛长三角历年的空间结构演变特征上找出演变规律，提炼出空间结构的演变形态特征并同该时期的经济发展相对应，从而找出各形态发展特点。

1.5　研究方法

（1）唯物辩证法是方法论的基础。方法论基础在经济理论研究中起着决定性的作用，因为它决定了研究经济问题的基本原则，也因此决定了研究的科学性。唯物辩证法既是辩证的唯物论又是唯物的辩证法，是揭示自然、人类社会及思维的一般规律的科学和方法。唯物辩证法是认识世界事物的根本方法，也是经济学研究唯一正确的方法论基础。"分析经济形势，既不能用显微镜，也不能用化学试剂。二者都必须用抽象力来代替。"也就是说，唯物辩证法体现在经济理论研究上，形成了一套从现象到本质、从具体到抽象的研究空间问题，再由本质到抽象、由抽象再到具体地描述空间现象的方法论体系。只有这样才能科学地揭示区域空间运动的规律性。因此，在研究区域空间结构时，应该把唯物辩证法作为其方法论的基础，把它贯穿到本书区域空间结构研究的全过程中，以便透过复杂的空间现象，进行理论分析，抽象出区域空间结构的本质和运动过程，以发现、认识和运用区域空间结构中的运动规律。

（2）文献查询和对外调研。文本数据主要通过查询相关统计部门和相关行业部门的统计数据；文献资料主要来自数字图书馆以及纸质书籍等文献；空间形态和交通数据来自案例区基础地理数据以及相关年份的交通地图数据，可从图书馆获取。对于一些难以获取的历史数据，则通过案例区方志部门以及相关图书、相关部门实地调研获取，对于最近的空间地图数据则通过新华书店购买，一些疑惑的数据通过电话以及查询相关网站、论坛等方法确证。

（3）定性与定量相结合。定性研究方法是较为传统的研究方法，地理学研究开始就是以定性描述为特征的研究。其中经历了数量革命，但定性研究作为定量研究的基础和补充，至今仍是一种重要的研究方法。对任何一种经济现象和社会现象，人们首先是从定性地描述和观察等研究开始，然后在此基础上采用定量的数理分析进行研究。如本书在对泛长江三角洲各个时段的区域空间结构形态是使用定量方法通过计算机演算得到的，但在牵涉不同类型空间形态边界以及两相邻城市群的空间区划上则必须结合定性方法。

（4）静态分析与动态分析相结合。静态分析和动态分析是经济学研究的一对重要方法，也是研究区域空间结构必须采用的一对方法。静态分析是对事物在某一时间点上的状态进行分析，它有助于认识区域经济的现状；动态分析是指在事物运动过程中对其进行分析，它有助于把握区域经济的发展变化趋势。静态分析是动态分析的起点和基础，动态分析是静态分析的深化和发展。区域空间结构是发展变化的，会不断出现新情况、新问题，把这两种方法有机地结合起来，将有利于在发展变化之中把握区域空间结构的内在规律性与与其他经济现象的联系，把握区域经济的运动规律与发展趋势。本书涉及 4 个时间点的泛长三角经济发展空间结构特征，每一时间点泛长三角城市经济区内城市间都会彼此组成一个不同的经济发展空间结构形态，充分体现了随着时间的推移，区域空间结构形态的变化。

（5）数理分析及空间统计分析。运用数学方法来推导和表述经济地理学现象和理论，比如在对泛长三角城市经济的测算中运用当代西方经济学的数理分析方法来考量区域经济的现状就显得尤为必要。空间统计分析是地学分析中非常重要的方法，从空间角度对经济现象进行分析，找出其空间上的特征，并发现其规律。这种空间统计分析方法是本研究中最重要的一种分析方法，本书主要运用 GIS 中的栅格分析技术和网络分析技术从泛长三角城市的可达性及其空间结构特征上找出其中规律和趋势，从而为区域经济发展服务。

1.6 研究思路

1.6.1 研究思路

如上文所述，本书的研究目标是探求泛长三角空间结构演变过程，查明其局部发展阶段差异，从而为泛长三角空间规划及未来发展对策提供科学指导。围绕这一研究目标，本课题研究思路如下：第一，为探求泛长三角城市经济区空间结构演变必须作两方面要素的分析，也就是城市经济空间结构演变及城市可达性空间演变，一方面从纯经济和交通角度分析泛长三角城市经济区的空间演变，另一方面在此过程中也为后续的基于修正场强模型的城市影响力扩散的空间结构演变分析作数据铺垫；第二，在对经济发展空间结构和可达性空间结构作分析后紧接着利用构建的场对数扩散效应模型对泛长三角城市综合实力进行空间扩散并分析其空间形态演化过程，找出其作用机理，为后文空间整合及提出区域发展对策提供依据。

从泛长三角城市经济区空间结构演变规律和特征的分析中提炼出五种空间结构类型，在此基础上，对泛长三角地区进行空间整合；为实现泛长三角区域一体化提出发展对策，并为安徽承接长三角产业转移提出相应措施。

1.6.2 研究框架

根据上文研究思路，全书共分为八章，内容简介如下：

第一章 绪论。阐述选题背景、研究目的和意义、研究对象、研究目标、研究内容、拟解决的问题、研究方法、研究思路和研究框架，是本研究的现象层面介绍和提出问题部分。

第二章 研究进展和理论基础。该部分是本书所研究内容的国内外研究进展以及本书所涉及的相关理论，是本研究的理论层面阐述。

第三章 泛长江三角洲区域经济差异及空间结构演变。主要从省级层面分析了泛长三角三省一市的经济发展总体概况以及投资、消费和出口的发展情况；从地级市及以上市域层面分析了泛长三角城市经济发展的区域差异的数理特性及其空间结构；构建了衡量城市综合实力的指标体系，测算出泛长三角 42 个城市市区综合实力指数及其空间上的演化过程。该部分为第四章的城市吸引机会可达性分析以及第五章的泛长三角城市场空间结构演变提供数据基础。

第四章 泛长江三角洲城市可达性空间结构及演变。可达性的测算是对泛长三角地区现代交通的发展演变作分析，本书从时间可达性、费用可达性、吸引机会可达性及综合可达性多角度分析泛长三角城市可达性空间结构演变过程。此部分同时也为第五章提供了数据基础。

第五章 泛长江三角洲城市场空间结构演变与作用因素。基于场模型测算城市影响区的不足，本书构建了新的场对数扩散效应模型测算城市场强度，由此分析泛长三角城市场强强度 1978 年、1990 年、2000 年和 2010 年四个年份的空间结构及其演变。具体从城市场空间形态、城市场面大小和城市场强度值大小的演变作深入分析，进而分析其空间结构演变的作用因素。第三、四、五章是本研究中的技术层面，也是分析问题部分。

第六章　泛长江三角洲城市场空间结构演化类型。从第五章中的泛长三角城市场空间结构演变规律中，发现泛长三角空间结构演化大致经历了行政中心孕育发展、行政中心极化发展、点轴扩散发展、网络化过渡发展和复合式核心-边缘结构五个阶段。整个泛长三角场空间结构演变过程先后存在疏点类型、散块类型、条带类型、团块类型和板块类型五种类型。

第七章　泛长江三角洲空间结构整合。本章主要是针对第六章提炼的泛长三角五种空间结构类型以及现有的城市经济发展和交通发展现状进行空间整合。

第八章　泛长江三角洲区域一体化发展对策。本章提出了泛长三角区域统筹协调和城乡统筹协调对策，并指出了内核去产业转移的必然趋势。安徽省处于泛长三角纵深地带，为城市场空间结构低层级，如何更好拓展并有利于安徽加快融入泛长三角区域发展，并做好承接产业转移，本章提出了对策和建议。第六章、第七章和第八章是研究的应用层面，也是本书解决问题的部分。

第二章 研究进展和理论基础

2.1 国内外研究进展

2.1.1 区域空间结构研究

区域空间结构研究始于 20 世纪三四十年代的民主德国，后在美国、联邦德国和瑞典等国获得了进一步的发展。空间结构理论是在区位论基础上发展起来的，它把一定区域内的各种相关事物作为具有一定功能的有机体，而且从时间的变化上加以研究，因此其研究的目标及着眼点与区位论又有着不同。

2.1.1.1 国外空间结构理论及研究内容

19 世纪中期至 20 世纪 40 年代，即在长达近一个世纪内，德国学者相继提出了农业区位论、工业区位论、市场区位论和城市区位论（陆大道，1991），这对现代区域发展理论及其模式研究做出了重大贡献。但是，这些学者研究的对象基本是单一的社会经济客体，即工业企业、城市、市场区和农业经营方式等，所关注的是这些单项事物的空间演变及演变规律。

二战后，发达的西方工业国家及许多相对落后的第三世界国家的经济开始步入长时期的高速发展，这有助于区位理论的发展和推动。与此对应地，区域经济发展提出了理论进一步发展的客观要求。同时，一些对国家和区域社会经济发展的影响因素作用得到加强，因素之间相互作用的形式与结果变得更加繁复，这使得 20 世纪 40 年代之前的区位理论无法完满解释日趋复杂的经济社会现象，造成在区域发展规划和管理实践中难以实际应用。在这种新的形势作用下，区位理论得以向前发展，开始摆脱古典区位理论的一些局限性，并在实际区域发展规划和研究中产生了很大的作用（陆大道，1995）。这些区域经济空间结构研究的理论和方法应用领域主要在区域经济联系、城市体系以及城市影响区等方面。

1. 理论的发展

20 世纪 50 年代，原联邦德国学者奥托伦巴和美国学者达恩将古典区位理论发展为空间结构理论，他们先后提出过空间结构的概念。奥托伦巴把农业经济形态在地球表面的经济结构看作统一体，并作为研究对象；达恩一直探讨经济活动的区位结构一般理论，力图从静态的局部均衡论朝与现实要素相结合的方向研究。法国学者 Perroux 于 1955 年提出的增长极理论，被认为是从经济学视角来研究城市体系的一大理论贡献。美国 Ullman 于 1957 年提出了空间相互作用理论，认为城市间相互作用存在互补性、移动性和中介机会，人流、物流、资金流、信息流和技术流是空间相互作用的基本形式（Ullman，1957）。20 世纪 50 年代末至 60 年代初，艾萨德与贝里是研究空间结构理论的主要代表。艾萨德主张从"空间经济学"的立场出发研究区位论，他通常引用计量经济学的研究方法对产业区位进行综合分析（Isard，1969）。艾萨德所研究的空间结构内容远超出其理论的范畴，他提出的空间系统的范围也较为宽广，包括农业与土地利用、城市区位、工业区位、服务业性商业区位和运输网的布局等。艾萨德主要关注的是在对地区产业联结特性的定量分析基础上，利用投入－产出分析法规划地区工业综合体的结构（Isard，1960）。弗里德曼及阿隆索提出了"核心-边缘模式"及其模拟的城市体系形成运作过程（Friedmann，1966）。瑞典学者 T. Hagerstrand 提出现代空间扩散理论并揭示出空间扩散的多种形式（Hagerstrand，1968）。1979 年，木内信藏在城市地域分异三地带学说基础上于《都市地理学》书中进一步说明中心地域是城市活动的核心，周边地域是与市中心有着密切关系的日常生活圈，市郊外缘是城市中心和周边地缘向外延伸的广大地区或远郊区。原联邦德国学者博芬特尔（Boventer，1979）对空间结构作了系统的理论分析及模型推导，他力图将杜能、韦伯和廖什的区位论综合起来分析，他认为区位论要考察并尽可能地阐明不仅包括生产和货物，且还应包括就业场所、居住地及流动性生产因素的地理分布。

2. 研究方法

20 世纪 50 年代末，空间学派从区域学派分化出来，美国学者谢弗（Schaefer）是其代表人物。他呼吁采用逻辑实证主义科学学派的哲学观与方法以寻求地理学中的法则，这在论文《地理学的反叛：一种方法论的检验》中得到了很好的验证。他一直认为地理学是一种空间学科，是社会科学和自然科学研究现象的空间配置，而不是现象本身；他认为地理学对关注学科特定的现象方面并没有特别之处，地理学对特定点或区域的研究从来不影响探寻自身"法则"的发展（Schaefer，1953）。之后，以数量技术为核心内容的地理科学革命产生了许多地理学派，其中又以华盛顿学派最具影响力。华盛顿学派的创始人加里森（W. L. Garrison）把线性方程式方法应用到地理学中来，从中寻找在有限空间内分配资源的理想办法。他还应用投入—产出模型表述产业系统，并强调地理学家应该把区位模式当作相互关联活动所形成的系统进行考察。邦吉（W. Bounge）是华盛顿学派另一代表人物，他在《理论地理学》（Theoretical Geography）一文中认为，地理学是关注空间关系及其相互作用的科学；几何学是地理学的空间数学语言。他还认为，地理学家应该制定出更为普遍的地理学法则（Bounge，1966）。此外，还有一个影响特别大的华盛顿学派学者布赖恩·贝里，他在中心地理论方面以及经济和社会地理等领域做了大量的研究工作（Berry，1961；Berry，1969；Berry，1972；Berry，1973）。

20 世纪 60 年代，随着地理学数量化和科学化的进行，国外对区域空间结构的研究达到了顶峰时期。该时期最有影响的人物是英国地理学家乔利（R. J. Chorley）和哈格特（P. Haggett）。哈格特的著作《人文地理学中的区位分析》（Haggett，1966）和两人合著的《地理学模型》（Chorley and Haggett，1967）对后来的研究者在定量分析区域经济空间结构上产生了深刻影响。

20 世纪 70 年代至今，一些地理学者一直试图从其他学科体系中寻求模型来研究地理系统空间结构，而且取得了丰硕的成果。如泰勒（Taylor）发展了 R 度量分析（R-scale analysis）（Taylor，1984）；莫瑞尔（Morrill）和威廉姆斯（Williams）提出了空间方程（spatial

equation)（Morrill，1970；Siddall，1961）；Gold 和 Lowell 采用了基于梯森多边形的空间分割方法，以及经常使用的近邻分析法（nearest neighbor analysis）等，这些都从理论和实践上阐释了空间布局的基本规律。还有一些研究者如 Whittaker 检验了某些实际应用的结果（Whittaker，1975）。

20 世纪 90 年代后，CA 模型、RD 模型、线性替代模型被相关学者应用于区域联系的研究上（Fuellhart，2003）。

3. 研究应用领域

二战后，工业社会的生产组织方式在全世界范围内日益普及，这个时期城市体系理论框架逐渐确立并完善。城市体系的研究要追溯到 1933 年德国地理学者克里斯泰勒首次将区域内的城市群体系统化，其著名的城市群体组织结构模式，被广泛采用。1945—1955 年，维宁（R. Vining）从经济学角度研究了城市体系对城市发展的意义，从理论上论证了城市体系的合理性。西方城市群研究代表人物法国地理学家 Gottman，于 1957 年在考察北美城市化后提出了全新的城市群概念 Megalopolis，由此确立了其在城市体系研究领域中的地位。20 世纪 60 年代中后期，一些学者还提出了新的城市区域概念，如弗里德曼（J. Friedmann）与米勒（J. Miller）的"城市场"等，拓宽了城市体系的研究领域。希腊 Doxiadis 于 1970 年预测了世界城市发展将形成连片巨型大都市区。P. Haggett 提出了区域城市群空间演化的过程模式（Haggett，1977）。弗里德曼对城市体系的等级网络进行了研究，并指出城市体系的等级关系将成为跨国公司纵向生产地域分工的体现（Friedman，1986）。加拿大 McGee 于 1991 年提出"城乡融合区"，以区别于西方传统的以城市为基础的高度集中的城市发展过程（McGee，1991）。范吉提斯和昆曼等认为大城市带作为新的地域空间组织形式，将占据全球经济的核心位置（Pyrgiotis，1991；Kunzmann & Wggener，1991）。当前，国外城市体系研究主要集中在实施效果评价方面。Kaufmann 研究了大都市区的创新效应（Kaufmann，2007），Robert 通过内生经济增长模型探讨了城市群的经济效应（Robert，2009）。

20 世纪 50 年代的计量革命极大地推动了经济联系相关空间分析的理论和应用研究，"空间相互作用理论""空间扩散理论"的提出为区域经济联系研究提供了很好的理论依据。Zipf 对 Young 的距离—人口迁移关系模型进一步改进，首次将万有引力定律引入空间相互作用中，不仅可以用于迁移流的分析，也可以应用于诸如铁路货物运输和报纸发行等其他形成的空间相互作用与功能联系（Zipf，1946a；Zipf，1946b）。Thomas 利用多元回归分析研究芝加哥城市化地区人口增长和其他因素共同产生作用的空间联系，表明城市化地区的西部、北部和中部间具有紧密的经济联系（Thomas，1960）。Smith 以夏威夷为案例，研究了不连续地区之间的相互作用，结果发现在夏威夷旅行得到的距离指数和在美国大陆旅行得到的距离指数间并无明显差异（Smith，1963）。huallachain 以美国外商投资企业为案例，利用前后向联系的概念构建模型对城市间的物质联系进行了定量研究（huallachain，1984）。Rondinelli 于 1985 年总结了区域城市群相互联系的 7 种类型（Rondinelli，1985）。在批判距离对空间相互作用的线性反比关系中，相当多的学者提到距离的幂函数及指数大小对空间相互作用强度有很大关系，Russon 等修正重力模型，且提出了短拖模型来反映客源地—目的地间的旅客流与运输距离人口密度间的指数相互关系（Russon，1995）；Djankov 运用重力模型对 3 个前苏联加盟共和国和 9 个俄罗斯地区1987—1996 年间的贸易流联系变化进行了实证分析（Djankov，2002）；Matsumoto 则选取 GDP、人口和距离等变量构建重力模型分析航空流作用强度，揭示出国际航空港城市群网络结构（Matsumoto，2004）。

　　早在 20 世纪 30 年代，国外的海港区位论以及克里斯泰勒的中心地理论，就已提出了城市空间范围的概念。1931 年，赖利（W. Reilly）根据牛顿引力理论提出了"零售引力模型"，从商业角度来研究城市周围地区，这为城市腹地理论深化开启了大门（Reilly，1931）。康维斯（P. Converse）在赖利的理论基础上于 1949 年提出了"断裂点"理论，这对城市腹地的理论发展做出了重大贡献。康维斯城市腹地理论认为，城市的腹地范围是由相邻两城市之间的距离和城市的规模共同决定的，两相邻城市的吸引力达到的平衡点即为断裂点，一系列断裂点的连接线则是城市的腹地边界（Converse，1949）。Ullman 通过实地访谈等方法分析报纸发行量、汽车交通量和专业化服务等数量来度量城市的中心性，并以此界定城市的腹地范围（Ullman，1957）。Taffe 对美国城市间航空运输的联系形成的不同等级进行了研究，以及将理论模式与腹地的实际形式进行对比，表明了纽约、洛杉矶、芝加哥和旧金山等巨型城市对美国大中城市间的航空联系起主导作用，说明了大中心城市在航空领域的支配性地位（Taffe，1962）。Dickinson 利用人均销售额、联邦诸备银行的位置和分公司实现的销售等几个指标来确定美国大都市地区的范围，进而确定城市腹地的范围（Dickinson，1980）。Haughton 从可持续发展角度构建了城市与腹地共同发展模型（Haughton，1997）。Gallen 从规划的政策性因素探讨了腹地纳入城市规划范围的合理性（Gallen，2006）。Lan Mu 通过加权 Voronoi 图从人口视角研究了美国的城市体系及其城市吸引范围（Mu，2006）。

4. 国外研究评述

回顾区域空间结构理论的发展过程，区域空间结构理论发展大致可分为三个阶段：第一阶段是从 19 世纪初期至 20 世纪 40 年代，在这一时期区域空间结构研究主要是对企业的区位选择、产业、组织结构规律性和空间行为的阐述，诞生了区域经济空间结构的经典区位论基础理论。第二阶段是二战后至 20 世纪 80 年代，由于区域社会经济各种发展问题的出现，区域经济学研究重点开始关注区域的总体空间结构及形态的研究。从着重抽象的纯理论研究转变为总体上寻求各经济主体在空间中的最优分异与组合的区域空间结构演化理论。第三阶段是 20 世纪 80 年代以后，区域空间结构理论转入到了新空间经济学时期，研究重点随之立足于对经济活动的区域增长集聚和空间集聚的动力机制分析。伴随区域经济空间结构研究的兴起和发展，区域经济空间结构分析方法由以往的基于几何学和微积分的数学分析，进入到数学模型与计算机模拟研究相结合阶段。总体而言，空间结构理论是在区位论基础上向实践应用方向发展的产物（陆大道，1995），但空间结构研究的着眼点及目标都不同于区位论（陆玉麒，2002b），其研究特征为：从单一的社会经济客体的区位决策到总体经济结构及其模型的研究，这些都与实践中的区域发展问题更为紧密；由抽象的纯理论模型的推导，转向力求建立接近现实问题的应用模型及其区域分析，以提供实际的决策标准；由静态的空间区位选择，转变为动态的空间结构及其过程的研究，以提供科学预测的依据。

研究手段和方法都力求创新，目的是在模糊实证主义的框架中构造出有效的法则和理论。这些革新主要表现为数学方法的运用，他们标榜自己能建立学科"法则"，而批驳早期区域研究成果是运用"法则"的成果。特别值得一提的是，尽管空间结构的研究方法和手段日益进步，不过，空间结构研究的初始者及其追随者考虑的大都是区域经济的发展。也就是说他们主要研究区域内的经济空间结构，而忽视了社会空间结构方面的研究，以致新的学派尤其是人文主义学派开始提出对数量化革命带来的科学方法的质疑。他们认为，世界上没有哪一个理论或模型能准确完善地刻画这个现实世界。况且空间结构研究对日趋严峻的社会问题视而不见。不过，迄今为止，这些新的学派还不能与空间学派相抗衡，他们提出的观点一般被各种空间科学理论所结合并进一步修正。而且最终，空间学派也仅是被当作"不被赞成的学派"，而并非"伪科学学派"。因而，区域空间分析在当代人文地理学界中依然盛行。

20 世纪 70 年代，西方学者认为城市体系理论已经基本成熟。从 20 世纪 30 年代克里斯泰勒提出中心地理论以来，西方学者对城市体系的研究方向和重点不断变化。总体上说，从静态研究改向动态研究，并建立数学模型，加入了时间序列概念，关注城市要素的空间流通过程；重视作用机制的研究，由探求城市体系的空间组合优化，转为探求发展变化的动因机制；进而，从系统的机制研究转向系统的调控研究，以寻求结构优化；也进行政策发展研究，以此为区域经济、社会和环境的协调发展提供基础。从国外区域经济联系研究过程看，国外学者对城市空间联系的研究从静态的联系现状的描述转向动态的联系过程的解析。Zipf 自 1946 年将万有引力定律引入城市空间相互作用分析，建立城市空间相互作用的理论基础以来，增长极理论、空间扩散理论和空间相互作用理论等为城市空间联系的研究提供了较为科学的理论基础，而且城市空间作用和联系相关模型获得修正和发展，这使得空间联系理论的定性思辨研究转向定量模型的大量应用成为可能，有助于定性研究的深入发展和定量研究方法的拓展。城市空间范围的研究从 20 世纪 30 年代概念的提出到 50 年代，这段时间学者们大多采用实证调查法，即以要素流来分析中心城市与腹地范围之间的联系作用。20 世纪 50 年代以后，研究方法由定性描述走向数学定量模拟，而数学模拟的主要依据即是空间相互作用理论，特别是断裂点理论受到广大地理学者的重视。20 世纪 90 年代以来，计算机和 GIS 技术得到长足发展，这为城市空间分析提供了强有力的技术支撑，基于 GIS 技术的 Voronoi 和场强模型等得到广泛应用。总之，城市空间范围的界定方法逐渐由定性走向定量，逐渐由数学模拟走向计算机空间分析。

2.1.1.2 国内空间结构理论及研究内容

国内空间结构的研究显然起步晚于国外，20 世纪 80 年代之前，我国学术界在空间结构方面没有什么突破性的进展，总体来说，主要是对国外理论的引进介绍和实证应用，随后从理论和实证上都取得了较大的成就。

1. 国内理论

国内首次提出新的空间结构理论并产生广泛影响的是 20 世纪 80 年代中期陆大道先生提出的点-轴系统理论（陆大道，1986）。"点-轴系统"中的"点"是各级中心地，即各级中心城市或城市，是不同等级区域的集聚点，也是带动各级区域发展的中心城市。"轴"就是线状的基础设施，包括各类交通线、水源供应线和能源供应线等，或可解释为不同级别的中心城市所组成的较密集的人口和产业带，它们通过线状基础设施联结起来。陆大道先生认为：这些基础设施组成的轴线及其附近地区由于已经具有较强的经济实力和一定的开发潜能，所以轴线又可以叫作"发展轴"。这样，通过"轴"把各"点"有机联结起来，从而形成了"点-轴"空间结构（陆大道，1995；陆大道，2002）。

作为一位地质和矿物学家，叶大年院士提出了对称分布理论，他指出一个区域如果在地质构造上具有对称性，则它在地形、地貌和矿产资源上也具有对称性，从而会导致经济地理上的对称性，经济地理上的对称性可以直接反映在城市的对称分布上（叶大年，2000；叶大年，2001）。

双核结构模式是陆玉麒教授于 1998 年在对皖、赣沿江地区进行实证分析的基础上提炼出的一种新型空间结构现象，这一现象广泛存在于我国沿海和沿江地区，也广泛存在于其他国家和地区中。通过对双核结构现象的共同点归纳，能发现一方通常是政治、经济和文化的区域性中心城市，一般是省会城市；另一方则是重要的港口城市，行使着区域中心城市的门户功能（陆玉麒，1998；陆玉麒，2002a）。

还有一种山地垂直空间结构理论目前尚未得到共识并未形成完整的理论，但有学者根据云南哀牢山和新疆绿洲对此进行了相关研究，认为自然现象的垂直分异造成了人文现象的垂直分异（陆玉麒，1994；刘彦随，2001）。

2. 研究方法及其应用领域

我国对区域经济空间结构的研究真正兴起始于 20 世纪 80 年代，经济地理学者开始出版一些城市体系的专著，如于洪俊、宁越敏以"巨大都市带"的观点引入戈德曼大都市带理论（于洪俊，1983）。20 世纪 80 年代正是我国大力发展市场经济，扩大企业和地方自主权的起始阶段，力求以中心城市为核心组织周围地区的经济生活，因而有按客观规律布置市场区的强烈要求，从而触发了学者对苏北平原、华北平原和黄淮海平原的城市体系研究（牛亚菲，1989；杨吾杨，1997；王心源，2001）。崔功豪结合长江三角洲城市群发展的不同阶段与水平，把城市群结构划分为三种类型，即城市区域、城市群组和巨大都市带（崔功豪，1992）。姚士谋于 1992 年撰写了国内第一部专门研究城市群的著作——《中国城市群》，对城市进行了定义，并对城市群发展演变的规律进行了探索（姚士谋，2001）。在城市群的结构优化方面，邓先瑞等从城市等级规模关系、功能结构和分布特征等结构特征探讨了城市群的结构优化（邓先瑞，1997）。阎小培研究了港、澳、珠三角城市群的发展和演变机制（阎小培，1997）。吴启焰认为在城市群内宏观区域层次的吸引聚集作用与中微观水平的排斥扩散力交互作用下，多核心星云状结构成为整个区域的空间形态特征（吴启焰，1999）。顾朝林以经济全球化为背景研究了中国城市化，对世界城市化新趋势、国际性大都市和大都市带等方面开展了研究（顾朝林，1999）。陈勇、艾南山介绍了国外分形理论在城市中的应用及我国城市规模分布（陈勇，1993；陈勇，1994）。陈彦光、刘继生等揭示了城市空间结构的分形规律（刘继生，1999；刘继生，2000；刘继生，2003）。顾朝林等讨论了长三角城市群演化过程和格局（顾朝林，2000）。薛东前、姚士谋从历史的角度把我国城市系统演进划分为三个阶段：萌芽形成阶段、低级均衡阶段和合理不均衡阶段，并预测了未来我国城市系统的两个演进阶段：扩散均衡阶段和有序网络化阶段，并以关中城市群为例量化分析了城市群功能联系与结构优化（薛东前，2000a；薛东前，2000b）。张京祥研究了城市群体空间组合及城市群体空间发展组织调控模式（张京祥，2000）。朱英明建立了城市流强度模型，还从分形、二次极化、交通制导、传动作用和网络组合等方面分析了我国城市群地域结构特征（朱英明，2000；朱英明，2001a）。姚士谋研究了信息化条件下城市群的发展，他认为信息革命对城市群空间拓展的效应包括协作效应、衍生效应、替代效应和增强效应（姚士谋，2001a）。谭遂、杨开忠等介绍了基于自组织理论的两种城市结构自组织模型（Krugman 的自组织模型与 Allen 的自组织模型）及其模拟城市系统形成与发展的机理过程（谭遂，2002）。梁进社采用中心地方论的模式分析了从上而下的城市体系的特点，认为采用节点和走廊发展模式建立的城市体系偏向于建立数目较多的较大规模的城市（梁进社，2005）。刘振灵以辽宁中部城市群城市体系把 Gibrat 法则引入城市体系规模变化的研究（刘振灵，2011）。

区域空间结构的另一个研究领域是空间相互作用方面，其具体表现在区域经济联系上。1994 年，国内学者唐小波和高小真较全面地介绍了西方空间相互作用模型及其发展应用（唐小波，1994；高小真，1994）。1995 年，李春芬在《区际联系——区域地理学的近期前沿》中指出当时区域地理学的研究前沿方向是区际联系的研究（李春芬，1995）。朱英明详细研究了城市群空间经济联系，他指出城市群的本质特征是区域内城市之间存在着复杂联系网络，认为城市群区域联系可以分为大都市区与非大都市区间的联系以及大都市区之间的联系（朱英明，2001b）。张文尝研究了空间运输联系的布局规律及交流规律，并提出了递接性交流、互补性交流及竞争性交流三种货运交流模式，对空间运输联系的生成机制、研究模型和定量研究方法进行了总结（张文尝，1994a；张文尝，1994b）。牛慧恩等通过节点分析、线路分析和联系作用量分析，对甘肃省及其毗邻省区经济联系进行了研究（牛慧恩，1998）。戴学珍着重剖析了各因素在空间相互作用的影响如距离、规模、互补性及介入机会等在京津地区空间相互作用中的影响（戴学珍，2002）。薛领等基于空间相互作用模型探讨了北京市海淀区的商业布局（薛领，2005）。顾朝林运用重力模型定量计算了中国城市间的空间联系强度，分析了中国城市体系的空间联系格局及结节区结构状态（顾朝林，2008）。陈彦光运用空间复杂性理念和分形理论，探讨了空间相互作用模型的形式、量纲和局域性问题，进而发展了空间相互作用模型（陈彦光，1997；陈彦光，2009）。闫卫阳等在分析主要城市空间相互作用理论模型的机制和原理的基础上，重点对断裂点模型进行了改进（闫卫阳，2009）。李俊峰等利用城市流和城市空间相互作用强度模型，定量测度了江淮城市群中各城市的城市流强度和 11 个城市之间的相互作用强度，揭示了江淮城市群空间联系方向，提出了空间整合的发展模式（李俊峰，2010）。董青应用引力模型和 ESDA 技术，从空间相互作用的角度对中国城市群体系的空间结构进行了分析（董青，2010）。李巍应用引力模型探讨在面临资源环境等多重约束条件下高原城市的空间布局特征以及空间功能组织的优化途径（李巍，2011）。

国内学者同时对城市及其腹地范围的研究也做了大量工作，最常用的方法是场强模型、断裂点模型和 Voronoi 图以及城市流等方法。陈田早在 1987 年通过分析城市投资集聚能力、市场集聚规模和技术、经济的水平状况等经济变量所做的主因子分析表明我国已形成七个一级城市经济影响区域（陈田，1987）。顾朝林建立了城市经济区划的理论和方法——d△系和 R_d 链法，提出了我国城市经济区划体系设想（顾朝林，1991）。周一星采用要素流量的方法对改革开放条件下的中国经济区进行了划分（周一星，2003b）。王桂圆用场强模型、断裂点模型和 Voronoi 图对长江三角洲城市势力圈分别进行了测算（王桂圆，2004）。朱杰和潘竟虎分别利用场强模型，各自对江苏省和中国地级以上城市的腹地进行了划分（朱杰，2007，潘竟虎，2008）。王丽以中国中部地区 1990、2000、2007 年 3 个年份的研究为例，研究了城市影响范围的动态演变特征，在此基础上，重点从空间形态演变方面提炼出城市影响范围演变的 3 大阶段及其对应的 5 种类型（王丽，2011）。刘兆德用断裂点理论对山东省城市经济区进行了划分（刘兆德，1996）。闫卫阳提出了扩展断裂点理论和断裂弧的概念，并以河南省为例进行了城市空间影响范围和城市经济区划分的应用分析（闫卫阳，2004）。车冰清运用断裂点公式划分淮海经济区各中心城市经济影响区范围（车冰清，2010）。王新生提出采用 Voronoi 图方法用于经济客体的空间影响范围界定（王新生，2000）。闫卫阳根据加权 Voronoi 图几何性质的独特性、在空间分割上的合理性以及计算机自动生成的可行性，结合断裂点理论，提出了确定区域中心城市和划分城市经济区的新方法，并以河南省为例进行了实证分析（闫卫阳，2003）。黄建毅应用扩展后的城市断裂点理论和倍增加权 Voronoi 图相结合的 GIS 空间分析方法，分析了黑龙江省中心城市自 1990 年以来的城市经济影响区的范围变化（黄建毅，2010）。另外，戴旻利用外部指数法对湖南省 14 城市的外部效应场进行了研究（戴旻，2008）。

3. 国内研究评述

对空间结构相关理论的研究虽然在西方国家已较成熟和丰富，但针对我国社会经济历史的发展和现状以及城市自然地理和区位状况，我国经济地理学者提出了区域空间结构相关理论，揭示了城市空间结构发展规律，是对区域空间结构理论的伟大贡献，为我国社会经济发展提供了很好的理论依据并为我国国土开发提供了科学的指导思想。始于 20 世纪 80 年代、兴于 20 世纪 90 年代的我国城市空间结构研究目前正形成一股研究热潮，科研人员和科研单位不断壮大。尽管我国空间结构的研究思想和主要方法大多来自于西方早期的研究成果，但随着现代科技的进步，特别是 20 世纪 90 年代后期到 21 世纪初期 GIS、RS 技术的加入，使得我国城市空间结构获得了更大的拓展空间和发展前景。研究范围已从城市到港口，时空上从静态到动态，技术手段上结合了现代计算机技术以及地理信息技术。

区域空间结构应用领域广泛，上文主要从区域经济综合发展层面对国内外研究进展做了梳理，实际上区域空间结构还包括人口、产业、土地利用、旅游和城市社会等等方面，文中不再赘述。

2.1.1.3 区域空间结构作用机制

研究区域经济空间分异，关键在于揭示区域经济空间分异的影响因素和机制，只有这样，才能为区域经济空间开发、区域经济空间结构调控和优化，乃至促进区域经济协调发展提供有价值的信息（覃成林，2010）。因此，一直以来区域空间结构作用机制的研究备受学者重视，本书把区域空间结构作用机制研究进展在此做专门梳理。

人口迁移对城市空间结构的变迁起到了很大的作用。斯脱夫（S. A.

Stouffer）提出中介机会模型，他把迁移与距离和中介机会相互联系，中介机会模型与齐夫（Zipf）提出的"引力模型"共同对城市空间演变过程中的人口迁移研究起到了奠基作用。美国人口学家罗理（I. S. Lowry）通过研究认为人口迁移的主要流向是从工资较低地区流向工资较高地区，从农业劳动力多的地区迁向劳动力较少的地区，奠定了论证城市产生的微观经济过程的理论基础。Muller 根据运输网及物流和人流方面的变化，选择增长模型，详细阐释了地区增长的原因（Muller，1977）。Meyer 以美国边远地区的城市体系为实证对象，提出了城市体系的动态模型，并认为区际联系是美国城市体系演化发展的动力源（Meyer，1980）。艾萨德认为某区位的经济增长点就是区位均衡的结果，认为厂商在空间决策中，要权衡运输成本和生产成本，从空间经济学的角度对城市的产生和发展做了充分的论证（艾萨德，1992）。Masahisa 和 Cai 认为区域空间结构形成及其演化有自然资源、地理区位、历史和观念、社会文化、基础设施分布、政策制度、劳动力流动、资金流动和市场发育程度等被普遍关注的影响因素（Masahisa，2001；Cai，2002）。

国内学者对区域空间结构动力及影响因素研究成果颇丰。人口迁移因素方面的研究有胡焕庸、田方和孙敬之等学者，他们通过对我国人口的研究系统分析了我国人口迁移的结构、流向及不同区域的差异（胡焕庸，1984；田方，1986；孙敬之，1996）。杨吾扬在其著作《区位论原理》一书中指出区位是地理学也是城市产生的核心基础（杨吾扬，1987）。严国芬认为农业的推力、工业化和第三产业是我国不同发展阶段影响城市发展的主要动力（严国芬，1988）。许学强等从劳动分工和工业生产组织方面（许学强，1994），俞德鹏从户籍制度（俞德鹏，1994），林玲从产业结构（林玲，1995），李国平、张文忠和熊世伟等从跨国公司的 FDI 拉动作用（李国平，2000；张文忠，2000；熊世伟，2000），张孝德从政府作用（张孝德，2001），陆大道从信息、科技、生态环境和体制创新等新因素（陆大道，2003），李晓帆、冯云廷从利益机制（李晓帆，1993；冯云廷，2005），张立从区域政策、经济发展差异、经济全球化、行政区划调整和省际人口迁移（张立，2010），李国平从产业转移（李国平，2012）探讨了对城市空间结构演变的影响及动力机制。

综上所述，国内外区域空间结构演变的影响因素和动力机制是多样的，主要集中在三个方面：一是强调某一主要因素对于特定地区的影响研究（李国平，2000；阎小培，2006），但特定区域的空间尺度差距很大；二是强调多因素综合影响的研究（方创琳，2005；管卫华，2006；石敏俊，2006；孙铁山，2009），但多采用定性分析的形式，定量分析研究近年来开始有所增加；三是强调不同阶段其主导影响因素差异的研究（许学强，2006）。这些研究主要分析不同发展阶段影响区域空间结构差异的主导因素变动及其影响机制的运行与表现。近年来，关于区域空间结构的主要影响因素研究着重于要素禀赋、开放程度与区位、产业转移和政策制度等，而人口迁移及户籍制度、区位条件、交通条件和国家政策对区域的城市发展水平影响是最显著的。

2.1.2 区域空间结构模式研究

近一百多年来，城市发展与产业革命几乎是同时进行的，特别是工业布局的区域，由于交通条件与市场区位的原则，工业成组布局。人口大量集聚，加速了城市空间的扩展过程。任何区域在步入新经济时期就意味着原有的空间结构不可避免地会发生变化，当然这种空间结构的变化不是一蹴而就的，而是经过漫长的量的积累到最终出现质的变化，从而显现新的区域空间结构模式。对不同时期区域空间结构模式动态化的研究，有助于把握区域经济发展的阶段，从整体上把握系统的运动规律，才能为国民经济的长远计划和区域、城市规划提供理论依据，从而为制定区域经济的发展政策提供科学指导。

中心地理论虽被尊为空间结构理论的鼻祖和基石，但克里斯泰勒并未建立中心地体系完整的空间结构演化过程。除却区位论，提出完整的区域空间结构演化模式是现代才开始的。

1963 年，Edward Taaffe，Richard Morrill 和 PeterGould 等人根据加纳和尼日利亚的资料，提出了一个表示发展中国家以海港和铁路系统的扩展为主导的空间结构演化模式。该模式分为以下 6 个阶段：①殖民者占领时，在沿海地区出现的分散的居民点和小港口。虽然这些居民点发挥着贸易职能，但因交通条件限制，其腹地非常有限，除了传统的捕鱼业和偶尔的商船贸易外，居民点之间很少发生相互联系。②随着贯穿内地铁路的缓慢延伸，在内地矿区开始形成比较重要的居民点。这些贯穿内陆的铁路通常以条件最好的港口为起点。③交汇于主要港口及内陆中心的铁路支线得到快速拓展，这时，在通往内地的铁路支线上出现了一定数量的居民点。④铁路的中心点上出现支线网络，主要港口、内地中心城市及中间居民点间发生了横向联系，相当数量的内地城市先后成长起来。⑤区域内部联系开始完善起来，建立在港口、内地中心和中间节点的铁路迅速增多并逐渐联系起来。⑥区域经济愈加发达，区域一体化显露，大大小小的众多中心地由纵横交错的铁路系统联系在一起，一些更大、更重要的经济中心由最高等级的干线联系着（图2-1）。

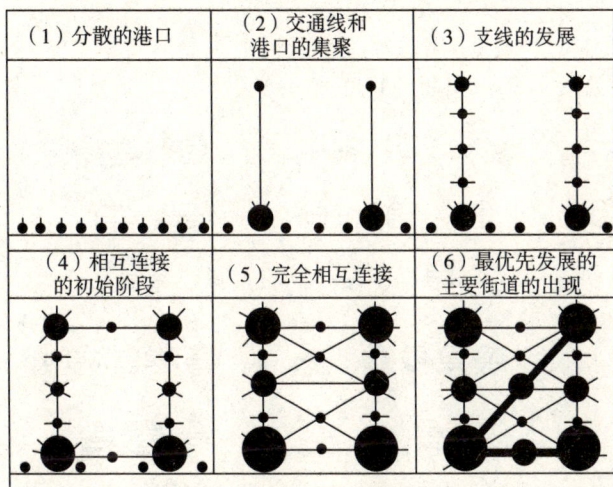

图2-1 塔夫模式

1966年，美国区域发展与区域规划专家 J.R. 弗里德曼（Friedmann）提出了核心-边缘理论，用以解释区域经济空间结构的演变。与区域经济增长相伴，必然发生经济空间结构的改变。随着经济社会的发展，经济空间结构的变化一般可以划分为如下四个阶段，工业化前阶段、工业化初期阶段、工业化成熟阶段和空间相对均衡阶段。每一个阶段都反映了核心区域与边缘区域之间关系的改变，如图2-2所示（Friedman，1966）。之后，P. Haggett 提出了区域城市群空间演化的过程模式（Haggett，1977）。

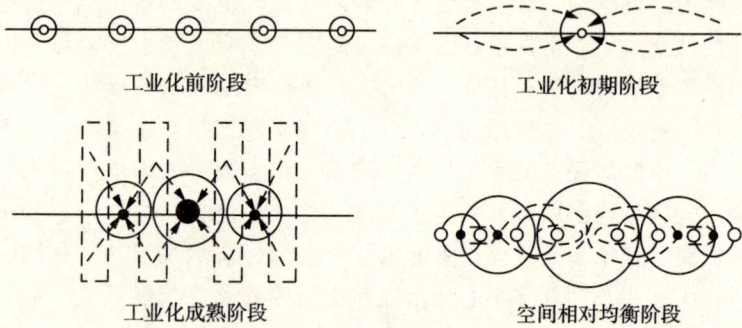

工业化前阶段 工业化初期阶段

工业化成熟阶段 空间相对均衡阶段

图 2-2 弗里德曼模式

周丽认为复合型城市用直观的方法按形态分为带状、片状、枝状和星状形态，见图 2-3（周丽，1986）。

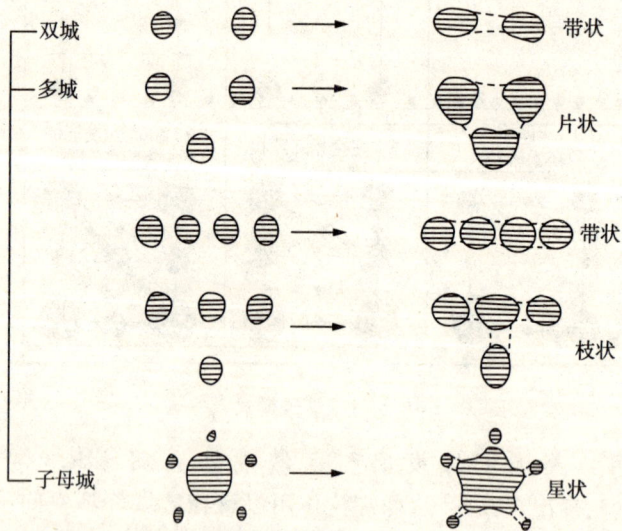

图 2-3 周丽模式

蔡渝平通过区位理论、相互作用理论和扩散理论等对地域结构形成和发展进行了动态化研究，并分别从渔猎社会、农业社会和工业社会的地域结构特征进行了模拟，见图 2-4（蔡渝平，1987）。

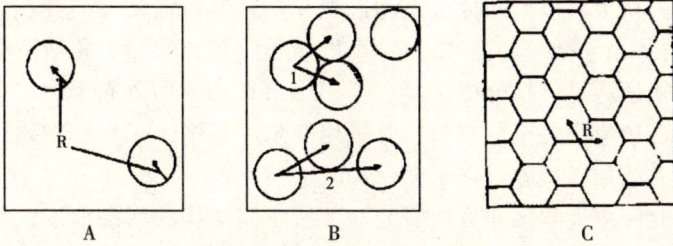

（a）渔猎社会地域结构的变化

A.原始人类源地及活动范围　　　　　　B.扩散　　　　　　　C.扩散和竞争的结果——空间有序
（πR²为一定人口生存所需的土地面积）（近郊扩散和跃迁扩散）（R：取决于人口P，P取决于社会组织的需要）

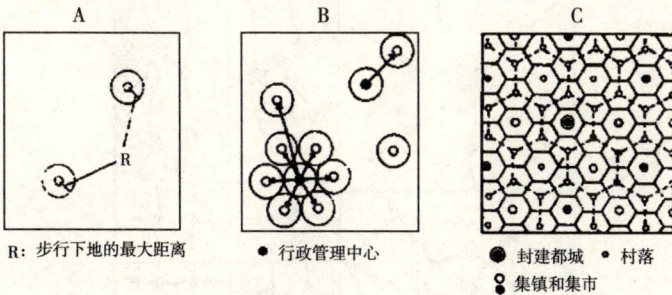

R：步行下地的最大距离　　　　　● 行政管理中心　　　　　● 封建都城　　　村落
　　　　　　　　　　　　　　　　　　　　　　　　　　　　　集镇和集市

（b）农业社会地域结构的变化

A.原始农业和村落分布　　　B.近郊效应和跃迁效应　　　　　C.空间有序

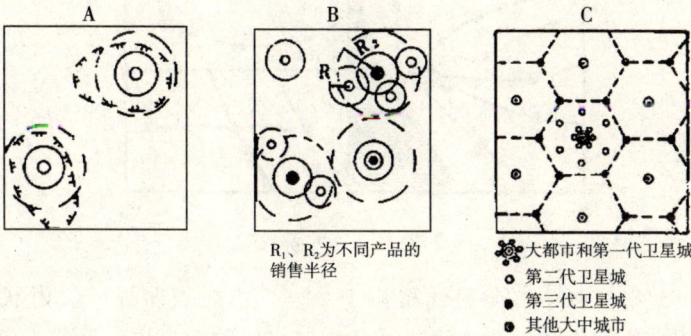

　　　　　　　　　　　　R₁、R₂为不同产品的　　　　　大都市和第一代卫星城
　　　　　　　　　　　　销售半径　　　　　　　　　　第二代卫星城
　　　　　　　　　　　　　　　　　　　　　　　　　第三代卫星城
　　　　　　　　　　　　　　　　　　　　　　　　　其他大中城市

（c）工业社会地域结构的变化

A.煤铁资源、现代工业城市　　B.工业城市的普遍发展和层次等级　　C.空间有序结构

图2-4　蔡渝平模式

37

　　许学强认为城市空间分布是动态变化的，其发展演变与社会、经济发展密切相关，有明显的阶段性：离散阶段、极化阶段、扩散阶段和成熟阶段。他还通过方格分析法研究了中国市镇的空间分布类型，并认为当前中国市镇应为集聚分布型，并采用柯尔摩哥洛夫－史密尔诺夫公式和罗伦兹曲线加以检验（许学强，1988）。

　　据东北师范大学陈才教授研究，区域空间结构的网络形态大致可分为放射状网络、过境网络、扇形网络、轴带网络、环状与一字形网络等，如图2-5所示（陈才，1991）。

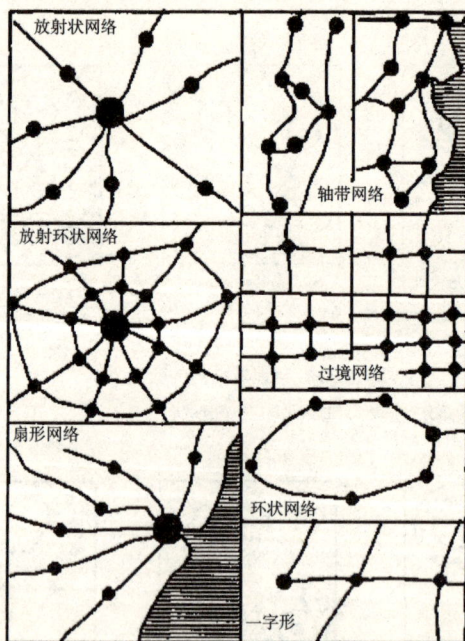

图2-5　陈才模式

　　（1）放射状网络。交通线聚焦于一点，由焦点向外呈放射状延伸。焦点中心一般容易成长为大城市或特大城市，如武汉市、徐州市等。

　　（2）轴带网络。指经济和人口顺着交通主轴线聚集，形成若干个城市或城市群。如重庆、宜昌、荆州、岳阳、黄石、武汉、九江、安庆、芜湖、铜陵、马鞍山、镇江、南京和南通等大中城市借助长江水上交通而形成并发展壮大。

（3）扇形网络。通常形成于港口，以港口为交通枢纽，交通线由港口向内地伸展，线路密度与港口规模大小成正相关。在较发达的港口容易形成大城市或城市群，如以上海为中心的长三角城市群的兴起即是典型例子。

（4）过境网络。区域内的交通线布局呈"十"字形状、"井"字形状等，在交通线的网络节点上形成的城市，由于交通线对它过境意义很大，对城市生长的推动作用不大，因此城市规模通常较小。

（5）一字线与环状网络。通常形成于特别的地方，如沙漠地带形成的环状线路，在边境或边远区域形成一字型线路。

在城市群体空间组合模式上，姚士谋认为可分为组团式集聚形、沿交通走廊带状形、放射状地区分散形和集群式群组形等几种类型，如图2-6所示（姚士谋，1992）。姚士谋把城市群发展分为四个阶段：农业经济时代、前工业化时代、工业化时代和城市化阶段，城市群空间结构在这四个阶段中由稀疏的点状乡村发展到片状的连绵区，如图2-7所示。

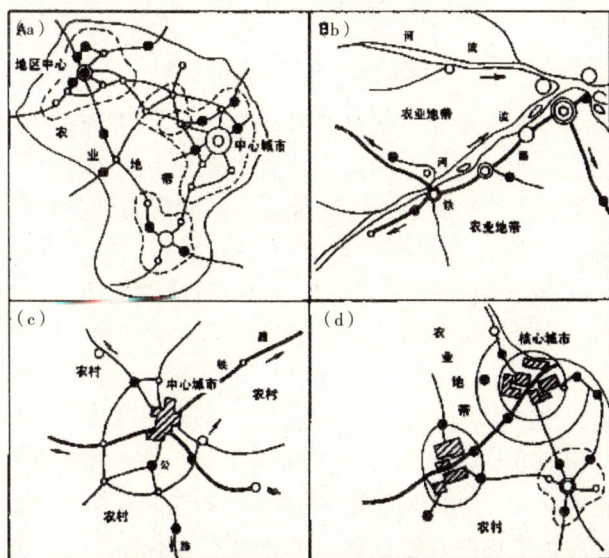

（a）组团式　（b）沿交通走廊带状式　（c）分散式或放射状　（d）群集式

图2-6　姚士谋城市群类型

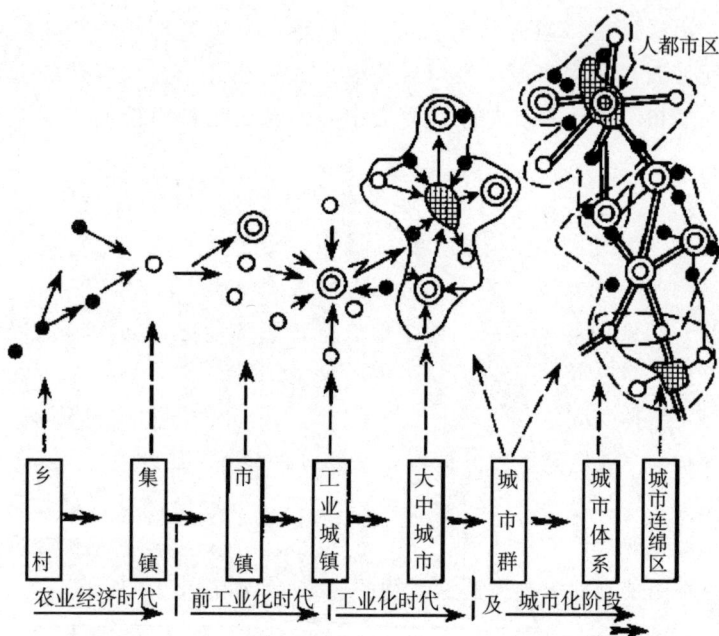

图 2-7　姚士谋模式

费洪平和崔树强根据对胶济沿线产业带在 1840 年至 1990 年间的空间演化模式及其过程，将其空间结构的演变划分为四个阶段：第一阶段（1840—1894 年）处于低水平的均衡阶段，经济活动呈现出以分散孤立和小地域范围内的封闭式循环为特征的空间结构；第二阶段（1895—1949 年）由于极化效应加强，出现青岛单一强大工业中心，形成核心-外围式空间结构；第三阶段（1950—1978 年）在有计划按比例发展的计划经济体制下，开始了大规模经济建设，空间布局发生了很大变化，出现了青岛和强大次级中心济南、淄博及次级工业中心潍坊、东营，形成了多核心空间结构；第四阶段（1979—1990 年）随着企业改革的不断深化区域社会经济发展进入了一个新阶段，企业空间行为和联系受产业带影响明显增强，区域的扩散机制日益成熟，工业中心的不断扩大且相互作用加强，导致各中心彼此相关联的产业聚集带的产生，形成了以网络化、均衡化、多中心为特征的点-轴空间结构（费洪平，1993；崔树强，1995）。

　　顾朝林指出空间经济是以城市经济为支配，经历由绝对封闭型经济渐渐转为相对封闭型经济的过程，继而转为相对开放型经济，然后发展为开放型经济区域系统。区域城市体系的空间结构有四个不同组织阶段：均衡态结构的孤立静止体系阶段；典型的核心-边缘结构区域体系阶段；几个不同的核心-边缘区区际体系阶段；大都市连绵区乃至世界都市带大区体系阶段，如图2-8所示（顾朝林，1995）。

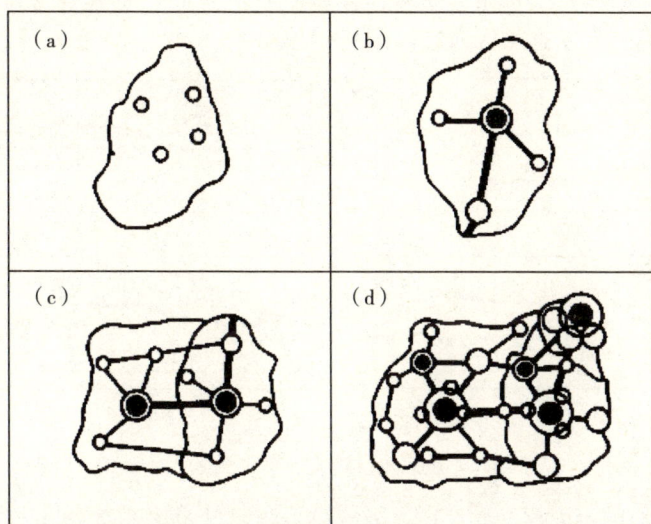

（a）孤立体系　（b）区域体系　（c）区际体系　（d）大区体系

图2-8　顾朝林模式

　　作为点轴理论的重要组成部分，陆大道先生提出了相应的空间结构演化模式（陆大道，1995）。在生产力水平低下、经济社会发展极端缓慢的农业社会时期，生产力分布是相对均匀的。到工业化初期，随着矿产资源得到开发、手工业逐渐发展和农业商品经济开始显现，那些地理区位条件优越、资源丰富的地方，首先出现了工矿居住点及城市，然后它们之间建立了交通线，以此满足其社会和经济联系的需要。因为集聚效应的影响，资源要素和各种公共服务设施将集中在地区的工矿点或中心城市，而且地方的中心城市有较多的工矿企业和各类型的企业及社会团体，连接城市间的交通连接线变成了交通线、通信线、能源供应线和供气线等线状基础设施束。在线状设施及城市周围，由于利益分配中出现的矛盾，中介机会产生，从而出现新的聚集点，与此同时交通线得到相应延伸。随着生产力进一步发展，一些发展条件好、效益高、实力雄厚、经济和人口集中的城市会形成更大的集聚点，连接它们间的线状基础设施会变得更趋完善，新的集聚点变为次级经济中心，并同理延伸出次级发展轴线，不断构成新的经济中心和轴线系统。这种模式不断演变下去，整个区域将会衍生为由不同等级的城市和不同等级发展轴组成的"点-轴系统"为标志的区域空间结构，如图 2-9 所示。

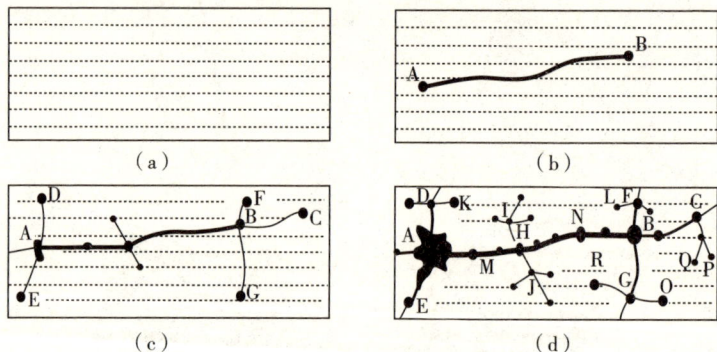

图 2-9　陆大道模式

新中国成立以来，随着经济的发展，我国城市经历了健康发展时期（1950—1957 年）、起伏发展时期（1958—1965 年）、停滞发展时期（1966—1976 年）和稳定发展时期（1977 年以后）。李家清认为在这种社会历史背景下，对两湖平原城市发展及其空间模式的演变必然会产生重大影响，两湖平原城市设置及其空间模式演变，如图 2-10 所示（李家清，1995）。

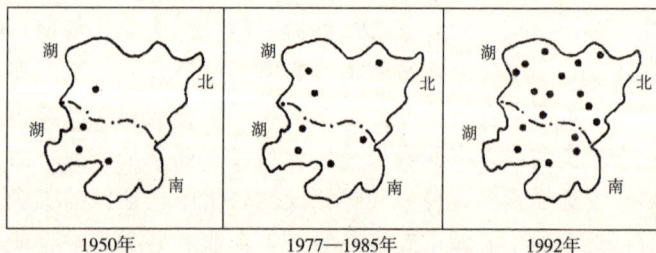

图 2-10　李家清两湖模式

　　曾菊新对空间结构中的点、线、面三种要素进行组合，并给出了每种组合所对应的具体的空间经济集聚类型（曾菊新，1996）。

　　1998 年，陆玉麒教授在对皖赣沿江地区实证分析的基础上提炼出了一种空间结构理论模式即双核结构模式。该模式的原生形态是指中心城市及其港口城市的区域组合，双核结构模式不仅在我国而且在其他国家或地区，都有广泛的应用前景，如图 2-11 所示（陆玉麒，1998）。

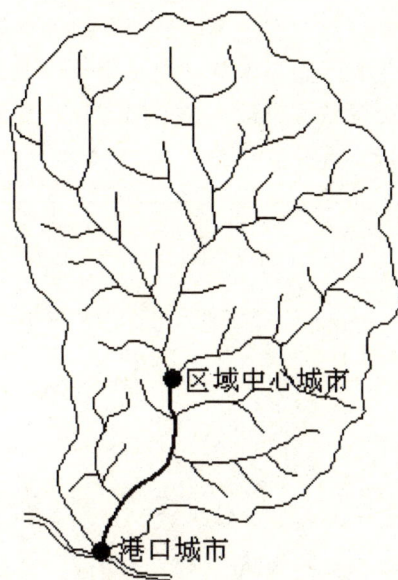

图 2-11　陆玉麒模式

　　薛东前认为城市群的宏观生长形态包括聚团状、带状和星状，其基本构成要素是伸展轴、节点和结节地域以及轮廓线。城市群体结构发育可划分为四个阶段（有四种不同的表现）：集聚阶段（城市）、集聚扩散阶段（城市区域）、扩散集聚阶段（城市组群）、扩散阶段（城市群）。每一阶段分别对应一、二、三、四个圈层，见图 2-12（薛东前，2003）。

　　（1）团聚状生长形态：以中心位置城市或首位城市为中心作城市集中区外接圆或圆弧，城市群主体部分都在其范围之内，则城市群生长形态为团聚状。这种形态表现为城市群伸展轴的各个方向差异较小，城市群以首位城市为核心向外连续、均匀地扩展，一般自然条件均一，首位城市功能强大。

（2）带状生长形态：如果城市群的两条主要轴线已远超越了外接圆，则为带状生长形态。带状生长形态是由于城市群的发展受外界条件的强烈引导或阻碍，使它均匀外扩的形势被打破，致使其回避阻碍条件而沿引导条件延伸。

（3）星状生长形态：如果有三条以上的主要伸展轴远离带状城市的主体部分，则城市群生长形态为星状。它是由于自然条件的阻隔，或城市群伸展方向的多元，导致城市群体在不同方位分别形成独立的生长单元，与首位城市等距或不等距分布。

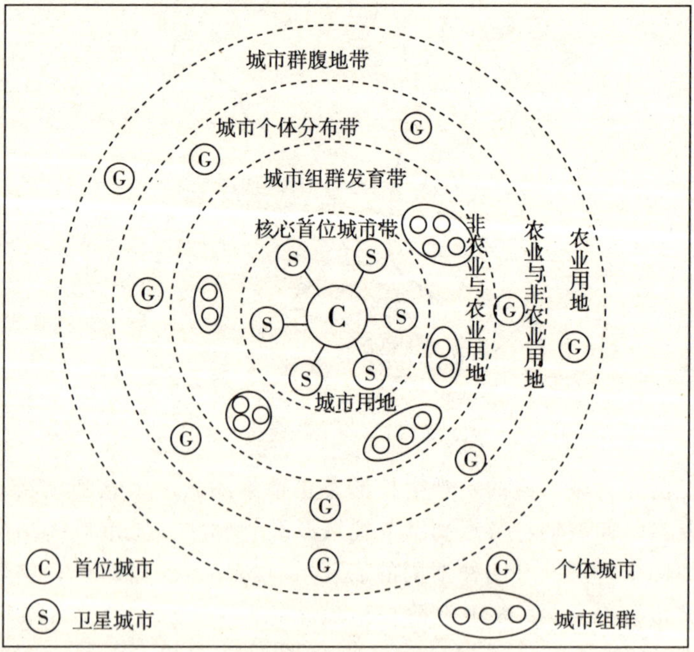

图 2-12　薛东前模式

梁玉芬认为现代城市化的过程就是产业要素空间集聚的过程，城市为产业要素的流动和配置提供了空间平台，而不同空间结构的城市类型又表现出不同的功能。她把现代城市群落类型分为国际大都市模式、城市群模式、组团式模式和卫星城市模式（梁玉芬，2003）。

俞甬军在其博士论文里以历史研究法从流域空间结构演化的一般模式角度考察赣江流域的空间结构类型及其演化规律，论证了赣江流域空间结构演化过程共分 5 个阶段：先秦时期（公元前 221 年以前）为散点分布期；秦至唐宋时期（公元前 221 年至公元 1367 年）为内部充填期；明清时期（1367 至 1840 年）为双核结构萌生期；鸦片战争至新中国成立前（1840 至 1949 年）为双核结构发展期；新中国成立后（1949 年至今）为双核结构成熟期（俞甬军，2004）。

陈修颖对长江经济带的空间结构进行了研究，结果显示其空间结构模式为典型的条形核心-边缘结构。通过对鸦片战争之前的历史、政治和经济等较全面考察，认为其空间结构的演变共经历了 4 个阶段：①鸦片战争前的独立发展阶段，这时期形成了运河经济区（带）、赣江经济区、皖江经济区、湘江经济区、汉江经济区及四川盆地经济区，但彼此相互封闭、孤立发展；②鸦片战争后至新中国成立之初的区域集聚与链接阶段，鸦片战争使沿江各港口相继开埠和被动开放，使沿江各城市间的贸易频繁，其中尤其是对外贸易使长江流域各区域链接为一个整体；③新中国成立初期至 20 世纪 80 年代初的行政经济区阶段，由于西方发达国家遏制新中国的发展，使得长江流域封闭发展，采用国内行政区代替经济区的空间组织模式，长江经济带空间结构形成了条块分割模式；④20 世纪 80 年代初至现在的空间竞争与链接阶段，随着市场对资源的配置能力不断提高，长江流域的空间结构由理性空间结构向竞争性空间结构转变。随着上海国际大都市建设的加快，长三角一体化的不断深入，长三角传统产业的西向传递和转移将加快，这将促进长江经济带各次区域的进一步链接，最终实现整个长江经济带一体化，如图 2-13 所示（陈修颖，2007）。

上述空间结构演化模型从不同角度提出适应区域中不同应力的发展过程，演化机理的分析有益于完善空间结构的理论体系。对区域发展阶段的研究仅是针对整体而言，忽视了其内部结构的差别及其彼此间关系的论述。

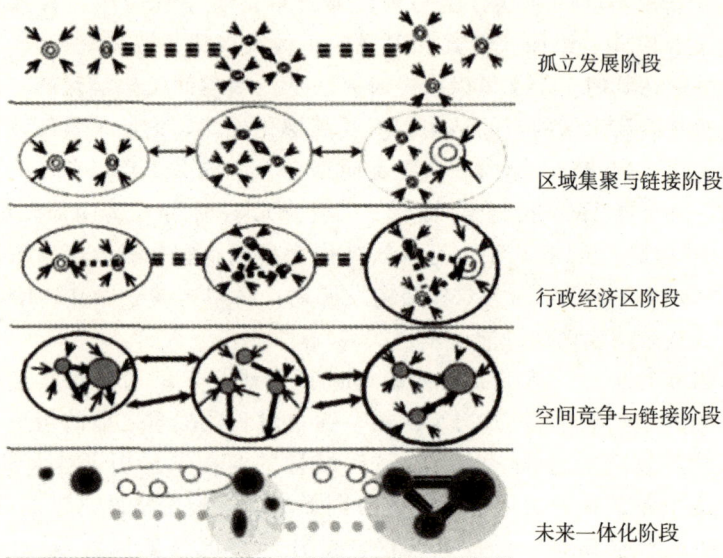

孤立发展阶段

区域集聚与链接阶段

行政经济区阶段

空间竞争与链接阶段

未来一体化阶段

图 2-13　陈修颖长江流域模式

2.1.3　可达性研究

一般而言，可达性是指在一定的交通系统中，到达某一地点的难易程度（Koenig，1980），或说交通可达性是指利用交通系统从某一给定区位到达活动地点的便利程度（李平华，2001），是反映市场、综合经济和就业等可接近程度的一种基础度量。

2.1.3.1　可达性方法分析

尽管人们对可达性概念的认识远不止交通可达性，不过在实际应用中交通可达性是最被广泛接受的。由于影响因素、网络特性和空间尺度等多重影响，可达性度量方法也表现出多样性。通过对现有的文献资料梳理，可达性较常用的研究方法主要有：距离法、等值线法、累积机会法、重力模型法、频率法、概率法、平衡系数法、效用法、时空法和基于空间句法的拓扑法和基于矩阵的拓扑法，等等。其中，距离法、等值线法、累积机会法、重力模型法、基于矩阵的拓扑法常被运用于交通网络空间结构演变对城市体系发展影响研究；距离法、等值线法、累积机

46

会法、重力模型法、平衡系数法和效用法常被运用于新建交通基础设施的区域经济效应评价；距离法、等值线法、累积机会法和重力模型法常被运用于选址分析与区位评价；基于空间句法的拓扑法与重力模型法常被运用于城市园林与建筑设计、景观规划；此外，有关社会文化等相关研究通常涉及多种拓扑法（陈洁，2007）。

根据网络特性对当前常用的可达性研究方法进行分类，见图 2-14，并从涉及的适宜的空间尺度和可达性影响因素等方面对各类可达性度量方法进行对比讨论。

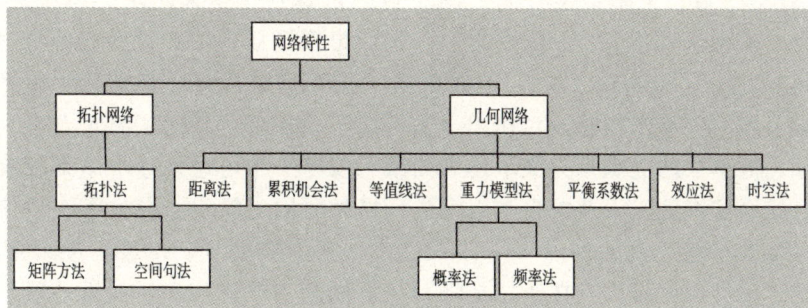

图 2-14　基于网络特性的可达性度量方法分类体系

基于几何网络的可达性度量方法一般使用空间距离、时间距离（指空间距离所需的时间）和经济距离（空间距离所付出的费用）三个层面作为基本因子来度量可达性（杨家文，1999）。建立在几何网络上的可达性度量方法主要有距离法、重力模型法、等值线法、平衡系数法、效用法以及时空法等方法。

距离法（Ingram，1971；Baxter，1975；Kirby，1976）是较为简单直观的可达性度量方法。距离法常使用各类距离，如空间、时间和费用等作为可达性指标，距离越小，可达性越好。度量方式主要包括相对可达性和总体可达性，相对可达性采用两点间距离来度量它们之间的可达性，总体可达性采用某点到其目的点间的距离之和来考量该点的可达性水平。距离法仅考虑了客体在交通网络中运行的耗费，并没考虑距离的衰减和各点的规模等因素。

重力模型法的思想发端于物理学的万有引力定律，20 世纪四五十年

47

代，斯图尔特将万有引力定律中的引力公式引入人文地理学领域（周一星，2003a），通过计算某测度点以外的所有吸引点对该点的吸引势能总和评价该点的可达性。其中吸引点对测度点作用力的距离衰减函数是重力模型的关键。实际应用中，距离衰减函数通常包括指数函数、线性函数、幂函数和对数函数等，选择何种方法根据研究区域的实际情况结合计算的需要而定。重力模型法将各吸引点自身引力规模和随距离而衰减的空间上各吸引点的空间效应相结合，以此衡量某点可达性水平。吸引点和测度点之间的距离越小，作用力规模越大，则可达性越好。地理学中 ArcGIS 软件系统定义空间上某一点的可达性也是采用重力模型法。在重力模型法产生后，利用其思想，先后出现了概率法和频率法等可达性测度方法（Sakkas，2006）。概率法采用距离作为可达性指标，将到达吸引点的概率作权重，对作用力进行修正，使可达性测度更符合客观实际。概率法的优点是克服了传统的重力模型法中可达性评价结果较难用自然语言表达，以及对多个方案进行操作时因为吸引点数目不一致使计算结果不能比较的弱点（Geertman，1995；宋小冬，2000）。频率法与概率法类似，不同点在于它是将到达不同吸引点的频率作权重，对作用力进行修正，使可达性测度更符合客观实际。

等值线法（Breheny，1978）和累积机会法（Wachs，1973）是在距离法的基础上发展而成的。等值线法对出行成本进行分级，按不同成本等级分别累计可到达的吸引点的数量。吸引点数量越多，可达性越好。累积机会法指在设定某个出行成本（距离、费用、时间）的前提下，将从某点出发能到达的机会多寡作为可达性指标。机会越多，可达性越好。这里的机会包括教育、医疗、购物、就业、休闲机会，等等，一个吸引点可以对应一个或者几个机会。等值线法和累积机会法实质都是通过对某点交通出行的便捷程度的评价来测度可达性水平高低，没有考虑度量点和吸引点间的相互作用及其距离衰减规律。

平衡系数法是由 Wilson 运用统计学方法中的熵最大定律推导得出的可达性测度方法（Wilson，1967；Wilson，1971；Fotheringham，1983）。平衡系数法是在传统重力模型法基础上对各点流量进行约束，从而构建约束引力模型，它包括单约束引力模型和双约束引力模型两种。当从需求点 i 出发的出行量 O_i 数量固定也即是说需求点受约束时，称为单约束引力模型，此时就会出现吸引点对需求点的竞争；当 O_i 与从各需求点到吸引点 j 的到达数量 D_j 均固定，即是说需求点与吸引点同时受到约束时，供给竞争和需求竞争同时并存，称为双约束引力模型（姚士谋，2006）。

效用法是在已有的可达性测度方法都不同程度上具经验主义或者主观色彩以及缺少理论支撑的情况下，借用消费者理论（微观经济学中）发展而成的。效用法从经济学的视角将个体的出行看作为一种消费行为，在交通—土地系统中，个体的此种消费行为得到的最终效益通常当作其可达性优劣的评价依据。确定个体 i 在吸引点 j 可能获取的总体效益 V_{ij} 是效用法关键所在，个体获得的最终效益 U_{ij} 是总效益减去出行费用或时间，具体计算过程由 Hivex 模型实现（Koenig，1980）。

时空法是 Hagerstrand 在 20 世纪 70 年代提出的时间地理学（Hagerstrand，1970）基础上形成的，他同时考虑到了时间与空间的可达性测量方法。时空法从个体角度出发，设定个体在特定的时空环境约束下，所能到的时间、空间地域和相应活动的选择，以此测度可达性水平，通常用时空棱镜（Miller，1991；Miller，1999；Yu，2007）的方式进行测算。具体有两种计算方法：一种是通过计算时空棱镜的体积，以体积大小来表达可达性水平，时间预算下，时空的体积越大，个体参与活动的可能性也就越大，那么可达性越好；另一种是统计时空棱镜内的商业或娱乐网点数目作评价的指标。第二种计算方式适用于时空棱镜范围内没有任何可参与的活动。时空法与效用法不仅考虑了社会经济因素和交通因素，而且将可达性水平与个体出行行为直接建立起联系。

以上各类可达性测算方法都是建立在几何网络基础上，这些方法从不同视角出发，对现实生活中的几何网络特别是交通网络的可达性和连通性进行测度和评价。不过，诸如在地铁网络或航空网络中各点间的换乘次数、场馆内部和街区等子空间之间的通达性测度等此类的可达性问题，拓扑距离比几何距离显得更为重要。对上述可达性相关研究工作的开展则需要应用基于拓扑网络的可达性测度方法。建立在拓扑网络基础上的可达性测度方法，根据度量因子所采用的不同运算方式，可划分为基于空间句法的拓扑法和基于矩阵的拓扑法。

建立在空间句法基础上的拓扑法是根据空间句法理论的形态分析变

量来测度可达性优劣，通过空间分割，这种拓扑法以分割生成的子空间为图节点，进而将整个网络转变成空间连接图，运用图论方法推导出相应的形态分析变量，如控制值、连接值、节点深度、整体集成度与局部集成度等，以此表征空间在不同水平上的结构特征（江斌，2002；Hillier，1996；Jiang，1999）。另外，该拓扑法还具有集成兴趣点到空间连接图而实现扩展空间句法的功能，并且可以根据兴趣点的吸引程度差异对连接线赋予各异的权重，基于空间句法的拓扑法的这些功能对于园林与建筑设计、城市规划和景观规划等领域中测度某一点或某一区域的区位优劣性有很重要的作用。

　　基于矩阵的拓扑法是通过最短距离矩阵与整体可达性矩阵的测算得到节点和网络的可达性优劣（Gauthier，1968；Wheeler，1999；O'Kelly，2002）。通过网络的连通性矩阵可以推导最短距离矩阵。设定最短距离矩阵为 D，d_{ij} 表示节点 i 与节点 j 间最短路径。v 是网络的节点数量，节点 i 到其他所有节点的最短路径总和 $d_i = \sum_{i=1}^{v} d_{ij}$。由此可以获得节点的相对可达性指标 $D_i = d_i/(\sum_{i=1}^{v} d_i/v)$。整体可达性矩阵可以通过网络的邻接矩阵推导。设定 C 为邻接矩阵，v 为网络中的节点数量，可以测算出，C 的 k 次幂 C^k 的元素 $C_{ij}^{(k)}$，它表示从点 i 经过 k 到达 j 的路径数量。可达性矩阵公式为 $T = C^1 + C^2 + \cdots + C^n$，某节点 i 到达所有节点的直接和非直接路径数量总和为 $t_i = \sum_{i=1}^{v} t_{ij}$，由此可测算各节点的相对可达性指标 $T_i = t_i/(\sum_{i=1}^{v} t_i/v)$。

　　综上所述，以上各种可达性研究方法均可应用于区域或网络中某一部分以及整个区域或网络的可达性度量。由于可达性度量指标的选取以及度量方式的不同，使得各种方法的度量过程以及产生的度量结果各具特色。

2.1.3.2　国内外可达性实证研究

　　国内外对于交通可达性的研究集中在可达性评价、可达性的空间结构及其演化和对区域经济发展的影响等，重点研究领域有航空、高速公路网、铁路网、公路网、城市环形公路以及公路和铁路综合路网，研究的区域有洲际区间、国际区间、国家内以及地区间甚至城市市区和县域。日本学者系统探讨了从 1868 年至 1990 年日本铁路发展对整个日本城市通达性的影响，认为两者之间是相互融合的关系（Murayama，1994）。Janic Milan 依据基于时间的一系列指标，将欧洲铁路客运网络服务水平分为三个层次（Milan，1996）。长期以来，Gutierrezz 一直关注欧洲大陆交通网络的研究，他研究了欧洲的道路网络、高速铁路网络以及马德里－巴塞罗那－法国高速公路的区域潜在可达性。Gutierrezz 结合区域实际情况，对各种可达性指标分别进行了详细的研究。他采用了三个可达性指标即经济潜力、加权平均出行时间和日常可达性，研究了欧洲高速铁路网络和马德里－巴塞罗那－法国高速公路对欧洲可达性的影响（Gutierrezz，1996a；1999；2001）。Michael 研究了西爱尔兰群岛的可达性，他选取的可达性指标主要包括：横渡的长度、渡口服务频率、航空服务、信件传递频率等。

　　Bowen 通过对 1979—1997 年东南亚航空中心国际航空可达性的研究，评价出不同国家的航空政策对航空城市节点可达性的影响（Bowen，2000）。Dupuy G 分析了欧洲的快速道路系统与城市之间的关系，认为不同的道路开发和建设模式在一定程度上反映了欧洲各个城市在快速道路系统中的地位和作用（Dupuy，1996）。Spence 和 Linneker 的研究表明，伦敦 M25 环形公路引起的可达性变化对区域经济发展具有积极促进作用（Spence，1994；Linneker，1996）。Fuellhart 建构了一个线性模型，描述了费城、哈里斯堡和巴尔的摩间 70～90 英里内的航空旅客流替代性空间竞争现象（Fuellhart，2003）。Matsumoto 运用重力模型，选取人口、GDP 和距离等，探讨了航空流的作用强度，分析了国际航空港网络结构（Matsumoto，2004）。Tsou Ko‐Wan 应用 GIS 技术，构建城市公共服务设施评价模型，以台湾仁德为案例，评价了城市公共设施的相对公平性（Tsou，2005）。Talen 等研究了美国科罗拉多等区域人种差异与进入公园的差异之间的关系，并做了一系列公园可达性的研究（Talen，1997；1998a；1998b）。Gutierrezz 通过对都市连绵区内部通达性的实证分析，认为都市连绵区内部通达性的提高，不是区域环路的引导作用所致，而是应由其区位决定，并且与中心距离越远，通达性的提高愈加快速（Gutierrezz，1996b）。Gutierrezz还对欧共体的交通可达性进行了实证研究，这主要集中在对未来的预测方面，他认为基础设施的变化将影响整个欧共体的未来发展，未来道路网络对通达性的影响与经济活动中心有着紧密相连的关系（Gutierrezz，1999）。

国内学者在国外研究的基础上不断丰富和发展了可达性研究领域，在短短的20年时间里积累了相当的成果。陆大道先生指出提高区域可达性是区域发展的前提条件，并且以联邦德国为例，详尽分析了可达性变化对区域发展的影响（陆大道，1995）。曹小曙以广东省东莞市为例，分析了改革开放20余年来经济发达地区交通网络的演化，以及由此引起的通达性空间结构的变化（曹小曙，2003）。金凤君等对20世纪我国铁路网扩展和可达性的研究体现了100年来的可达性空间格局演变过程，从时间节省角度评价了铁路提速引起的我国客运网络系统演进及不同城市在网络优化中的获益（金凤君，2004）。魏立华等则以京津唐大都市区为例，分析了城际快速列车对大都市区可达性空间格局的影响机制（魏立华，2004）。曹小曙以"最短路径模型"为基础，选取距离与时间两个特征指标以及联结两者的速度指标，分析了目前中国国家干线公路网络联结的城市通达性空间格局，结果显示，国家干线公路网络联结的城市呈现明显的"核心-外围"模式（曹小曙，2005）。王娇娥利用定量模型和GIS方法，从航空客流分布、空间布局以及服务范围等方面研究了中国的机场体系以及它的服务水平。研究发现，中国机场存在空间布局不均衡及等级结构不合理等问题，各机场在服务水平空间上存在差别，中国机场的整体服务空间格局与全国经济社会发展的空间格局基本一致。航空客流渐趋向东部沿海，空间联系和拓展有着鲜明的层级性，有一定的轴辐式网络结构特征（王娇娥，2006）。吴威运用加权平均旅行时间方法研究了安徽省皖江地区空间格局（吴威，2006；吴威，2007a）。张莉用时间可达性来代替空间距离，对长三角和江苏省仪征市的城市吸引范围进行了空间划分（张莉，2008a；张莉，2008b；张莉，2009）。张莉基于长江三角洲的陆路交通网从时间距离的角度对长江三角洲内16个地级市目前和未来的区内可达性和区外可达性进行了评价，结果表明长江三角洲区域可达性呈现出以上海为中心的扇状辐射，可达性最好的是上海和嘉兴，可达性最差的是台州和南通（张莉，2006）。

曹小曙等研究了我国国家干线公路网联结城市的可达性，重点探讨了速度指标对可达性的影响（曹小曙，2005）。

吴威基于区域经济系统的开放性，以县域为研究单元，采用加权平均旅行时间指标，分析了长三角区域公路、铁路、水运和航空等单方式交通可达性空间格局，并以此为基础剖析了区域综合交通可达性格局（吴威，2007b）。高鹏飞以沪、宁地区为例，采用了有效评价旅行时间、经济潜力、日常可达性三类分析指标，探讨了高速铁路影响下沿线地区可达性的变化，初步得出不仅沿线地区将产生深刻变化，且临近区域也受益匪浅的结论，从客观上论证了修建京沪高速铁路的可行性和重要性（高鹏飞，2004）。基于最短路径模型，以经济权重可达性和经济潜力指数为主要指标，对近 20 年湖南公路网络演化和空间格局进行分析（张兵，2007）。以武汉城市群为例，通过距离算法、拓扑算法和空间句法模型，构建系列通达性数理模型，定量分析武汉城市群路网发育的空间结构性规律（刘承良，2009）。吴威以 1986、1994、2005 年为时间断面，加权平均旅行时间为指标，论证了 20 世纪 80 年代以来长三角地区综合交通网络及其可达性的时空演化，综合交通网络的快速发展带来了综合交通可达性的不断提升（吴威，2010）。潘裕娟以广东省连州市为例，设计路网连通度、可达性和农村路网与干线路网衔接的平均距离三项指标来分析乡村地区公路网的通达性水平（潘裕娟，2010）。沈惊宏以皖江示范区承接长三角产业转移为背景，立足于示范区的物流和客流两个层面，运用 GIS 栅格分析、网络分析以及 ESDA 分析技术从时间指标和费用指标研究了示范区物流可进出性和区内客流的顺畅性（沈惊宏，2011）。沈惊宏从安徽省域、县域、省域内地区间的开放性、两种费用成本以及考虑区域社会经济因素的吸引机会六种角度评价安徽省城市可达性，揭示了安徽省城市不同指标下的可达性空间分异规律，并建立了一个综合可达性指数模型，进一步得到安徽省城市的综合可达性空间格局（沈惊宏，2012）。

综上所述，国内外对可达性的实证研究成果非常丰富，但大多集中在三个方面，即可达性对区域空间结构的影响、可达性的区域经济效应以及可达性对社会服务的区位评价。如目前大多数的可达性度量方法仅着眼于空间，近年来涉足时间要素；可达性分析与 GIS 技术的集成程度在日益增强，一批批学术新秀运用 GIS 技术给可达性带来了许多新亮点。但鉴于 GIS 技术的强大程度，目前可达性计算仍然可结合二次开发技术从而解决更多的问题，并更好地应用到实践当中。

2.2 理论基础

2.2.1 区域空间结构理论

2.2.1.1 区域空间结构含义及特征

空间性是地理学区别于其他科学的本质特征之一。空间是区域存在的基本形式，是区域经济活动在地域范围内实施的载体。区域内部存在着各种各样的结构，如经济结构、社会结构、产业结构、劳动结构和人口结构等，然而空间结构始终是区域各类结构图谱的基础结构。空间结构是一个被广泛应用的概念，表示一种事象的空间排列与组合格局。人文地理学中空间结构是指区域内社会经济各组成部分的相互作用及组合类型的位置关系和反映这种关系的空间集聚规模和集聚程度。空间结构是区域发展状态的显示器（陆大道，1984），是历史发展的函数。

空间结构由不同功能区组成，且这些功能区相互有机联系。从区域经济学的视角看，空间结构是指区域的核心、外围、边缘以及网络等各类功能区相互联系组合而形成的特定空间图式。随着区域经济发展中生态理念被广泛认同，越来越多的地理学者借用景观生态学中的生态系统空间结构的功能区来研究区域经济空间结构。描述生态空间结构的语言如景观生态学中的基质、斑块和廊道（Forman，1986）等为研究经济空间结构提供了新的分析方法。

区域经济空间结构是指在一定地域范围内经济要素的相对区位关系和分布形式，它是人类在长期经济发展过程中对经济活动和区位选择的累加结果。经济空间结构合理与否，对区域经济的增长和发展有着显著的促进或抑制作用。经济空间结构具有相对稳定性，一旦形成，通常要经过较长的时期才能变动，而且经济空间结构与经济发展速度相比，具有明显的滞后性（崔功豪，1999）。

最早杜能提出的农业同心圆种植圈层结构理论、克里斯泰勒提出的中心地结构理论和韦伯的工业区位布局理论都是空间结构形态,经济要素的加速流动、区域开发、科学技术的进步和人们思想观念的变化等等,这些对研究最佳区位都产生影响,而且经济要素之间的相互作用和相互关系都应该在考虑之列,在达恩(E. S. Dunn)、艾萨德(Isard)、奥托伦巴(E. Otremba)、贝里(Berry)和博芬特尔(E. V. Boventer)等人的努力下,将区位论进而发展为空间结构理论,不仅研究单个事物的最佳区位,还要研究区域内各种经济和社会现象间的相互作用和相互关系,以及空间集聚程度和集聚规模(姚士谋,2001b)。由于空间结构都处于特定区域内,因此,地理学上的空间结构是"区域空间结构"的简称。空间结构理论又称之为总体的、动态的区位论。空间结构具有以下的属性(何伟,2002):

(1)空间结构三维性。区域空间结构如同几何学拥有长、宽、高,区域空间中的各个客体都有特定的位置关系,从空间中的任何一点,皆可以引出三条相互垂直的直线。

(2)空间结构区域性。所有的空间结构都受到一定的地理条件、社会条件和经济条件的地域发展因素约束。

(3)空间结构整体性。任一区域空间结构都是由核心、外围(腹地)和网络三个部分组成,形成一个密切关联、相互作用的整体,如外围(腹地)又受到核心的支配;核心离不开外围(腹地),否则,核心不会存在和发展;核心和外围之间的关联,离不开网络。

(4)空间结构系统性。任一空间结构都是个复杂的空间系统,由若干相互联系、相互制约的子系统组成,并通过网络发生密切联系。

(5)空间结构演化性。空间结构是时间的函数,随着生产力的发展,空间结构一般经历四个阶段。一是低水平的均衡发展阶段。此阶段处于农业社会时期,城市规模较小,城市间分散孤立。二是极核式集聚发展阶段。此阶段为前中期工业化社会阶段,区域内部分城市迅速发展,形成区域增长极核,支配着周围腹地,区域城乡二元经济结构明显,区域不平衡发展加剧。三是极核扩散发展阶段。此阶段多为中后期工业化社会,区域多核心结构出现,城市的扩散作用得到加强,城市和腹地间、城市之间联系愈加密切。四是区域空间一体化阶段。此阶段处于后工业化社会时期或信息社会时期，区域空间结构呈多中心、均衡化和网络化，区域城市体系较合理，区域发展不平衡渐趋消失，城乡差别基本不存在。

区域空间结构是区域经济的一种重要结构，它是指各种经济活动在区域内的空间分布状态及空间组合形式。在区域经济活动中，实现经济活动在空间上的合理组合和要素的空间优化配置，从而克服空间距离对经济活动产生的约束，以降低成本，提高经济效益（李小建，1999）。也有人认为空间结构是人类经济活动作用于一定地域范围形成的空间组织形式。其包括以下内容：第一，以人类经济活动场所为载体的经济地域单元的空间分异及其组织关系；第二，由空间客体构成的某种规模等级体系；第三，各种空间客体间由于相互作用产生的要素流的形式。因此区域空间反映了区域经济系统中各系统、各要素之间的空间组织关系，这些关系包括诸要素在空间中的相互作用、相互位置、集聚规模、集聚程度以及地区间的相对平衡关系等，这些关系回答了诸要素如何在空间中发生、运动和发展，如何结合成具有生产力属性的空间整体。因此，空间结构不仅是经济活动的"盛器"，还体现了经济活动的空间特征和相互作用关系，是社会经济活动于地理空间的投影，是区域发展进程的"指示器"，合理的空间结构还是区域发展的"调节器"和"助推器"（Friedman，1964；Friedman，1973）。因此，认识和判别空间结构要素对进行空间结构相关研究就显得尤其重要。

2.2.1.2 区域空间结构相关理论

前文对区域空间结构理论的发展已作了系统梳理，此处仅对本书研究有直接关系的国内外空间结构理论作相关阐述。

1. 增长极理论（Growth Pole Theory）

增长极（growth pole）概念最早是由法国经济学家弗朗索瓦·佩鲁（F. Perroux）提出的。他认为增长不会同时出现在区域所有地方，它只是以不同的强度首先在一些增长点或增长极出现，继而通过不同的扩散渠道不断向外扩散，并对整个区域经济产生不同的影响（Perroux，1950）。佩鲁把经济空间分为三种类型：①计划经济空间；②均质经济空间；③受力场经济空间。其中受力场经济空间是增长极的出发点，受力场经济空间"由若干中心（或焦点、极）组成，每一中心的吸引力和排斥力都拥有一定的场，这些场与其他中心的场相互交汇并发生相互作用"。尽管 1955 年佩鲁在《"增长极"概念》一文中注意到了把地域集聚作为极化过程的形成，提到了"在地理上集聚的产业极"，但是他并没有把地域的极化作为增长极的一个内在要素。法国地理学家 J. 布德维尔（J. Boudeville）在 1957 年和其他许多学者一起将极化概念引入地理空间，并提出"增长中心"这一概念。1966 年，他为增长极作了一个简洁定义：增长极是指在城市区配置不断扩大的工业综合体，并在其影响范围内引导经济活动进一步发展。

增长极对周围区域的经济发展会产生正负两方面影响效果。其中，增长极对周围区域产生的负效果是极化作用的结果。由于增长极主导产业的不断发展，产生吸引力和向心力，使得增长极周围区域的劳动力、技术和资金等要素流向核心地区，这样会剥夺周围区域的发展机会，使得核心地区和周围区域经济发展差距拉大，这种极化效果对周围区域的发展又是负效果，即是缪尔达尔（Myrdal）所称的"回流效应"。缪尔达尔认为，经济增长中心不管其最初的扩展原因如何，它的内部经济和外部经济共同累积增长都加强了该中心在区域中的发展地位，这是通过货物、资本和服务等的流转过程来实现的。由于核心区的快速发展，通过产品、技术、资本、信息和人才的流动，促进和带动了其他地区的发展，提升了它们的就业机会，增加了农业产出，提高了消费水平及边际劳动生产率，并引发技术进步，这种扩散效果被缪尔达尔称为正效果。赫希曼把这一扩散过程称为"涓滴效应"，也有人把这一效果形象地称为"波及效果"。

极化是外围向中心的移动过程，形式多种多样。从极化波及和影响的范围来看，有全国性的，也有地方性的。从增长极的分布数量来看，一个区域可能只出现一个极化中心，表现为单极吸引方式；一个区域也可能出现多个极化中心，表现为多极吸引方式。从空间极化现象的地域形态来看，也有多种形式，有向心式极化，也就是周围地区向极化中心的极化；有等级极化，即基层小节点向区域次级增长极极化，而且次级增长极又向其上一级增长极极化；有波状圈层式极化，其极化现象围绕极化中心向外作波状圈层式展开（图 2-15）。

扩散是经济活动由极化中心向外围运动的过程，作用方向与极化方

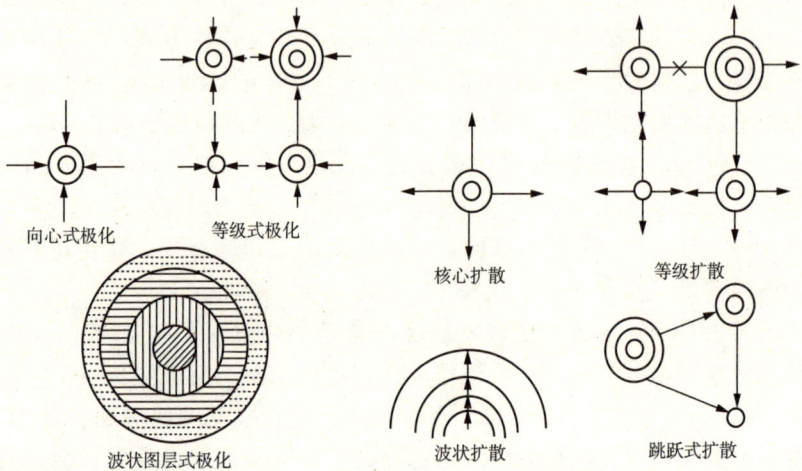

向心式极化　等级式极化　核心扩散　等级扩散

波状图层式极化　波状扩散　跳跃式扩散

图 2-15　极化方式与扩散方式示意图

向刚好相反。扩散是背心运动，极化是向心运动。扩散形式多种多样：依扩散影响的范围来看，有全国性扩散和地方性扩散；依区域扩散中心的数量看，与极化中心数量相对应；依扩散作用的地域空间形态看，有核心辐射扩散、等级扩散、波状圈层扩散和跳跃式扩散，见图 2-15。扩散作用是与极化作用同时运动但作用强度不同、作用方向相反的另一种空间演变过程，它表现为经济要素从核心地区向外围扩散、展延，从而带动整个区域经济的发展。扩散作用之所以能够发生是由于极化中心的促进和带动作用，极化中心的经济"外溢"作用和政府的调节功能。

2. 核心-边缘理论

较为系统、比较完整地提出"核心-边缘"演变模式的是美国区域发展与区域规划专家弗里德曼（J. R. Friedmann），他于 1966 年在《区域发展政策》一书中正式提出。弗里德曼后来又进行了修改和提炼。他根据自己对委内瑞拉区域发展演变特征的研究，及缪达尔（K. G. Myrdal）和赫希曼（A. O. Hirschman）等提出的有关区域经济增长和相互作用理论，提出了核心-外围（或核心与边缘）发展模式理论。该理论试图解释一个区域个体如何由互不关联、独立发展，变成相互作用联系、不平衡发展，又发展为相互联系、平衡发展的区域系统。

核心-边缘理论基本上是以极化效应（即向心逆流效应）和扩散效应（即离心扩散效应）来解释核心区域与边缘区域的演变机制，这与增长极理论的机制解释有相似之处，故一些人常把这两种理论混淆，或者互相替换。

弗里德曼所指的核心区域通常是指城市或城市集聚区，这些地区工业发达，技术水平较高，人口密集，资本集中，经济增长速度快。核心区域一般是经济发达地区，它包括如下几类：国内都会区、区域中心城市、区域中心亚区及地方服务中心。边缘区域是区域经济较为落后地区，又可分为两类：过渡区域和资源前沿区域。而过渡区域进一步可分为两类：上过渡区域和下过渡区域。

核心-边缘理论认为区域经济增长，必然伴随经济空间结构的演变。随着社会经济的发展，经济空间结构的演变可划分为以下四个阶段，即前工业化阶段、工业化初期阶段、工业化成熟阶段和空间相对均衡阶段，每一个阶段都会反映出核心区域与边缘区域之间关系的变化（见图2-2）。

前工业化阶段社会经济不发达，生产力水平低下，区域经济结构主要以农业生产为主，工业产值比重小于10%，商品生产不活跃，各地方经济基本上呈自给自足状态，各地经济发展水平差异较小，区际之间的经济联系不甚密切，彼此孤立。城市的产生及其发展速度缓慢，各自成独立的中心状态。多数城市的规模都比较小，城市等级系统不完整。

工业化初期阶段，随着社会分工的进一步细化，由于生产的发展和商品交换日益频繁，某些区位优越、资源丰富或交通便利的地方便成为物资集散交换中心，加工业和制造业也得到发展，从而出现很高的经济增长速度，发展成为区域核心，也就是城市。相对于中心来说，区域其他地区就是它的边缘。此阶段，工业产值在经济中的比重通常在10%～25%之间。边缘区域的人力、资金、技术和信息向核心区域流动，从而核心地区具有更大的发展优势，产生回流效应；同时核心地区也不断向边缘区域扩展，也就是城市化过程。核心区域经济实力的大增，必然导致政治力量的集中，进而使得核心区域与边缘区域不平衡发展进一步扩大。

工业化成熟阶段即快速工业化阶段，工业产值在国民经济中的比重为 25%～50% 之间。核心区域发展很快，边缘区域发展较慢，核心区域发展甚至是以牺牲边缘区域发展为代价的，因此核心区域与边缘区域之间存在着不平衡的关系，存在以下四个矛盾：一是权利分配不平衡问题，核心区域是政治、经济的权力决定区域，绝大多数的政策、决定都由核心区域制定，然后下达到边缘区域；二是资金流向问题，多数边缘区域资金都流向核心区域；三是技术创新问题，几乎所有的科研机构、大学都集中在核心区域，因此创新几乎都由核心区域流向边缘区域；四是人口流动问题，劳动力一般由边缘区域流向核心区域，极少倒流。因此，核心区域对边缘区域起着控制和支配作用。由于核心区域的效益驱动以及核心与边缘区域之间矛盾变得越趋紧张，边缘区域内部一些相对优越的地方便会出现规模较小的次级核心区域，把原来的边缘区域分开。

空间相对均衡阶段即后工业化阶段，核心区域加强对边缘区域的扩散作用，如核心区域需要从边缘区域得到更多的能源、原材料和农产品，其规模经济所产生的剩余资本同时也投向边缘新的发展区，因而出现核心区域资金、技术和信息等从核心区域向边缘区域扩散加强。边缘区域产生的次中心逐渐得到发展，并有发展到与原来的核心区域相似规模的趋向，基本上达到相互平衡的状态。次级核心的外围也会依次产生下一级的新的核心，从而形成新的核心与边缘区域。整个区域成为一个功能上相互依存的城市体系，形成大规模城市化的区域，并又开始了有关联的平衡发展。

区域经济活动的空间结构形态与经济发展水平密切相关，不同的经济发展阶段，必然会出现不同的空间结构形态。核心-边缘理论认为经济活动空间结构形态基本上可分为四种，即离散型、集聚型、扩散型和均衡型。

3. 点-轴渐进扩散理论

点-轴渐进扩散理论是陆大道先生等在深入研究宏观区域发展战略基础上，吸取了波兰地理学家萨伦巴和马利士的据点开发及轴线开发理论的思想，针对生产力地域组织的空间演进过程提出的。

陆大道先生指出：与自然界和社会中的许多客观现象相似，生产力各种资源要素在空间中相互吸引而集聚，同时又向周围辐射自己的作用力（包括人流、物质流和信息流等）。生产实践中，几乎所有的产业，特别是交通运输业、工业、第三产业以及城市等都产生和集聚于"点"上，并由线状基础设施（包括铁路、公路、航道、管道、邮电通信线、水源及能源供应线等）联结在一起。同时，集聚于各等级"点"上的人口和产业等又要向周围区域辐射作用力因素，包括技术、产品、政策和管理等，取得社会经济运行的动力（劳动力和原料等），这就是扩散。扩散的一个特点是它在各个方向上的扩散强度并不相同，其中，辐射强度最大的是沿着主要线状基础设施方向，这样加强了在基础设施沿线上经济较大规模的集聚。点-轴理论的应用就是区域点轴开发，实践证明，"点-轴系统"反映了社会经济空间组织的客观过程和规律，是一种最有效的区域开发模式。

点-轴理论的地域空间组织过程共分为四个阶段。在生产力水平低下，社会经济组织发展极端缓慢的社会背景下，社会组织形态只是农业社会阶段，生产力均匀分布（见图2-9）。到工业化初期，随着矿产资源的开发、手工业的发展和农业商品经济的发展，那些资源丰富、地理区位条件优越的地方，首先出现工矿居民点和城市，然后它们之间建立了交通线，以此满足其社会和经济联系的需要。因为集聚效益的作用影响，资源和各种公共服务设施将集中在地区的中心城市或工矿点，而且地方中心城市有更多的工矿企业和各类型的企业及社会团体，连接城市之间的交通连接线不仅是交通线，还是通信线、能源供应线和供气等线状基础设施束。在线状设施及城市周围，由于利益分配中出现的矛盾，中介机会产生，从而出现新的聚集点，与此同时交通线得到相应延伸。随着生产力进一步发展，些发展条件好、效益高、实力雄厚、经济和人口集中的城市会形成更大的集聚点，连接它们的线状基础设施会变得更趋完善，新的集聚点变为次级经济中心，并同理，延伸出次级发展轴线，不断构成新的经济中心和轴线系统。这种模式不断演变下去，整个区域将会衍生为由不同等级的城市和不同等级发展轴组成的"点-轴系统"为标志的区域空间结构。

2.2.2 区域经济增长阶段理论

在空间结构理论中，区域发展一般认为是一种空间演进过程，并且认为区域发展通常先是从一些点开始,然后顺着一定的联系轴线在空间上延伸。点与点之间相互作用的结果是在空间上沿着交通线联成轴线,点和线的纵横交织形成区域网络。因此,区域发展是一个动态过程,同时又具有相对稳定性,即阶段性。在区域发展的各个阶段,区域具有不同的空间结构。区域生产力的发展是区域空间结构演变的最大动力,从人类历史来看,由于生产力的发展具有明显的阶段性,因而区域空间结构也表现出明显的阶段性。在关于区域经济增长阶段的理论中,比较有代表性的人物有胡佛、费希尔、罗斯托,以及我国学者陆大道、陈栋生等。

1. 胡佛-费希尔区域经济增长阶段理论

胡佛(E. M. Hoover)与费希尔(J. Fisher)是美国区域经济学家,他们于1949年发表了《区域经济增长研究》一文,文中指出任何一个区域其经济增长都存在"标准阶段次序",他们认为区域经济增长会经历以下五个阶段:其一,自给自足阶段。此阶段,区际贸易和区域内投资一般很少,农业几乎是社会的全部产业,因此,经济活动依农业资源布局呈均匀分布。其二,乡村工业崛起阶段。随着经济的发展,交通设施的建设得到加强,乡村工业及与乡村工业相关的就业人口不断增加,但乡村工业仍然布局于农业区域中。其三,农业生产结构变动阶段。伴随区际贸易的逐渐加强,使得农业生产逐步由粗放经营转向集约生产。其四,工业化阶段。人口增长以及农业生产达到一定发展水平后就开始出现规模报酬递减,这迫使区域转向工业化。一般地,工业化阶段分为两个时期:第一时期主要是以农业资源加工为主,第二时期转向加工制造及矿产的开采。其五,服务业输出(成熟)阶段。此阶段区域经济发展到很高的水平,可以向外输出资金、技术和其他专业性服务。

2. 罗斯托经济增长阶段理论

美国学者罗斯托(W. W. Rostow)的经济增长阶段理论是被区域学者们广泛接受的理论之一。罗斯托经济增长阶段理论是在1960年他出版的《经济增长的阶段》一书中正式提出的(Rostow, 1991)。他通过对已经完成工业化的国家其经济增长过程的研究,总结出一个国家或区域的经济增长呈现六个阶段特征。

第一,传统社会阶段。经济方面的主要特征是,生产力水平低下,产业结构单一,经济生活的来源基本是原始的农业生产及作物栽培。

第二，为起飞创造前提条件阶段。经济方面的主要特征是，农业生产技术有所提高，但是其带来的社会效果往往被人口增长抵消掉；家庭手工业和商业开始兴起，并进行简单的扩大再生产；由于产生过更好生活的想法，人们开始积蓄自己的生产成果，金融制度便由此诞生，这样就为资本循环创造了条件；企业家阶层开始形成，并且他们在经济活动中越来越发挥其作用势力，使得社会投资机会和就业机会不断增加；经济活动开始突破地域限制，出现了跨地域的专业化分工与协作。经济起飞在这些变化达到一定程度时便发生了。

第三，起飞阶段。经过社会生产长期积累，经济增长会由量变到质变，由缓慢增长转变为持续、高速增长，即开始起飞。但由量的积累到质的变化过程的发生需要具备三个基本条件：生产性投资率得到提高；工业部门的主导产业高速发展；有一个利于现代农业扩张的社会、政治和制度结构环境。起飞阶段在经济方面的主要特征是，人均国民收入持续、快速增长；农业技术进一步提升，农村商品经济生产发生，劳动力流向工业领域并开始加速；不同部门间的资本转移加快，大量资本地主要向工业领域集中；近代工业和交通运输业是推动经济增长的主导力量，带动了其他产业的快速发展。

第四，成熟阶段。在经历一段持续的高速增长后，经济增长速度逐渐放缓，进入成熟阶段。这时经济方面的主要特征是，经济增长的主导部门主要是后起的钢铁、化学和机械等"重化学工业"；农业尽管还具相当规模，但劳动力仍然不断向工业部门转移，并且劳动力日益高学历化、专业化和熟练化，人口同时也继续向城市集中。

第五，高额消费阶段。经过上一阶段的发展，经济水平得到了进一步提高，人们过上了丰富的物质生活，这时经济增长即进入高额消费时期。此阶段经济的主要特征是：人均国民收入水平提高明显，人们不再仅满足于一般生活必需品的消费需求，对耐用消费品和劳务服务的需求大幅增长，这使得消费结构发生重大变化；正是为了满足耐用消费品的增长需求，大量的耐用消费品开始生产，而以重工业为主的产业结构也刚好为耐用消费品的大量生产提供了必要条件；企业竞争愈加激烈，垄断性生产和服务越来越严重，消费者的权益得不到保障；由于社会生产能力已经超越了市场需求的增长，这时就需要政府通过财政和金融政策诱导需求增长，与此同时经济生活中的市场调节和政府宏观调控两种经济手段出现。

第六，追求生活质量阶段。经过物质生活需求长期满足后，文化娱乐方面的享受开始被人们所重视；由于这种精神消费倾向的改变，第三产业对经济增长的贡献度逐渐超过了耐用消费品的生产部门，文化、教育、住宅、卫生和旅游等与提高生活水平相关的部门成为推动经济增长的新的主导部门。

3. 弗里德曼的区域发展阶段理论

弗里德曼（J. R. Friedmann）认为，随着区域经济的不断增长，空间结构随之发生阶段性演变。区域经济发展阶段演变一般先后经过以下顺序：前工业化时期、工业化初期、工业化中期、工业化后期和后工业化时期。相应地，区域空间结构呈现出离散型、集聚型、扩散型和均衡型的次序演替。除了弗里德曼的四阶段理论和上文的胡佛-费希尔、罗斯托外，李斯特、赫希曼、钱纳里及萨米尔·阿明也提出过类似的区域发展阶段理论（见表 2-1）。

表 2-1　区域发展阶段划分

学　者	未开发阶段	发展阶段			发达阶段
		前期	中期	后期	
李斯特	原始时期 畜牧时期 农业时期	农工业时期	农工商时期		
赫希曼	出口是经济增长的发动机	进口替代阶段	不平衡增长导致结构性膨胀	打破瓶颈限制，降低进口倾向	低进口倾向，经济增长率高
罗斯托	传统社会起飞前阶段	起飞阶段	向成熟推进阶段	高额消费阶段	追求生活质量阶段
钱纳里	初级产品生产阶段	工业化阶段（初级、中级、高级）	发达经济阶段		

（续表）

学 者	未开发阶段	发展阶段			发达阶段
		前期	中期	后期	
胡佛-费希尔	自给自足经济阶段	乡村工业崛起阶段	农村生产结构转换阶段	工业化阶段	服务业输出阶段
萨米尔·阿明	殖民主义阶段	进口替代阶段	"外围"国经济自主发展阶段		

我国学者陆大道、陈栋生和曾菊新等在长期研究的基础上，对区域经济增长过程也提出了一些有见地的观点。

4. 陆大道的区域经济发展阶段理论

第一，农业经济占绝对优势阶段。此阶段经历了漫长的发展时期，社会生产力发展水平低下，大至社会基层组织、小至个体社会成员的经济生产基本上只能满足自身的需要，绝大多数人口主要从事广义的农业生产。在一定地域范围内，相隔一定的空间距离会有居民点，职能主要是满足耕种其周围的土地，基本上没有服务功能。当然，后期商品经济开始出现并有所发展，不同类型的小城市逐渐出现，但其职能主要是作为商品交换的场所，以及一定范围的管理中心，影响范围较小。城市之间一般不相联系，也就构不成等级关系，这是一种低级的居民点布局体系。城乡之间物资、人员及信息交流较少，道路等区域性基础设施水平低下，格局上不存在网络。因此，整个社会发展缓慢，经济增长停滞，空间结构状态有极大的稳定性，即处在"平衡"之中。

第二，农业经济向工业化的过渡阶段。农业社会内部发生变革及外部条件的变动，使经济社会取得较快发展，社会分工越来越明显。农业生产不断发展，出现了繁荣的矿业和手工业以及规模较小的制造业与原材料工业。水上交通不再是主要的运输渠道，铁路网和公路运输出现使得商品生产及其交换的规模不断扩大，于是农村人口大量涌入城市，城乡交流日益频繁，城市急速膨胀，由于新的矛盾产生，新的城市在工矿业和港口附近形成。区域经济的增长集中在区域的中心即城市，城市的发展靠吸取周围地区的资源和人力，并反过来对周围地区输出商品，发挥经济、政治的领导和组织职能。由于空间集聚程度是不平衡的，那些远离城市和区域边缘地带的社会经济发展仍旧落后，一定时期内得不到发展。因此，此阶段空间结构极具不稳定性。

第三，工业化中期阶段。由于前一阶段的准备及社会的变革，生产力得到了进一步解放。社会和私人投资能力增强，国民收入因此大幅增长。通过输入资本和国民收入的再分配过程，约 10%～20% 的资金追加用于扩大再生产。由此，国民经济进入了强烈动态增长时期，这一阶段对社会经济发展起着决定性的转折作用。钢铁、化工、机械、纺织和动力等是主要发展部门。与此同时，科学技术有了较快发展，第三产业逐渐兴起，区域的各部分到处是稠密的交通网，多种运输方式构成了综合交通运输体系。大城市、集聚区不断得到发展，与此同时，由于资源开发和经济触角的延伸，区域的第二级、第三级中心获得增强，于是，单一的"中心—边缘"结构逐渐变为多核心的结构。不同等级城市之间的交换极为频繁，交流关系日益密切。落后地区的资源和发展潜力越发地被吸引到经济循环中，分配至原有的区域中心并形成新的中心。此阶段城市职能分工及等级体系出现明显特征：城市越大综合性越强，吸引范围也越大；区域二级城市被一级城市所吸引，服务业的级别和种类比上一级城市低。由于经济实力还不足够具有极大影响力，一些边缘地带仍未得到充分的开发，空间结构仍然处在变化动荡之中。

第四，工业化后期及后工业化阶段。此阶段，生产的增长率大大超过人口的增长率，社会及个体成员的收入达到了很高的水平，拥有发达的现代化交通和通信系统。科学技术得到极大发展，并被广泛应用到国民经济各部门以及国土资源的开发与保护、城乡建设等方面。在人们工作、生活的各个领域，计算机和信息系统无处不在。此阶段，经济生态系统平衡的原则受到的重视程度远高于社会经济客体区位决策的经济原则。各地区的空间和资源得到更充分合理的利用，地区间的不平衡、收入、就业、消费水平和选择机会的差别等趋于消失，即社会经济过密、过疏问题将得到较大程度的解决。空间结构的各组成部分最终融合为有机的统一整体，并相互作用、相互依赖。城市居民点、服务设施及其腹地都形成了区域等级体系，空间结构系统重新恢复到原始"平衡"之中。

5. 陈栋生的区域经济发展阶段理论

陈栋生等人在 1993 年出版的《区域经济学》一书中认为区域经济增长是一个渐进的过程，可分为待开发（不发育）、成长和成熟、衰退四个阶段。指出区域经济增长不仅有从待开发、成长到成熟的过程，也会出现衰退过程，而衰退是可调控的（陈栋生，1993）。

待开发阶段（没有发育阶段）是区域经济增长的起始阶段。主要特征是：社会生产力水平低下，经济发展性质属自给自足的自然经济；产业结构中第一产业所占比重很大，商品经济基本不发育，市场规模小；资金积累能力有限，自我发展能力薄弱，经济缓慢增长。当区域经济增长跨过工业化起点时，就标志着社会进入了成长阶段。主要特征是，经济增长高速，经济总量的规模急速扩大；产业结构发生了根本性变化，第二产业逐渐超越第一产业成为主导产业；商品经济渐渐发育，随之，区域专业化分工加速发展；向城市不断吸引人口和经济活动，增长极渐渐形成。区域经济增长达到成熟阶段时主要特征是：经济高速增长的势头逐渐减缓并趋于稳定；工业化达到了相当的水平，第三产业兴盛，基础设施完善，各类交通设施和通信系统基本形成网络；综合性生产部门结构日益突出，区域内资金积累能力较强。但导致经济衰退的因素也往往会产生，如那些空间不可转移和不易转移的生产要素价格会出现上涨，使得生产成本和生活费用增高；越来越多的产业和产品的比较优势由于设备刚性导致逐步丧失。一些区域在经过了成熟阶段后，有可能进入衰退时期。失去原有的增长势头，经济增长放缓；在产业结构中所占比重增大的是那些处于衰退状态的传统产业，因而出现经济增长的结构性衰退；此后，经济增长滞后，区域逐渐走向衰落。

6. 其他区域经济发展阶段理论

曾菊新、陆玉麒和耿明斋等将区域经济空间结构的演进依次划分为四个阶段：低水平均衡阶段、极核发展非均衡阶段、扩散发展非均衡阶段及高水平多核心均衡阶段。

第一，低水平均衡阶段。这时期，社会生产力水平低下，在一定的地域范围内以若干孤立分散的小城市（或居住地）为中心，形成小地域范围内的封闭式循环经济活动。农业生产是区域经济活动的主体，各经济活动间几乎没有前后向联系，彼此孤立。城市之间在性质及规模方面没有形成等级关系，也就没有从属关系，且城市规模小，职能单一，影响范围较小。城市之间缺乏联系和职能分工，因而形成了以若干小地域范围的封闭分割社会，导致整个社会经济发展极其缓慢。因此，社会空间结构状态具有较大的稳定性。

第二，极核发展非均衡阶段。区域内部的变革和区域外部条件的变化，使得社会经济发展较快，经济活动的主要特征体现在集聚经济和规模经济。由于资源布局不均，工业化过程通常会在少数具有资源和区位优势较好的位置发生，得益于规模经济的作用效果，城市于是进入极化增长的累积循环过程。早先工业化的城市不断吸引周围地区有益的生产要素，同时也为周围地区提供商品和各种服务，并发挥经济、政治的领导组织功能，增长极逐渐成长为区域核心区，其他地区成为它的支配区。此过程中，劳动力和资本向核心区流动，少数主导城市迅速发展，并在该地区占主导地位。但是区域经济的基本部门结构和城市经济结构仍较简单，城市间联系仍以不同等级之间的纵向联系为主，缺少相同等级城市的横向联系。总之，此阶段，核心区的极化作用占主导作用，经济发展不平衡凸显；社会经济空间组织的二元结构已经形成；城市的规模等级体系也开始明朗。

第三，扩散发展非均衡阶段。此阶段是国民经济进入强烈的动态增长时期，也是社会经济发展的重要阶段，科学技术发展快速，第三产业发展逐渐兴盛起来，有密布的交通网深入到区域的各个部分并形成了多种运输方式组成的综合运输体系。基本生产部门垂直发展，与此同时，基本生产部门前后间联系进一步加深，有着更加丰富的层次体系。由于经济的快速发展和大规模的资源开发，区域内后发地区也得到迅速发展。同时，大城市土地费用上涨，集聚成本提高，又受环境承载力的限制，极化增长中累积循环过程开始转为扩散过程，一些更高层次的经济活动仍然向大城市集聚，但一些低层次经济活动开始向下级城市扩散，区域的第二、第三级城市中心迅速得到发展，原来所形成的单一的核心-外围结构逐渐转变为多核心结构。基本部门的扩散使得核心与下级城市之间的横向联系得到加强，形成了各级核心的职能分工与等级体系。一般来讲，大城市综合性强，吸引范围大，一级核心支配二级核心，各种服务业的级别和种类高于二级核心。由于经济实力仍不是很强大，一些边缘地带得不到充分的开发，区域空间结构不平衡并一直处于发展变化中。总之，此阶段，不平衡的区域发展程度越来越大，一些经济活动逐渐往外围扩散，人们开始关注区域增长的均衡问题。区域空间结构表现为多核心结构，各类核心区之间的横向联系得到强化，完整形成了社会经济空间组织构架，也出现了不同类型的发展轴线。

第四，高水平多核心均衡阶段。此阶段科学技术得到高度发展，国民经济生产增长率超过人口增长率的负效应，社会及个体成员收入达到相当高的水平，整个社会进入后工业化、网络化和信息化，出现发达的现代化的交通和通信系统，生活、工作的各个领域计算机和信息系统被广泛应用。区域间的联系频繁便捷，而且极大地降低了联系成本，区域间水平联系和垂直联系都得到空前发展。此阶段，人们日益重视生态效应原则。区域间不平衡以及就业、收入和消费水平等差异开始缩小或消失，区域间过疏过密问题已经得到了解决。在区域空间结构网络方面，已形成了同级核心间以及不同等级核心间的网络联系。各级核心区一般是以综合性城市或职能互补分异的中心城市，而边缘区通常是以基本保持自然生态环境的农区、牧区及林区，边缘区是生态基底，各核心区和边缘区在社会、经济和生态上相互促进，实现空间结构及规模结构的空间均衡。此阶段区域空间各组成部分已经完全融合为有机整体，区域空间结构系统为均衡发展状态。总之，地区不均衡渐渐消失；该阶段过密过疏问题渐渐得到解决，空间组织形式以网络化、均衡化和多中心为总的特征，等级规模差别小，等级结构均衡；整个区域经济社会处于一个很高水平的均衡状态。不过这种均衡状态绝不是绝对意义上的均衡，而是各地经济发展水平相对性均衡，但是生产方式和产业结构等各具特色，这样才能形成相互促进、相互依存和功能互补的区域经济综合系统。

第三章　泛长江三角洲区域经济差异及空间结构演变

泛长三角区域是最近几年才兴起的提法，随着长三角经济的发展需求及其困境，长三角泛化便引起专家、学者和管理者的重视。经济地理学者空间学派关注的是泛长三角地区经济空间的发展变化，研究其变化过程及其空间现象，探求其内在原因，提出发展战略，从而为该地区又快又好地向前发展提供科学参考。本章从经济角度研究了泛长三角经济发展的演变过程，主要从三个不同层级范围着手，包括省域、市域和城市市区。

3.1　泛长江三角洲省域经济发展现状

3.1.1　经济综合概况

根据各省市 2010 年《国民经济和社会发展统计公报》公布的初步核算数据，2010 年泛长三角地区三省一市共计实现地区生产总值约 97 266 亿元（表 3 - 1），是 2009 年区域生产总值的 1.2 倍，2005 年的 2.12 倍；占全国国内生产总值的 24.4%，接近三省一市土地面积比重的 5 倍。

表 3 - 1　泛长三角地区经济、土地及人口概况

区域	2010 年 GDP（亿元）	增长（%）	2005 年 GDP（亿元）	"十一五" GDP 年均增长（%）	土地面积（万平方千米）	人口（万）
上海	16 872	9.9	9 247	11.1	0.63	2 301
江苏	40 903	12.6	18 598	13.5	10.26	7 865

（续表）

区域	2010 年 GDP（亿元）	增长（%）	2005 年 GDP（亿元）	"十一五" GDP 年均增长（%）	土地面积（万平方千米）	人口（万）
浙江	27 227	11.8	13 417	11.8	10.18	5 442
安徽	12 263	14.5	5 350	13.4	13.96	5 950
泛长三角	97 266	11.5	46 614	12.4	35.03	21 560
全国	397 983	10.3	184 937	11.2	960	137 053
占全国	24.4%	/	25.2%	/	3.6%	15.7%
南京	5 010	13.1	2 451	13.5	0.658	800
苏州	9 168	13.2	4 138	13.9	0.849	1 046
无锡	5 758	13.1	2 808	13.5	0.479	637
杭州	5 945	12	2 942	12.4	1.659	870
宁波	5 125	12.4	2 449	12	0.982	760
合肥	2 725	17.5	853	17.9	0.705	570

　　注：2010 年数据分别来自各省市 2010 年国民经济和社会发展统计公报；2005 年数据来自中国及各省市统计年鉴（2006）；"十一五"期间 GDP 年均增速分别来自各地"十二五"规划纲要、2010 年国民经济和社会发展统计公报或 2011 年政府工作报告；"六普"数据分别来自全国及各省市第六次全国人口普查主要数据公报。

　　经济总量比较，泛长三角四省市生产总值江苏省最高，安徽省最低，排序依次为：江苏、浙江、上海、安徽；泛长三角地区七个主要城市排序为：上海、苏州、杭州、无锡、宁波、南京、合肥，上海最高，合肥最低。

　　经济相对量比较，泛长三角四省市按土地面积计算的单位面积生产总值约 2 737 万元/平方千米，排序依次为：上海、江苏、浙江、安徽，均高于全国。其中，上海市地均生产总值近 26 782 万元/平方千米，约为四省市均值的 13 倍，第二位江苏省的 6.7 倍，最低值安徽省的 40 倍。七城市排序依次为：上海、无锡、苏州、南京、宁波、合肥、杭州。

　　人均 GDP 比较，泛长三角四省市人均 GDP 为 4.58 万元/人，高出全国平均水平 1.4 倍。四省市人均 GDP 依次为：上海（7.46 万元/人）、江苏（5.27万元/人）、浙江（5.09万元/人）、安徽（2.08万元/人）。七城市排序依次为：苏州、无锡、上海、杭州、宁波、南京、合肥。

经济增速比较，除上海外，其他三省地区生产总值均实现两位数以上增长，增速快于全国。三省一市增速排序依次为：安徽、江苏、浙江、上海；七城市增速排序依次为：合肥、苏州、南京、无锡、宁波、杭州、上海。"十一五"期间，泛长三角三省一市生产总值平均增速约为12.4%，高于全国。四省市平均增速排序依次为：江苏、安徽、浙江、上海。七城市平均增速排序依次为：合肥、苏州、南京、无锡、杭州、宁波、上海。泛长三角核心区已经基本进入经济高速发展后的速度回落期，而外围区域则迈入加速发展阶段。

从拉动经济增长的"三驾马车"增速变化来看（图3-1），2010年泛长三角地区投资增速不同程度地放缓回落，消费增速平稳较快，出口增速总体高位运行（注：采用固定资产投资总额、社会消费品零售总额和净出口总额等数据进行分析）。三者比较而言，三省一市均以出口增长最快，安徽和江苏固定资产投资增速快于消费；上海和浙江消费增速高于投资（王振，2011）。从总量规模看，投资是泛长三角地区经济贡献最大的一驾马车，其次为消费，出口增速虽然居高，但净出口的经济贡献较低，各省市情况有所差异。

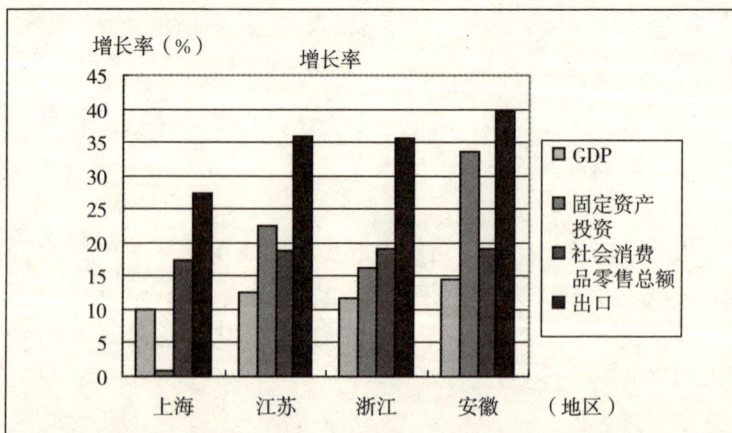

图3-1　2010年泛长三角地区主要经济指标增长率

3.1.2　投资发展概况

2010 年，中央投资拉动政策淡出，国务院出台鼓励民间投资的若干意见，地方政府落实中央扩大内需的投资项目和政府主导的投资计划，民间投资增长加快，自筹和非国有资本成为投资主体。泛长三角地区投资情况内部差异较大，除国家相关政策环境影响，上海受持续半年的世博会等因素制约，投资下滑明显，江苏、浙江略有放缓，安徽工业化和城乡建设加快，投资高速增长，但四省市固定资产投资总量规模均实现新的突破。

（1）投资规模继续攀升。2010 年，泛长三角地区固定资产投资总量规模继续攀升（图 3 - 2），共完成全社会固定资产投资总额约 52 842 亿元，占全国固定资产投资总额的 19.2％，是 2005 年区域投资额的 2.6 倍。其中，沪、苏、浙、皖分别实现全社会固定资产总额 5 317.67 亿元、23 186.75 亿元、12 488.07 亿元和 11 849.41 亿元，分别相当于 2005 年各地固定资产投资额的 1.5 倍、2.7 倍、1.9 倍、4.7 倍，安徽同期增幅高于全国，投资总量排序依次为：江苏、浙江、安徽、上海。按土地面积计算，泛长三角地区平均每平方千米投资约 1 191 万元，上海最高，达 8 441 万元/平方千米，安徽最低，为 852 万元/平方千米。

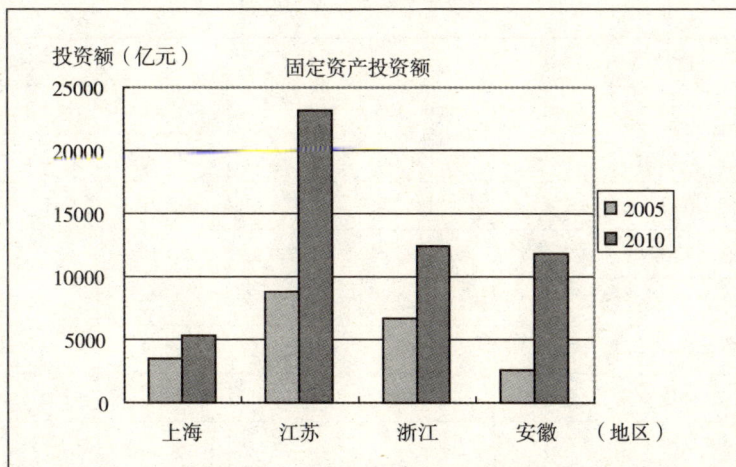

图 3 - 2　2005、2010 年泛长三角地区固定资产投资额比较

（2）投资结构有所改善。2010 年泛长三角地区固定资产投资结构进一步改善（表 3-2）。从投资主体看，非国有资本投资比重有所提升。沪、苏、浙、皖非国有经济投资额所占比重分别为 58.0%、36.4%、65.9%和 67.2%。非国有资本投资增速普遍高于总投资及国有资本。

分产业比较，四省市第一产业投资占比均微乎其微；上海、江苏、浙江和安徽为"三、二、一"型，三产投资比重最高，其中上海三产投资占比处于绝对主体地位。三产投资增速，第一产业上海最高，浙江最低；第二产业和第三产业均以安徽最高，上海最低。

3.1.3 消费发展概况

2010 年初国务院常务会议推出《促进消费的若干政策措施》，2010 年政府工作报告指出要继续完善和实施鼓励消费的各项政策措施，商务部提出继续把扩大内需拉动消费作为工作重点。国家扩大内需、促进消费等一系列政策的推广落实以及世博会的成功召开，对泛长三角地区消费市场起到了积极的拉动作用，但物价持续上涨等不利因素又对居民消费产生了一定的抑制，不过从全年情况来看，泛长三角地区的消费总体保持了稳定上升的发展态势。

表 3-2 2010 年泛长三角各地区投资结构

投资结构	上海	江苏	浙江	安徽
国有经济投资额（亿元）	2 234.12	5 285.77	3 940.4	3 890
国有经济投资增长（%）	-14.7	20	19.5	18.4
国有经济投资占比（%）	42	22.8	34.1	32.8
非国有经济投资额（亿元）	3 083.55	8 433.09	7 615	7 959.4
非国有经济投资增长（%）	16.2	22.7	21.6	24.3
非国有经济投资占比（%）	58	36.4	65.9	67.2
第一产业投资额（亿元）	16.4	55.18	60.3	221.6
第一产业投资增长（%）	43.8	22.5	5.3	21.2
第一产业投资占比（%）	0.3	0.3	0.5	1.9

（续表）

投资结构	上海	江苏	浙江	安徽
第二产业投资额（亿元）	1 435.37	8 250.81	4 698	5 617.4
第二产业投资增长（%）	−0.6	21.7	9.6	40.5
第二产业投资占比（%）	27	47.4	40.6	47.4
第三产业投资额（亿元）	3 865.9	9 112.95	6 806	6 010.5
第三产业投资增长（%）	0.8	22.4	22.4	28.1
第三产业投资占比（%）	72.7	52.3	58.9	50.7

（1）消费总量稳步增长。2010 年，四省市共实现社会消费品零售总额约 34 120 亿元（图 3-3），占全国社会消费品零售总额的 21.7%，是 2009 年消费额的 1.18 倍，2005 年消费额的 2.2 倍。其中，沪、苏、浙、皖全年分别实现社会消费品零售总额为 6 070.5 亿元、13 606.8 亿元、10 245.4 亿元和 4 197.7 亿元；分别是 2005 年各地消费总额的 1.7 倍、2.4 倍、2.2 倍和 2.4 倍。

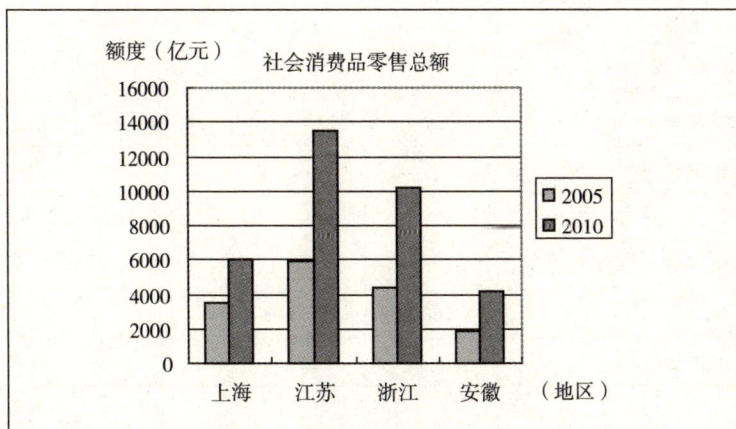

图 3-3　2005、2010 年泛长三角地区社会消费品零售总额比较

（2）消费结构各有变化。2010 年泛长三角四省市消费结构呈现不同程度的变化（表 3-3）。按城市和乡村划分，均以城市消费占绝对比重。

社会消费品零售总额的城乡结构江苏为 88.7/11.3，浙江为 87.9/12.1，安徽为 83.8/16.2。城市消费增速均快于乡村，其中苏、浙、沪、皖城市消费增长基本相近，农村消费增长安徽最高，江苏最低。

行业结构均以批发和零售业为绝对主体，住宿和餐饮业增速有所提高。批发和零售业所占比重，沪、苏、浙、皖分别达到：88.8％、90.5％、89.6％和 87.7％。在增速方面，批发和零售业浙江省增长最快，住宿和餐饮业安徽省增长最快。

表 3-3　2010 年泛长三角各地区消费结构

消费结构	上海	江苏	浙江	安徽
社会消费品零售总额（亿元）	6 036.86	13 482.32	10 163.2	4 151.5
增长（％）	17.5	18.7	19	19.2
城市（亿元）	/	11 965.53	8 930.67	3 481
增长（％）	/	19.2	19.2	19.3
占比（％）	/	88.7	87.9	83.8
乡村（亿元）	/	1 516.79	1 231.53	670.5
增长（％）	/	15.1	17.9	19.1
占比（％）	/	11.3	12.1	16.2
批发零售业（亿元）	5 357.95	12 207.18	9 105	3 642.2
增长（％）	17.5	18.5	19.2	19
占比（％）	88.8	90.5	89.6	87.7
住宿餐饮业（亿元）	678.91	1 275.15	1058	509.3
增长（％）	16.9	20.1	17	20.9
占比（％）	11.2	9.5	10.4	12.3

3.1.4　出口发展概况

2010 年虽然受美、日等主要经济体复苏放缓，欧洲债务危机不断扩散蔓延，国际市场动荡加剧，人民币快速升值及一些产品出口退税政策取消等许多不利因素影响，但通过优化外贸结构、开拓新兴市场等一系列积极的政策举措，泛长三角地区出口实现了高速增长，出口总额创历史新高（图3-4）。

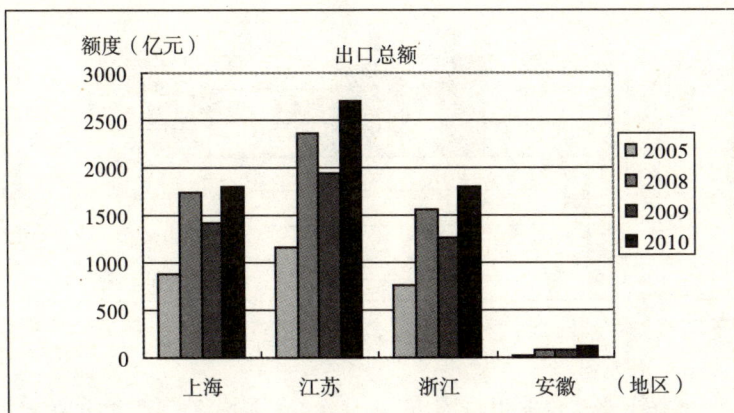

图3-4　2005—2010年泛长三角地区出口总额变化比较

（1）出口总额再创新高。2010年四省市出口总额约6 442.3亿美元，是2005年区域出口额的2.28倍，金融危机前最高值2008年的1.12倍，2009年的1.37倍；占全国出口总额的40.83%，比2005年提高了2.6个百分点。沪、苏、浙、皖2010年出口额分别为2005年的2.0倍、2.2倍、2.3倍和2.4倍；2010年沪、苏、浙、皖出口额占进出口总额的比重分别为48.98%、58.08%、71.18%和51.14%。

净出口额四省一市合计约1 757.03亿美元，约为2005年区域净出口额的3倍，2009年区域净出口额的1.9倍。沪、苏、浙、皖2010年净出口额分别为-75.23亿美元、752.78亿美元、1 073.95亿美元和5.52亿美元；上海为贸易逆差，逆差额较2005年扩大，较2009年明显缩小；苏、浙、皖为贸易顺差，除安徽外，顺差额年度比较进一步扩大（图3-5）。

（2）出口结构有所变化。2010年泛长三角地区出口结构有所优化（表3-4）。按企业性质，上海、江苏以外商投资企业为主，浙江、安徽以私营企业为主。上海外商投资企业出口额占69.7%，其后为国有企业、私营企业。江苏外商投资企业出口额占71.1%，其次为私营企业、

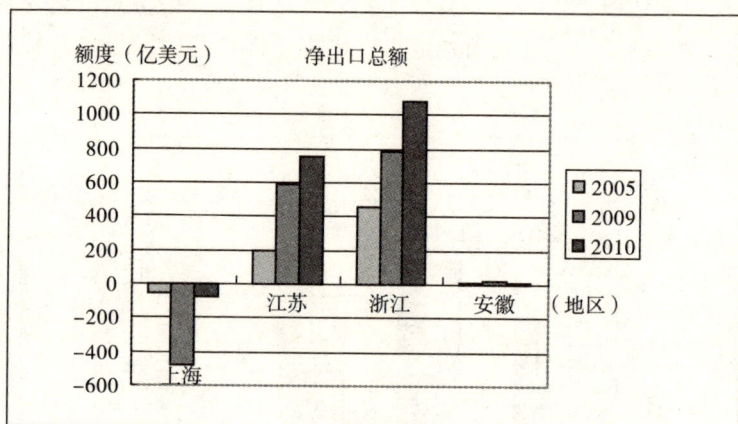

图 3-5　泛长三角地区净出口总额年度比较

国有企业。浙江私营企业出口额占 51.3%，其后为外商投资企业、国有企业。安徽私营企业出口额占 47.0%，其后是外商投资企业、国有企业。各省市增速均以私营企业最快。横向比较，外商投资企业、国有企业和私营企业增速江苏最快，上海最慢。

表 3-4　2010 年泛长三角地区出口结构

出口结构	上海	江苏	浙江	安徽
出口总额（亿美元）	1 807.84	2 705.5	1 804.8	124.2
增长（%）	27.4	35.8	35.7	39.7
外商投资企业（亿美元）	1 259.74	1 923.19	581.41	32.5
增长（%）	29.7	31.1	29.8	29.8
占比（%）	69.7	71.1	32.2	26.7
私营企业（亿美元）	228.05	483.42	926.02	58.4
增长（%）	31	55	44.8	43.1
占比（%）	12.6	17.9	51.3	47
国有企业（亿美元）	307.67	243.21	182.28	32.01
增长（%）	16.3	39.9	21.7	28.5

（续表）

出口结构	上海	江苏	浙江	安徽
占比（%）	17.7	11	10.1	26.3
一般贸易（亿美元）	632.74	989.34	1 450.2	93
增长（%）	29.5	39.6	36	41.2
占比（%）	35	36.6	80.4	74.9
加工贸易（亿美元）	1 003.74	1 598.07	330.1	27.5
增长（%）	23.2	30.4	32.5	55.7
占比（%）	55.5	59.1	18.3	22.1
高新技术产品（亿美元）	841.11	1 256.9	147.4	20.1
增长（%）	32.2	35.4	49.2	34.3
占比（%）	46.5	46.5	8.2	16.2

　　按贸易类型，上海、江苏以加工贸易为主，浙江、安徽以一般贸易为主。上海、江苏出口总额中加工贸易比重分别为55.5%和59.1%，增速均比一般贸易更高。浙江、安徽出口总额中一般贸易比重分别为80.4%和74.9%，浙江一般贸易增速高于加工贸易，而安徽加工贸易增长更快。

　　按产品类型，四省市均是机电产品所占比重更高，高新技术产品出口增速加快。机电产品比重最高的是上海，达72.5%，最低的是安徽省39%，但上海增速最慢，安徽增速最快。高新技术产品占比最高的是上海和江苏，达46.5%，最低的是浙江8.2%，增速最快的是浙江省、最慢的是上海市。

3.2　泛长江三角洲市域经济发展的数理特性与空间结构

　　由于泛长三角经济发展基础、地理区位及资源禀赋等因素迥然不同，其区域经济发展差异显著，这也一直受到区域经济学者的关注。区域经济差异可分为数理特性上的差异和空间上的差异，区域经济差异数理特性的研究本书着重于区域绝对差异、相对差异及区域差异程度；空间特征主要着重于地带差异等。本研究试图在对泛长三角经济发展差异的数理特性作研究外结合整个区域经济中心的空间位置，区域经济的极化空间结构、离散空间结构及发散与收敛空间结构等问题，全面地剖析区域经济发展差异的空间特征，以揭示随着泛长三角经济增长带来的区域差异特性及空间结构演变趋势。

3.2.1 泛长江三角洲经济发展差异的数理特性

为深入分析，将泛长三角国内生产总值分解为第一、二、三产业。本书从标准差、变异系数及基尼系数三个角度分析泛长三角 GDP 区域差异演变的数理特性。

3.2.1.1 研究方法和数据来源

1. 标准差与变异系数

标准差（Standard Deviation），在概率统计中最常使用作为统计分布程度（statistical dispersion）上的测量。标准差定义为方差的算术平方根，反映组内个体间的离散程度。标准差为非负数值，与测量资料具有相同单位。一个总量的标准差或一个随机变量的标准差及一个子集合样品数的标准差之间，有所差别。标准差也被称为标准偏差，或者实验标准差，其公式为：

$$S = \sqrt{\frac{1}{N}\sum_{i=1}^{N}(x_i - \mu)^2} \qquad \text{（公式 3 - 1）}$$

S 为标准差，N 为数据集总数，本书指泛长三角城市个数，x_i 为第 i 个泛长三角城市的 GDP；μ 为 N 个泛长三角城市 GDP 的平均值。S 值越大，表示绝对差距越大。

变异系数是衡量一系列数值中各观测值变异程度的又一个统计参考值。当对两个或多个资料变异程度进行比较时，如果测度单位与平均数测度单位相同，可以直接利用标准差进行比较。但如果要想得到系列数值的相对差异，且测度单位与平均数测度单位不同时，就需要采用标准差与平均数的比值（相对值）进行比较。统计学上把标准差与平均数的比值称为变异系数，记为 C·V。也即是说变异系数能够消除单位与平均数不同引起的对两个或多个资料变异程度比较的影响。变异系数的计算公式为：

$$C \cdot V = S/X \times 100\%\qquad\text{（公式 3-2）}$$

2. 基尼系数

基尼系数，或译坚尼系数，是 20 世纪初意大利经济学家基尼根据劳伦茨曲线所定义的判断收入分配公平程度的指标，是比例数值，其值在 0 和 1 之间，后被区域经济学者广泛运用于区域经济差异研究中（范剑勇，2002；欧向军，2007；敖荣军，2007），是研究区域差异程度的指标，其公式为：

$$G_k = 2/n \sum_i^n iX_i - (n+1)/n, \ X_i = y_i/\sum_i^n y_i (X_1 < X_2 < \cdots < X_n)$$

（公式 3-3）

$$G = \sum_k S_k G_k \qquad\text{（公式 3-4）}$$

$$\Delta G = \sum_k \Delta S_k G_{k(t)} + \sum_k \Delta G_k S_{k(t)} + \sum_k \Delta S_k \Delta G_k \quad\text{（公式 3-5）}$$

式中，X_i 是城市 i 的地区生产总值占总区域生产总值的份额；y_i 为城市 i 的地区生产总值；n 是地级市数量；G 为总基尼系数，G_k 为分项集中率（即第 k 项地区生产总值的基尼系数），S_k 为第 k 项 GDP 占总生产总值的比重，t 表示基数年份。$S_k G_k/G \times 100\%$ 表示第 k 项产业 GDP 对总基尼系数的贡献率。

3. 数据来源

本书此处旨在探索 1978 年以来随着经济的增长给区域经济带来的差异及其空间结构演变，经济数据取自地区生产总值及其第一、二、三产业生产总值，数据来源于《安徽省统计年鉴》《江苏省统计年鉴》《浙江省统计年鉴》《上海市统计年鉴》《浙江 60 年统计资料汇编》《数据见证辉煌江苏 60 年》和《安徽五十年》、安徽各地级市的历年统计年鉴，所缺失的 1992 年安徽部分地区数据，便根据国民收入作底数回归分析推算得来，并通过双尾检验。由于 1978 年以来泛长三角各省地级市行政区划范围做了调整，作者以 2010 年地级市行政区划为准，对行政区域数据进行了处理。

3.2.1.2　绝对差距分析

通过对泛长三角各城市历年 GDP 前十位城市进行排序，发现改革开放 33 年来，除了徐州市（大都在前十名内）和早期的盐城市（1993 年退出前十位）外，其他基本上是长三角城市，而靠近前十名的城市也基本上是长三角城市，这说明在下文总标准差分析中如果出现绝对差距拉大，则长三角城市是主要推动因素。

1. 总标准差

根据公式 3-1，测算出泛长三角城市地区生产总值的标准差，如图 3-6 所示。随着各地区生产总值的逐年增长，总标准差逐年增大即泛长三角区域经济绝对差距日益增大。从上文分析结果中我们认为泛长三角经济绝对差距的日益增大主要原因是长三角区域经济的增长造成的，其发展速度超过泛长三角内陆其他地区，从而拉大了与落后地区的绝对差距。从图中可看出绝对差距增大表现为三级跳高过程，并且逐级加速扩大差距，可分为三个阶段。

第一个阶段是 1978—1990 年，这期间泛长三角区域经济发展绝对差距为缓慢扩大阶段。1978 年实行改革开放国策后，国家政策开始调整，经济出现快速增长局面，这时我国第二产业处在新兴发展时期，引进和利用外资主要用来克服国内资金短缺和经济迅速外延扩张的矛盾，外商直接投资大多数集中于劳动密集型加工业。泛长三角地区更是走在前头，其中江、浙、沪地区在这一阶段，主要是利用自己的经济底蕴，培育自己的发展潜力，提升了自己的经济实力。尽管改革开放给中国经济带来了巨大活力，特别是江、浙、沪地区经济迅速崛起，但由于"文革"时期濒临崩溃的经济使得 GDP 基数极低，泛长三角地区的 GDP 绝对差距还是相对较小，尤其是 1989 年天安门事件引起国际社会抵制，使得对外开放的江、浙、沪沿海经济受挫，很大程度上放缓了绝对差距日益扩大的步伐。

第二阶段是 1990—2002 年，长三角地区开始了以浦东开发为标志的全面对外改革开放，吸收外资合同金额迅速增长，全面利用外资促

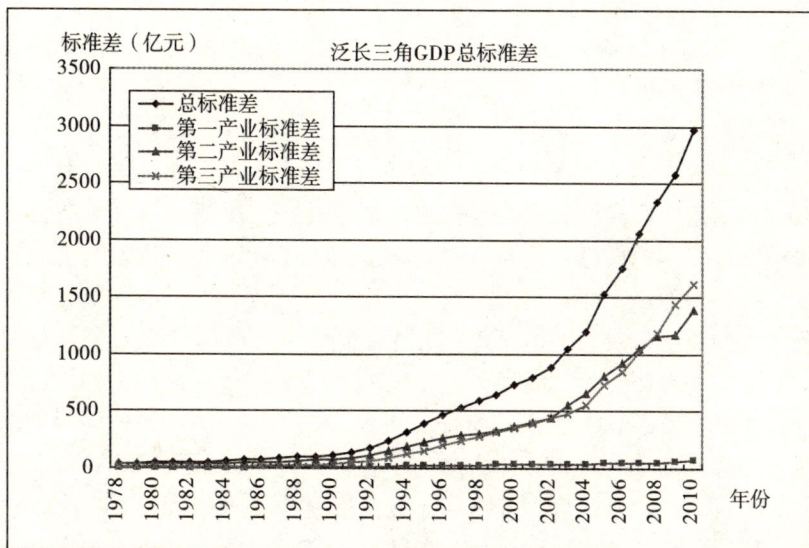

图 3-6 泛长三角地区 GDP 标准差演变

进产业成长和调整,此阶段长三角经济发展的特点是高速增长,这一时期绝对差距快速拉大。1990 年 4 月国务院宣布开发浦东新区,在浦东开始实施经济技术开发区和某些经济特区的相关政策,以带动长三角甚至长江流域的发展。浦东的开发开放掀起了上海基础设施建设的高潮,推动了要素市场的高速发展和企业改革、体制转换及政府职能转变的步伐,使上海经济迅速摆脱长期形成的旧体制约束,带来了经济的快速增长。1992 年 10 月 11 日,国务院批复设立上海市浦东新区,上海对外开放程度大幅提高,由内向型开始转向外向型发展。长三角经济利用国家开发浦东及邓小平同志南方谈话的契机,凭借国家给予的一系列优惠政策,积极促进该地区的体制转轨,经济开始呈飞跃式发展。苏南的乡镇企业进行了大规模的产权制度改革,建立了一大批产权明晰的私有企业、有限责任公司和股份有限公司,江苏经济进入了一个新的发展时期;浙江的民营企业随着经济的发展也在不断地创新,推动浙江经济继续加速发展。由于上海的重新崛起和江浙地区的新发展,20 世纪 90 年代的长三角地区发展速度方面的内部差异逐渐淡化，经济增长速度在 20 世纪 90 年代中后期已经超过珠三角，成为拉动全国经济增长的新亮点。长三角地区 GDP 占全国的比重已由 1990 年的 13％升至 2000 年的 16.3％。

第三阶段是 2002—2010 年，这一时期绝对差距急剧扩大。2001 年 11 月，中国加入世界贸易组织，加速了自身改革开放并融入全球经济一体化。长三角吸收外资数额继续迅速增加。长三角引进和利用外资已经从注重物质资本的引进转向知识资本的引进和消化，高技术制造业和知识技术密集型的产业比重增大。这一阶段吸收外资一个重要亮点是第三产业吸收外资增幅较大，但是地区分布不均，其中上海吸收外资增幅最大。上海经济在经历了 20 世纪 90 年代的持续高速增长之后，到世纪之交重新确立了其在长三角地区的龙头地位。20 世纪 90 年代初期并不重视与上海协作的江、浙两省开始调整了自己的经济发展策略，相继主动和上海接轨，以积极的姿态参与到长三角经济合作与协同发展中来。这几年，长三角地区的经济结构、市场体系、基础设施和城市布局之间的分工合作趋势日益明显，长三角经济融合前所未有地展开。上海开始放弃与江浙两地对低端制造业的争夺，改而向高端的生产和服务业融合领域进军，并为长三角世界级制造基地提供服务支撑；其他城市逐渐开始充分考虑自身在长三角区域中的位置，本身的资源禀赋以及发展现状并进行城市功能的定位，在承接上海制造业的转移和支持上海服务业的发展两方面与之接轨，长期以来困扰长三角的同构竞争问题开始改变。长三角地区的经济融合不仅推动了长三角经济总量的快速发展和产业结构的优化，也促进了长三角地区经济国际化程度的大幅提高。

2. 三次产业标准差

图 3-6 显示，泛长三角三次产业 GDP 标准差除了第一产业外，第二、三产业发展也基本上呈现总标准差发展的三个阶段。

从第一产业生产总值标准差看，中国改革开放 30 多年来，泛长三角第一产业绝对差距略呈上升趋势，但并不显著。这说明随着中国改革开放，泛长三角区域经济的增长并没有拉大第一产业的绝对差距，显然地区的发展更主要体现在第二、三产业上。

从历年三次产业 GDP 标准差大小比较看，可分为两大阶段，见表3-5。

表3-5　泛长三角三次产业 GDP 标准差大小比较

年份	标准差大小比较
1978—2007	第二产业＞第三产业＞第一产业
2007—2010	第三产业＞第二产业＞第一产业

从图 3-6 判断又可以把 1978—2007 年分为三个阶段：1978—1990 年为绝对稳定阶段，这一阶段各产业标准差不大，基本上还是处于孕育阶段，第二产业＞第三产业＞第一产业这种格局绝对稳固；1990—2002 年为相对动荡阶段，泛长三角地区三次产业标准差自 1992 年始，第三产业标准差开始迅速抬升并直追第二产业，到 20 世纪 90 年代中后期第三产业标准差开始缩小与第二产业标准差的差距，到了 2002 年第二产业的标准差为 445.43 亿元，第三产业的标准差为 441 亿元，两者标准差几乎一致，可见泛长三角地区第三产业绝对差距在拉大。原因是 20 世纪 90 年代，以上海为龙头的长三角地区第三产业异军突起，而泛长三角内陆城市第三产业相对落后，发展缓慢造成差距的日渐扩大，即为总标准差扩大的贡献度在提高，甚至到 2002 年曾一度与第二产业并驾齐驱。2002—2007 年为格局突破阶段，2001 年底中国加入世界贸易组织，中国经济的发展尤其是吸引外资迎来了新的春天，长三角经济发展更是突飞猛进，第二产业飞跃式发展，把泛长三角其他地区远远抛于后面，从而再次加速扩大该区域的标准差。第三产业发展的滞后性，使得 2005 年其标准差才开始追赶第二产业，至 2007 年方超过第二产业。

2008 年爆发的世界性经济危机，使具有开放性的长三角地区经济发展受到了一定程度上的挫折，第二产业遭受严重的打击，经济发展步伐放缓，使得整个泛长三角地区经济绝对差距缩小，这种影响在 2009 年特别突出。但 2010 年经济开始复苏，第二产业绝对差距出现反弹；不过 2008 年经济危机对于第一、第三产业的影响并不明显，其绝对差距持续扩大。

3.2.1.3　相对差距分析

通过对泛长三角各城市历年 GDP 后十位城市进行排序，发现改革开放 33 年来，除了浙江丽水市（于 2006 年彻底退出后十位名次）和舟山市"争抢"落后位子外，其他都是安徽的城市，而靠近后十名的城市也基本上是安徽城市。这说明在长三角各城市拉大绝对差距的同时，泛长三角地区总变异系数的变化（图3-7）肯定与安徽城市的经济增长是分不开的。

1. 总变异系数

从图3-7可知，随着各地区生产总值的逐年增长，总变异系数总体上呈减小趋势即泛长三角区域经济相对差距日益减小。如上文分析，泛长三角经济相对差距日益减小的主要原因是泛长三角区域内安徽地区经济的迅速增长，其发展速度超过其他地区，从而缩小了与发达地区的相对差距。表3-6可以看出总基尼系数下降的年份正好为区域增速系数A（本书定义区域增速系数为排名后十位城市GDP同比增速的和与前十位城市GDP同比增速的和之比，大于1为A，小于1为B），而总基尼系数上升的年份正好为区域增速系数B，这就充分证明了泛长三角后十位城市GDP的增速较大是区域经济相对差距减小的原因。从图3-7可看出相对差距演变可分为如下二个阶段。

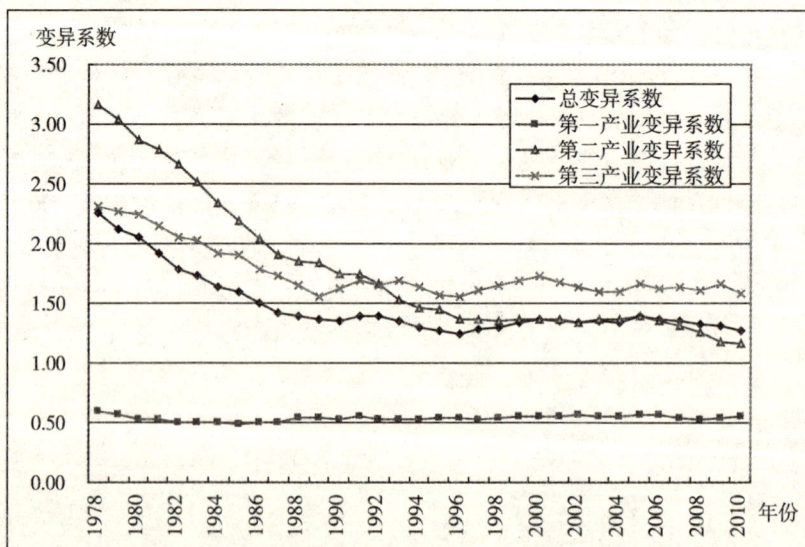

图 3-7　泛长三角地区 GDP 变异系数演变

第一阶段是 1978—1990 年相对差距急剧下降阶段。泛长三角落后地区，尤其是安徽各城市，经济基础较薄弱，GDP 基数较小，但他们搭乘改革开放的快车经济发展增速大于长三角的发达城市，从而是缩短泛长三角地区的相对差距的主要因素。这时期安徽省和江浙内陆地区基本上经历了两个阶段：第一阶段是 1978—1984 年，以农村改革作先导，初步展开各项改革，整体经济快速增长。十一届三中全会以后，安徽农民怀着改变落后面貌的强烈愿望，冲破"左"的思想束缚，在全国率先实行家庭联产承包责任制，由此揭开了全国农村改革的序幕。此阶段农村改革的重点主要是破除不适应生产力发展要求的政社合一的三级所有、队为基础的制度，建立健全家庭联产承包责任制，同时国家大幅度提高农副产品收购价格，为农民休养生息、发展商品经济创造条件。城市改革也开始启动，主要目标是通过扩权和责任制解决企业缺乏自主权问题。各项改革的兴起与展开，为长期封闭的经济注入了生机和活力。第二阶段是 1985—1990 年，经济改革的重心由农村转向城市，并全面展开了各项改革，经济保持持续增长势头。改革的中心环节是改革企业内部经营机制和增强企业活力，并全面推行厂长经理责任制，一些地方借鉴农村承包制的有益经验，探索出了承包经营责任制；计划、金融、财税、价格及外贸等体制也开始初步改革；对外开放逐步扩大，农村改革继续深入，经济增长大幅度提升。

表 3-6　泛长三角前十名城市与后十名城市 GDP 同比增速比较

年份	前十名城市 GDP 增速之和（P）	后十名城市 GDP 增速之和（Q）	Q/P	年份	前十名城市 GDP 增速之和（P）	后十名城市 GDP 增速之和（Q）	Q/P	年份	前十名城市 GDP 增速之和（P）	后十名城市 GDP 增速之和（Q）	Q/P
1979	11.44	12.74	A	1990	11.13	11.73	A	2001	11.33	11.03	B
1980	11.36	12.97	A	1991	11.48	10.54	B	2002	11.36	12.08	A
1981	10.99	12.11	A	1992	13.28	13.58	A	2003	11.91	11.39	B
1982	11.31	12.96	A	1993	14.27	14.80	A	2004	12.55	11.57	B

（续表）

年份	前十名城市GDP增速之和（P）	后十名城市GDP增速之和（Q）	Q/P	年份	前十名城市GDP增速之和（P）	后十名城市GDP增速之和（Q）	Q/P	年份	前十名城市GDP增速之和（P）	后十名城市GDP增速之和（Q）	Q/P
1983	10.69	11.77	A	1994	13.00	13.58	A	2005	13.19	12.67	B
1984	11.33	12.71	A	1995	12.04	12.41	A	2006	11.21	11.77	A
1985	12.56	13.73	A	1996	12.03	12.88	A	2007	10.85	11.74	A
1986	11.38	12.85	A	1997	11.24	11.07	B	2008	11.52	12.09	A
1987	10.80	11.66	A	1998	10.94	10.34	A	2009	11.07	12.07	A
1988	10.48	11.64	A	1999	10.79	10.08	A	2010	11.87	12.16	A
1989	10.90	11.28	A	2000	11.20	10.76	B				

注：P 是指 GDP 前十名城市同比增速的总和，Q 是指 GDP 后十名城市同比增速的总和，A 是指 Q/P 大于 1，B 是指 Q/P 小于 1。

然而，改革开放初期的 10 多年，长三角地区经济发展的眼光仍然相对向内，属于内生性增长模式，其经济增长相对缓慢。在长三角经济改革和发展的过程中，其内部呈现出强烈的多样性。整个 20 世纪 80 年代，由于上海体制内存量巨大，加上对中央的财政负担沉重，对外开放迟缓。与之相反的是，在江、浙两省涌现出大规模的乡镇企业和城乡个体私营企业，成为经济增长主要推手。随着国家政策环境的逐步改善，这些体制外的经济成分迅速成长起来，一度掀起了长江三角洲地区市场化、工业化的浪潮。20 世纪 80 年代，长三角地区四分之三以上的 GDP 是通过国内市场（包括本地市场）实现的，国内市场对长三角地区的市场化发展起着首要和决定性的作用。江浙两省的市场化程度不断加深，与此同时，上海却因体制问题裹足不前，其主要原因是所有制结构中以国有经济为主造成了上海经济转轨的相对滞后，明显地影响了长江三角洲地区经济的整体发展。1978—1990 年间，上海市的 GDP 年均增长率为 7.46%，这显然低于同时期全国平均水平 9.08%，位序排在全国各省市自治区中倒数第一。同期江苏、浙江两省分别平均增长 10.93% 和 12.35%，均高于全国平均增速。但由于上海的经济总量相对较大，江、浙的快速增长并不足以抵消上海的相对滞后，以致长三角地区 GDP 占全国的比重从 1978 年的 15％下降到 1990 年的 13％，这段时期长三角地区的发展速度不仅远低于珠三角，而且落后于全国平均水平。因此，这一时期长三角地区的发展相对滞后也是泛长三角地区相对差距缩小的原因之一。

第二阶段是 1990—2010 年相对差距波动阶段。安徽省经历了近 10 年的发展后，积累了相当的经济基础，但因改革的经验不足，之后经济增长出现了较大的波动。1990 年安徽国内生产总值仅增长 2.9％，1991 年 GDP 仅增长 2％，与 1984 年增幅相差近 20 个百分点；1991 年的全社会固定资产投资规模达不到 1988 年的实际水平，直接导致 1991 年泛长三角地区变异系数抬升。

随着社会主义市场经济体制理论的确立，各项改革进入整体推进的新阶段，安徽经济运行驶入前所未有的"快车道"。1992 年，党的十四大确定了我国经济体制改革的目标是建立社会主义市场经济体制，抓住机遇、深化改革和促进经济发展成为安徽上下的共识，以国有企业改革为中心，财税、金融、外汇外贸、流通体制、社会保障和住房等一系列重大改革举措陆续出台，极大地推动了经济快速增长。1993、1994 年国内生产总值增速分别达到 21％和 20.7％。1992—1996 年，安徽省国内生产总值年均增长 15.4％，比全国平均增速高 4.4 个百分点；其中第一产业增长 9.7％，第二产业增长 19.1％，第三产业增长 14.3％。这一时期经济快速发展主要得益于工业的强力拉动，工业增加值对国内生产总值增长的贡献超过 50％；与此同时，第三产业特别是运输邮电业也得到较快发展，经济生活中的"瓶颈"约束明显缓解，这样泛长三角地区变异系数于 1996 年落至最低值 1.24 即在情理之中。

此阶段长三角经济发展的另一个显著特点是对外开放程度大幅度提高。1990 年中央决定开发浦东的决策，邓小平 1992 年的南方谈话，以及同年国务院进一步开放南京等 6 个沿江港口城市的决定，使长江三角洲地区的外向型经济发展出现了崭新的局面。特别是昆山、吴江等地的台资工业园区和苏州新加坡工业园区的先后崛起，以及 20 世纪 90 年代后期浦东开放开发进入功能开发和形态开发并举的新阶段，使长江三角洲地区外向型经济进入快速发展阶段。2000 年，长江三角洲地区进出口商品额达到 1281.8 亿美元，比 1992 年增长了 5 倍；当年的外商直接投资额达到 112 亿美元，比 1992 年增长了 2.8 倍。相比长三角地区外向型经济的快速发展，安徽地区则显得有点滞后，从 1996 年始至 2000 年止变异系数已上升到了 1.36。之后，泛长三角先进地区和相对落后地区经济发展增速进入相对平衡时期，直到 2005 年。

由于中国加入世界贸易组织带来东部经济的发展，而中部地区经济发展受其影响的时滞性，安徽地区于 2006 年左右才真正开始沐浴这一经济发展的温暖阳光，经济发展再次提速。相比之下，长三角地区经过长期的发展，资源枯竭，环境污染加重，地价上涨，劳动力价格提高，区域原有优势逐渐丧失，经济增长缓慢甚至停滞，产品市场竞争力下降，效益降低。原先具有的集聚效应减弱，导致区域整体呈现衰败、萎缩状态，并带来高失业率、人口减少等严重的社会问题，这使其不得不进行产业转移。而安徽和苏北地区是承接产业转移的最佳选择，再一次缩小了泛长三角区域的相对差距，并一直持续到 2010 年。据长三角地区合作与发展联席会议办公室统计，安徽省承接长三角地区产业转移规模近年来持续扩大，长三角地区 2010 年在安徽省投资的千万元以上项目共 1.42 万个，项目总投资 1.76 万亿元，实际到位资金 3 245 亿元，同比增长 47.9%，占安徽省千万元以上项目实际到位资金的 56.5%。

2. 三次产业变异系数

第一产业变异系数分为两个阶段：第一阶段是 1978—1985 年，这一阶段为相对差距缓慢微缩阶段，通过第一产业后十位城市排名发现，后十位城市基本是安徽城市，也就是说这种相对差距缩小的功劳应归功于安徽城市第一产业的加速发展。第二阶段是 1985 年后，这一时期有显微抬升迹象。总之，泛长三角地区各城市的第一产业发展基本上保持平衡。从第一产业变异系数的基数较小看出其对总变异系数的贡献度不大。

第二产业变异系数 30 年来基本是呈下降趋势，但其中又分为三个阶段：第一阶段是 1978—1996 年急速下降阶段，第二阶段是 1996—2005 年为相对稳定阶段，第三阶段是 2005—2010 年缓慢下降阶段，其现象的根源基本同总变异系数，此处不赘述。

第三产业变异系数分为两个阶段：第一阶段是 1978—1989 年，这一阶段为相对差距缩小阶段，通过第三产业后十位城市排名发现，后十位城市也基本是安徽城市。20 世纪 80 年代，安徽的第三产业起步并迅速发展。该阶段工业化从计划导向转变为市场导向，在改革开放的推动下，运输、邮电、外贸、物资、商业与餐饮等部门得到较快发展，在过去较低的技术基础上第三产业增长迅速。1978—1989 年，第三产业增加值增长了 5 倍多，而这一增速是长三角地区的 1.4 倍，第三产业的年增长速度明显高于生产总值的年增长速度。同时，第三产业增加值占安徽生产总值的比重由 1978 年的 17.3％提高到 1989 年的 24.38％，第三产业从业人员占全社会就业人数比重由 1978 年的 7.9％提高到 1989 年的14.81％。第二阶段是 1989—2010 年，这一时期变异系数在 1.64 基础上浮动，期间安徽地区第三产业在发展势头上同长三角地区没有大的区别。而值得一提的是，从 1992 年开始第三产业变异系数超过第二产业变异系数居主导地位，使得此后总变异系数的走势受第三产业变异系数的走势控制较大。

3.2.1.4　差异程度分析

变异系数可以反映出城市 GDP 之间的相对差异，但是对于其差异程度上的衡量则需要基尼系数来表征。根据公式 3-3、3-4、3-5 测算出泛长三角地区 GDP 三次产业基尼系数，结果如图 3-8，又根据比较通行的基尼系数差异程度区段划分标准，如表 3-7 所示，则泛长三角城市 GDP 总基尼系数处于差距较大和差距悬殊区段内，总基尼系数最低的是 1990 年的 0.473，最高的是 1978 年的 0.569，这说明泛长三角城市经济发展一直处于极不平衡状态。总基尼系数发展演变趋势类似于变异系数的演变趋势，经历三个阶段即先降后升再降。

表 3-7　基尼系数区段划分标准

区段	差异程度
＜0.2	绝对平均
0.2～0.3	比较平均
0.3～0.4	相对合理
0.4～0.5	差距较大
＞0.5	差距悬殊

从各产业的基尼系数看，第一产业基尼系数在 0.279～0.329 间波动，且系数波动幅度较小，属于较合理的状态，这也表明第一产业对于总基尼系数的抬高没有起到多少作用。从第一产业基尼系数的演变趋势看也类似于变异系数，先降后略微抬升。

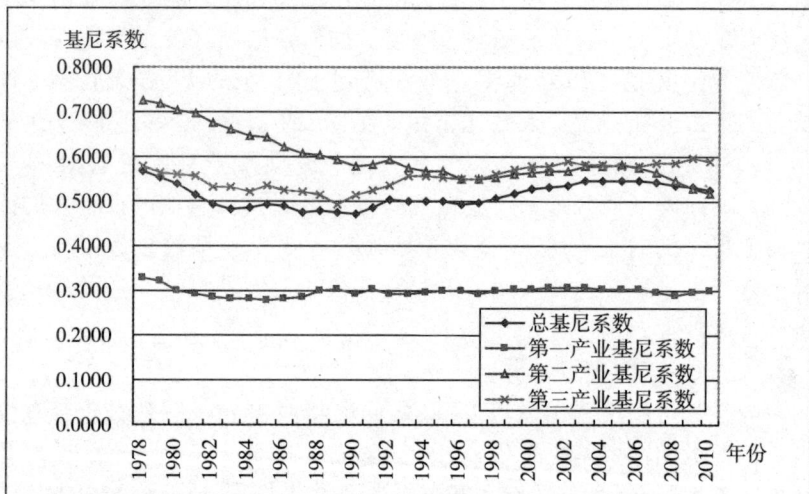

图 3-8　泛长三角城市 GDP 基尼系数演变图

第二产业基尼系数在 0.518～0.726 间变化，且系数波动幅度很大，处于差距悬殊的状态，可见泛长三角第二产业发展处于极不平衡状态，对于总基尼系数的抬高有直接的作用。从演变趋势看，尽管也类似于变异系数可以分为先降后升再降三个阶段，但总体上呈向下走势，泛长三角地区第二产业差异在缩小。

第三产业基尼系数在 0.495～0.589 间变化，系数波动幅度较大，虽然最高值和最低值均小于第二产业基尼系数但基本上一直处于差距悬殊状态，同第二产业系数一样对于总基尼系数的抬高有促进作用。从演变趋势看，以 1989 年为分界线，先降后升，泾渭分明。

以上分析表明第二、三产业对于总基尼系数的走向有很大的作用，但三次产业对于总基尼系数的具体贡献有多大以及它们是如何演变的，不仅取决于各产业基尼系数的大小还取决于各产业在整个国民经济中的比重，这就需要进一步研究各产业对总基尼系数升降的贡献度，通过前

文所述公式 $S_k G_k / G \times 100\%$ 计算出各产业 GDP 对总基尼系数的贡献度，整理如图 3-9 所示。

图 3-9 表明，第一产业贡献度始终小于第二、三产业，由于第一产业 GDP 在总 GDP 中的比重越来越小，导致了其贡献度也越来越小。第二产业贡献度处于第一、三产业贡献度之上，由最初的 71.35％降到了 50.20％，虽然总体上呈下降趋势，但一直都比其他产业贡献度高。第三产业贡献度处于第一产业和第二产业之间，虽然贡献度总体上呈上升趋势，但始终没有超过 50％。综合三种产业贡献度看，三种产业贡献度始终没有交集，由大到小顺序依次为第二产业＞第三产业＞第一产业。1996 年之前，总基尼系数的贡献度主要是由第二产业起着支配作用，其贡献度接近 60 个百分点，之后，随着第一产业贡献度降低到 10 个百分点内，总基尼系数的贡献度几乎由第三产业和第二产业共同支配着，且愈加有平分秋色的态势。从总体发展趋势看，今后相当时间内第三产业对总基尼系数的贡献作用可能会超过第二产业。

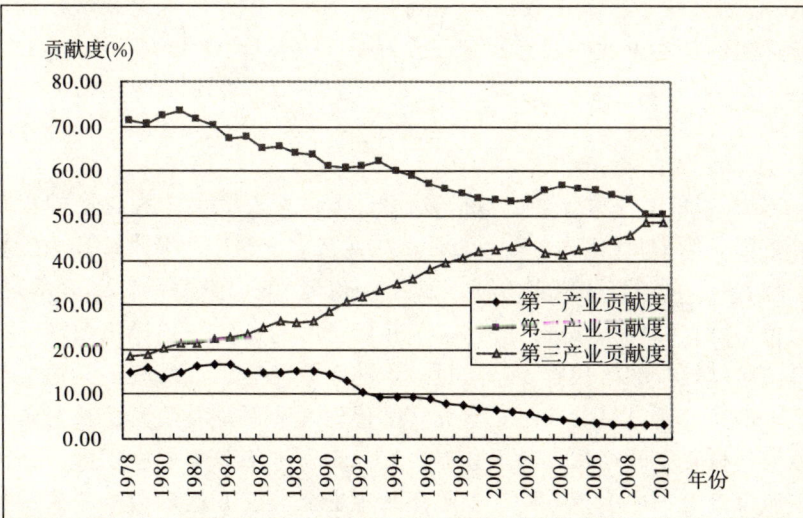

图 3-9　各产业对基尼系数的贡献度

通过以上泛长三角国内生产总值差异程度分析，泛长三角区域经济发展极不平衡，归根到产业原因上主要是由第二、三产业的发展差距过大引起的，早期第二产业对促进基尼系数的抬升作用最大，20 世纪 90 年代中后期第三产业渐渐占据很重要的地位，至 21 世纪初期开始有取代第二产业之势。因此，想要抑制或缩小泛长三角国内生产总值基尼系数，平衡发展泛长三角地区第三产业是当务之急，其次要继续关注第二产业的区域平衡发展问题，由于第一产业在地区生产总值中的比重极小，对总基尼系数的贡献度会越来越小，因此第一产业不是重要考虑对象。

3.2.2 泛长江三角洲经济发展差异的空间结构

本书从极化结构（赫芬达尔指数和绝对集中度）、离散结构（绝对分散度）以及发散与收敛结构三方面分析泛长三角整体区域到具体城市的区域 GDP 空间分布及演变。

3.2.2.1 研究方法

赫芬达尔－赫希曼指数（Herfindahl-Hirschman Index，简称 HHI），简称赫芬达尔指数，是一种测量产业集中度的综合指数，后被用于区域经济集中度的测算。其公式为：

$$HHI = \sum_{i=1}^{N} (X_i / X)^2 \qquad (公式：3-6)$$

式中：HHI 表示赫芬达尔指数，HHI 越大表示集中度越高即极化程度越强，当 HHI 值为 1 时，表征区域经济完全集中于某地而成为区域经济增长极，当 HHI 值为 0 时，表示各地区经济均衡发展；X_i 表示第 i 个城市 GDP；X 表示泛长三角 GDP 总量；N 为泛长三角城市数。HHI 是反映区域经济的极化程度，通过一定的年数测算就可反映出其演变态势，本书此处研究目的并不是研究其极化程度，而是要研究泛长三角区域经济的极化空间结构，这里就需要进一步引进绝对集中度指数。如果某些城市绝对集中度指数的演变趋势基本上能与赫芬达尔指数的演变趋势相一致，则可表明这些城市就是区域极化的始作俑者。与极化地域相反的就是经济分散地域，为此本书构建了类似绝对集中度的绝对分散度模型，表征泛长三角区域经济的经济分散空间结构。绝对集中度与绝对分散度其表达式为：

$$C_m = \sum_{i=1}^{m} x_i / \sum_{i=1}^{n} x_i \qquad （公式：3-7）$$

$$D_k = \sum_{i=1}^{k} x_i / \sum_{i=1}^{n} x_i \qquad （公式：3-8）$$

式中：C_m、D_k 分别为区域 GDP 绝对集中度指数和绝对分散度指数，X_i 表示 i 市 GDP；m、k 为要测算的城市数目，n 为城市总数。

区域经济空间差异的形成主要是由于区域经济集聚和极化造成的。极化在空间上表现为区域经济增长极的形成和两极分化趋势的加剧。本书借用赫芬达尔指数、绝对集中度和绝对分散度来衡量泛长三角区域经济的区域极化和分散的空间指向。初步定义 GDP 排名前 10 位城市和排名后 10 位城市之和分别与全区域 GDP 总和之比为绝对集中度和绝对分散度，绝对集中度与绝对分散度分别表征区域经济极化和扩散空间程度及其空间结构指向。

3.2.2.2　极化格局

经测算后，把赫芬达尔指数和绝对集中度制作如图 3-10 所示。从图中看出绝对集中度先后呈现出下降到上升再下降的趋势，这种走向趋势同前文所测算的总基尼系数的演变趋势几乎如出一辙，我们知道基尼系数是反映差异程度的特征，由此可见前十位城市是扩大区域经济差异的主要推动者。

由于赫芬达尔指数相对较小，图 3-10 中不能充分展示 HHI 的走向具体特征，为此把绝对集中度指数缩小至原来的 1/6 制成图 3-11。

图 3-11 显示，缩小后的绝对集中度拉近了与赫芬达尔指数的相对距离，使得赫分达尔指数的走向趋势充分展示出来。不难发现，两者曲线的走向亦步亦趋，如前文分析的赫芬达尔指数是表征极化程度的，但并没有指出其极化地域，当某些城市的绝对集中度走向基本和赫芬达尔指数走向一样时，我们就可以认为这些城市就是造成地区极化的根源，因此我们可以得出这样的结论：泛长三角历年中前十位城市基本上为该区域的极化增长点。由于历年数据较多，不便以图显示其极化空间结构，故下面制作表以列出历年这十位城市名称，如表3-8所示。

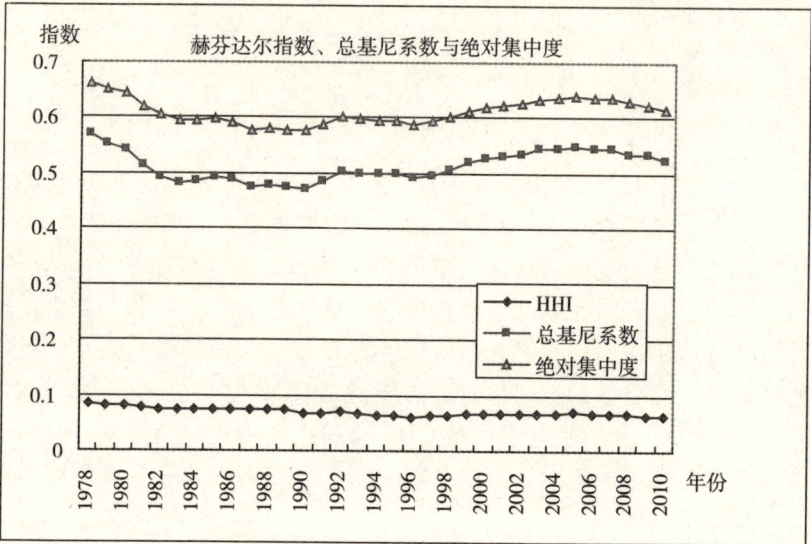

图 3-10　总基尼系数、赫芬达尔指数与绝对集中度

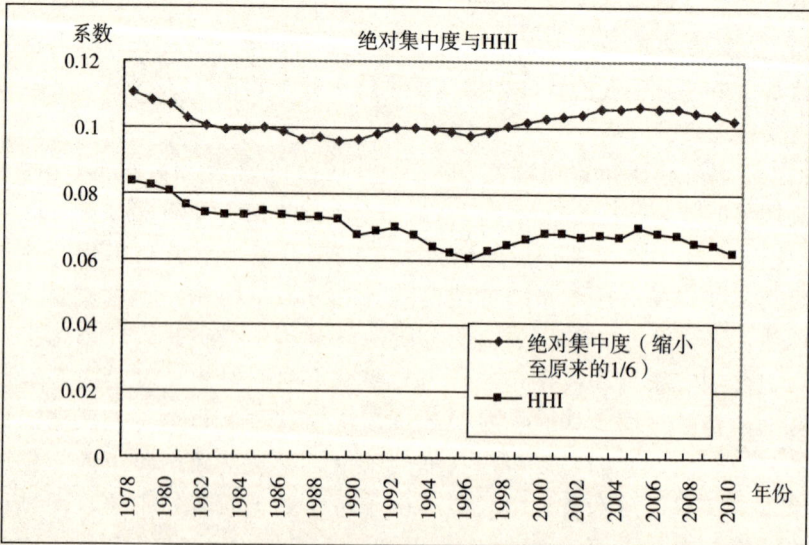

图 3-11　赫芬达尔指数与绝对集中度

表3-8显示，上海、苏州、无锡、南京、杭州、宁波、南通7个城市在历年GDP中都位于前十位，这7个城市在泛长三角区域的极化作用是毋庸置疑的。前三位城市情况是：上海始终是第一位，是泛长三角区域的极核。早期南京和杭州排第二位，1987年后苏州始终位列第二位。除了早期少数年份苏州和无锡排第三位外，其余都是杭州列第三位。除了徐州、盐城（早期出现）、合肥（仅于1981、1982年"闯入"了前10名）外，排名前十位城市基本上是长三角城市。因此，这里可以基本判断出长三角城市是整个泛长三角区域的经济核心地带。

表3-8　泛长三角历年GDP前十位城市

年份	城市GDP名次（从前至后依次为第一至第十）								
1978	上海市	南京市	苏州市	南通市	杭州市	无锡市	徐州市	宁波市	盐城市	常州市
1979	上海市	南京市	苏州市	杭州市	南通市	无锡市	徐州市	宁波市	盐城市	常州市
1980	上海市	南京市	苏州市	杭州市	南通市	无锡市	宁波市	徐州市	常州市	盐城市
1981	上海市	杭州市	苏州市	南京市	南通市	无锡市	宁波市	徐州市	合肥市	盐城市
1982	上海市	杭州市	南京市	苏州市	南通市	无锡市	合肥市	宁波市	徐州市	盐城市
1983	上海市	杭州市	苏州市	南京市	南通市	无锡市	徐州市	宁波市	盐城市	常州市
1984	上海市	杭州市	苏州市	南京市	无锡市	南通市	宁波市	徐州市	常州市	盐城市
1985	上海市	苏州市	杭州市	无锡市	南京市	宁波市	南通市	徐州市	常州市	盐城市
1986	上海市	杭州市	苏州市	南京市	无锡市	宁波市	南通市	徐州市	常州市	盐城市
1987	上海市	苏州市	杭州市	南京市	无锡市	宁波市	南通市	徐州市	常州市	盐城市
1988	上海市	苏州市	杭州市	南京市	无锡市	宁波市	南通市	盐城市	徐州市	常州市
1989	上海市	苏州市	杭州市	南京市	无锡市	宁波市	南通市	徐州市	盐城市	常州市
1990	上海市	苏州市	杭州市	南京市	无锡市	宁波市	南通市	徐州市	盐城市	常州市
1991	上海市	苏州市	杭州市	南京市	无锡市	宁波市	南通市	徐州市	盐城市	常州市
1992	上海市	苏州市	无锡市	杭州市	南京市	宁波市	南通市	徐州市	常州市	盐城市
1993	上海市	苏州市	无锡市	杭州市	南京市	宁波市	南通市	常州市	徐州市	绍兴市
1994	上海市	苏州市	无锡市	杭州市	南京市	宁波市	南通市	常州市	徐州市	绍兴市

（续表）

年份	城市 GDP 名次（从前至后依次为第一至第十）									
1995	上海市	苏州市	杭州市	无锡市	宁波市	南京市	南通市	绍兴市	徐州市	温州市
1996	上海市	苏州市	杭州市	无锡市	宁波市	南京市	南通市	绍兴市	温州市	徐州市
1997	上海市	苏州市	杭州市	无锡市	宁波市	南京市	温州市	绍兴市	南通市	徐州市
1998	上海市	苏州市	杭州市	无锡市	宁波市	南京市	温州市	绍兴市	南通市	徐州市
1999	上海市	苏州市	杭州市	无锡市	宁波市	南京市	温州市	绍兴市	南通市	台州市
2000	上海市	苏州市	杭州市	无锡市	宁波市	南京市	温州市	绍兴市	南通市	台州市
2001	上海市	苏州市	杭州市	无锡市	宁波市	南京市	温州市	绍兴市	南通市	台州市
2002	上海市	苏州市	杭州市	无锡市	宁波市	南京市	温州市	绍兴市	南通市	台州市
2003	上海市	苏州市	杭州市	无锡市	宁波市	南京市	温州市	绍兴市	南通市	台州市
2004	上海市	苏州市	杭州市	无锡市	宁波市	南京市	温州市	绍兴市	南通市	台州市
2005	上海市	苏州市	杭州市	无锡市	宁波市	南京市	温州市	南通市	绍兴市	常州市
2006	上海市	苏州市	杭州市	无锡市	宁波市	南京市	温州市	南通市	绍兴市	常州市
2007	上海市	苏州市	杭州市	无锡市	宁波市	南京市	温州市	南通市	绍兴市	常州市
2008	上海市	苏州市	杭州市	无锡市	宁波市	南京市	南通市	温州市	绍兴市	常州市
2009	上海市	苏州市	杭州市	无锡市	宁波市	南京市	南通市	温州市	常州市	徐州市
2010	上海市	苏州市	杭州市	无锡市	宁波市	南京市	南通市	常州市	徐州市	温州市

3.2.2.3 离散格局

经公式 3-8 测算出泛长三角城市 GDP 的绝对分散度，为与绝对集中度比较把绝对分散度增大 8 倍，制作如图 3-12 所示。

图 3-12 表明在绝对分散度增大 8 倍后，其曲线走向特征与绝对集中度走向基本上呈相反态势，这种相反走向，固然承认绝对集中度对绝对分散度有一定的控制作用（或者说相互影响作用），但由于还有中间城市 GDP 的存在，这种相互作用并不一定就是一方使另外一方呈相反态势，也就是说这种反向耦合说明后十位城市基本上是使整个泛长三角出现离散的主要推动者，从而和极化城市一起影响着泛长三角城市均匀化发展。同样，这些离散城市的地域指向可以通过列表得知，如表 3-9

所示。

　　表3－9显示，池州、黄山、铜陵、舟山、淮北和淮南6个城市的GDP在历年中都位于后十位，后三位城市基本上由池州、黄山和铜陵三市"包揽"。历年后十位城市里出现较多的城市有宣城、巢湖、蚌埠、亳州和丽水。除了浙江的舟山和丽水，其余都是安徽城市，这些城市大都坐落于皖南、皖西和皖北，这些地区基本上是长三角地区的纵深和外围。因此，可以基本判断出安徽的皖南、皖西和皖北城市是整个泛长三角区域发展的外围圈层。

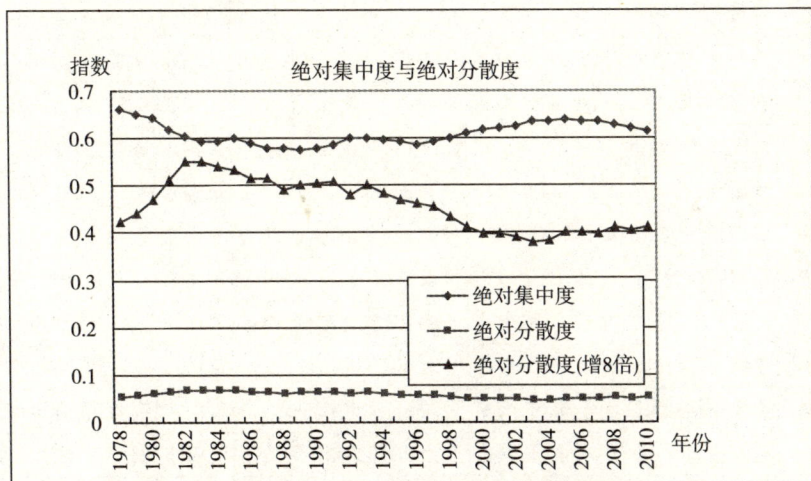

图3－12　绝对分散度与绝对集中度

表3－9　泛长三角历年 GDP 后十位城市

年份	城市 GDP 名次（从前至后依次为第33至第42）									
1978	六安市	宿州市	丽水市	宣城市	淮北市	舟山市	巢湖市	黄山市	铜陵市	池州市
1979	宿州市	阜阳市	丽水市	宣城市	淮北市	舟山市	巢湖市	黄山市	池州市	铜陵市
1980	衢州市	马鞍山	宣城市	丽水市	淮北市	巢湖市	舟山市	黄山市	池州市	铜陵市
1981	马鞍山	衢州市	宣城市	淮北市	丽水市	巢湖市	黄山市	舟山市	池州市	铜陵市
1982	淮南市	衢州市	宣城市	淮北市	黄山市	丽水市	巢湖市	舟山市	铜陵市	池州市
1983	马鞍山	宣城市	衢州市	淮北市	巢湖市	丽水市	舟山市	黄山市	池州市	铜陵市

（续表）

年份	城市 GDP 名次（从前至后依次为第 33 至第 42）									
1984	淮南市	宣城市	衢州市	淮北市	丽水市	巢湖市	舟山市	黄山市	铜陵市	池州市
1985	淮南市	宣城市	马鞍山	巢湖市	丽水市	舟山市	淮北市	池州市	铜陵市	黄山市
1986	宣城市	马鞍山	淮南市	巢湖市	舟山市	丽水市	淮北市	池州市	铜陵市	黄山市
1987	宣城市	蚌埠市	马鞍山	淮南市	舟山市	丽水市	淮北市	池州市	铜陵市	黄山市
1988	宣城市	舟山市	马鞍山	丽水市	蚌埠市	淮南市	淮北市	池州市	黄山市	铜陵市
1989	马鞍山	宣城市	淮北市	舟山市	蚌埠市	丽水市	淮南市	池州市	铜陵市	黄山市
1990	宣城市	马鞍山	淮北市	丽水市	蚌埠市	舟山市	淮南市	池州市	黄山市	铜陵市
1991	芜湖市	丽水市	六安市	蚌埠市	舟山市	淮北市	淮南市	池州市	铜陵市	黄山市
1992	六安市	丽水市	芜湖市	蚌埠市	舟山市	淮南市	淮北市	池州市	铜陵市	黄山市
1993	六安市	芜湖市	宣城市	丽水市	淮南市	舟山市	淮北市	黄山市	铜陵市	池州市
1994	宣城市	蚌埠市	淮南市	丽水市	马鞍山	舟山市	淮北市	铜陵市	黄山市	池州市
1995	蚌埠市	芜湖市	丽水市	淮南市	马鞍山	舟山市	淮北市	黄山市	铜陵市	池州市
1996	衢州市	宿迁市	马鞍山	丽水市	淮南市	淮北市	舟山市	黄山市	池州市	铜陵市
1997	宿迁市	衢州市	马鞍山	淮南市	丽水市	淮北市	舟山市	黄山市	铜陵市	池州市
1998	宣城市	衢州市	淮南市	马鞍山	丽水市	淮北市	舟山市	黄山市	铜陵市	池州市
1999	蚌埠市	衢州市	丽水市	淮南市	马鞍山	淮北市	舟山市	黄山市	铜陵市	池州市
2000	亳州市	蚌埠市	丽水市	马鞍山	淮南市	淮北市	舟山市	黄山市	铜陵市	池州市
2001	宣城市	亳州市	丽水市	马鞍山	淮南市	舟山市	淮北市	黄山市	铜陵市	池州市
2002	丽水市	宣城市	亳州市	马鞍山	淮南市	舟山市	淮北市	黄山市	铜陵市	池州市
2003	蚌埠市	宣城市	马鞍山	亳州市	舟山市	淮南市	淮北市	黄山市	铜陵市	池州市
2004	六安市	马鞍山	宣城市	亳州市	舟山市	淮南市	淮北市	铜陵市	黄山市	池州市
2005	丽水市	巢湖市	舟山市	亳州市	淮南市	宣城市	淮北市	铜陵市	黄山市	池州市
2006	丽水市	巢湖市	舟山市	淮南市	亳州市	宣城市	铜陵市	淮北市	黄山市	池州市
2007	蚌埠市	舟山市	巢湖市	淮南市	亳州市	宣城市	铜陵市	淮北市	黄山市	池州市
2008	舟山市	蚌埠市	巢湖市	淮南市	宣城市	亳州市	淮北市	铜陵市	黄山市	池州市
2009	舟山市	蚌埠市	巢湖市	淮南市	宣城市	亳州市	淮北市	铜陵市	黄山市	池州市
2010	舟山市	蚌埠市	巢湖市	淮南市	宣城市	亳州市	铜陵市	淮北市	黄山市	池州市

3.2.2.4　发散与收敛格局

绝对集中度和绝对分散度只是从空间上指明了极化和离散区域空间结构，并没有揭示各个城市经济发展对区域差异空间结构的影响，因此，本节从各城市经济的空间发散与收敛角度对此进行分析。泛长三角经济差异变化的实质是各城市经济增长速度不同，这种差异演变最终体现在变异系数上。为此，根据泛长三角区域经济变异系数的演变阶段特征结合发散与收敛的研究特点，本书选用 1978、1996、2005、2010 年 4 个断点年份各城市地区生产总值与全区域生产总值平均值的比值（P）为代表，从总体上分析 1978—1996 年、1996—2005 年、2005—2010 年 3 个时段的各城市经济增长对整个区域经济总差异的具体影响。具体如下：假设任何一个市域的地区生产总值不管它高于还是低于全省平均水平，在两个时间段内只要趋近全省平均水平，就认为它是收敛的，反之则为发散（Fan，1995；欧向军，2006）。鉴于此，把泛长三角所有城市分为 4 种类型，即向下收敛、向上收敛、向下发散和向上发散。

经测算得 1978、1996、2005 和 2010 四个年份的各城市 GDP 平均值分别为：17.98、373.94、1 101.37 和 2 353.64，而各城市 GDP 与其平均值的比值如表 3-10 所示。根据表 3-10，可以分析出 1978—1996 年、1996—2005 年、2005—2010 年 3 个时段各城市的收敛与发散特征，如：1978 年池州市 P_1 是 0.1235，显然其 GDP 是远小于平均值。但到了 1996 年 P_2 是 0.1401，$1 > P_2 > P_1$，显然 1996 年池州市 GDP 的值虽然还是远小于平均值，但相比 1978 年来说，已经较接近平均值，因此我们可以判断 1978—1996 年池州市为向上收敛。2005 年 P_3 比 P_2 减小了，且更远离平均值，则为向下发散。又如 1978 年台州市 P_1 为 0.5634，离 1 差 0.4364，但 1996 年 P_2 已超过了 1，且比 1 高 0.3013，由于 0.4364 > 0.3013，说明 1996 年 P 比 1978 年更接近 1，这时应认为是收敛，并判断为向上收敛。总之，只要 P 与前一个断点年相比呈上升或下降，则该城市就称之为向上或向下，如果 P 与前一个断点年相比更远离或更接近 1 就称之为发散或收敛。城市收敛与发散情况如图 3-12 所示。

表 3-10 显示 1978 年，共有 33 城市的 GDP 与全区平均值之比低于 1，图 3-13-（a）显示，其中在 1978—1996 年间，皖北、皖西、皖西南、浙北和浙东南等地区 18 个城市经济增长明显，有向上朝平均水平

发展趋势，呈现向上收敛；苏北的连云港、宿迁和淮安，苏中的泰州，安徽的蚌埠、淮南、合肥、黄山以及沿江的马芜铜，浙江的衢州12个城市的经济增长较之缓慢，呈现向下发散；常州、温州和绍兴是发展最快的3个城市，呈向上发散。表3-10显示1978年，有9个城市GDP与全区平均值之比高于1，图3-13-（a）表明，在1978—1996年间，盐城、南通、南京和上海4个城市经济发展放缓，呈向下收敛；杭州、宁波、苏州、徐州和无锡5个城市经济继续高速发展，呈向上发散。纵观图3-13-（a），向上收敛区域基本在安徽和浙江的绝大部分经济欠发达地区，但皖、浙经济高速发展，远远超过向上发散的杭州湾"两翼"的若干城市，这就使得泛长三角区域在这一时期经济相对差异缩小，这与前文所分析的安徽等泛长三角内陆城市经济的增速造成地区变异系数呈下降趋势是相吻合的。

表3-10　泛长三角城市GDP与全区域平均水平的比值（P）

城市	P_1 (1978)	P_2 (1996)	P_3 (2005)	P_4 (2010)	城市	P_1 (1978)	P_2 (1996)	P_3 (2005)	P_4 (2010)
池州市	0.1235	0.1401	0.1001	0.1278	台州市	0.5634	1.3013	1.1366	1.0309
铜陵市	0.1446	0.1389	0.1653	0.1983	连云港	0.5812	0.5621	0.4140	0.5070
黄山市	0.1635	0.1533	0.1453	0.1315	宿迁市	0.6023	0.3340	0.3413	0.4521
巢湖市	0.2002	0.4427	0.2741	0.2676	绍兴市	0.6279	1.3738	1.3143	1.1876
舟山市	0.2158	0.2208	0.2544	0.2738	淮安市	0.6724	0.4633	0.5101	0.5898
淮北市	0.2280	0.2286	0.1898	0.1961	镇江市	0.6774	0.8961	0.7915	0.8445
宣城市	0.2531	0.3572	0.2284	0.2235	合肥市	0.6997	0.5658	0.7750	1.1478
丽水市	0.2647	0.2850	0.2778	0.2818	温州市	0.7353	1.3641	1.4495	1.2428
宿州市	0.3037	0.4814	0.2842	0.2764	嘉兴市	0.7392	1.0208	1.0530	0.9773
六安市	0.3270	0.4016	0.2840	0.2873	泰州市	0.7870	0.7853	0.7466	0.8704
阜阳市	0.3320	0.4933	0.2947	0.3066	扬州市	0.7998	0.9391	0.8371	0.9473
亳州市	0.3393	0.4147	0.2406	0.2179	常州市	0.9772	1.1530	1.1834	1.2937
衢州市	0.3576	0.3482	0.2988	0.3210	盐城市	1.0328	1.0194	0.9124	0.9911

（续表）

城市	P₁ (1978)	P₂ (1996)	P₃ (2005)	P₄ (2010)	城市	P₁ (1978)	P₂ (1996)	P₃ (2005)	P₄ (2010)
滁州市	0.3681	0.5359	0.2979	0.2956	宁波市	1.1218	2.1283	2.2239	2.1936
马鞍山	0.3826	0.2924	0.3371	0.3445	徐州市	1.1897	1.3372	1.1006	1.2500
淮南市	0.3882	0.2845	0.2393	0.2567	无锡市	1.3865	2.3266	2.5466	2.4614
蚌埠市	0.4010	0.3677	0.2826	0.2711	杭州市	1.5795	2.4245	2.6719	2.5276
芜湖市	0.4143	0.3534	0.3638	0.4710	南通市	1.6346	1.4185	1.3366	1.4725
安庆市	0.4794	0.5485	0.3901	0.4202	苏州市	1.7770	2.6799	3.6559	3.9211
湖州市	0.4939	0.7165	0.5850	0.5531	南京市	1.9143	1.8048	2.1892	2.1799
金华市	0.5478	1.1364	0.9656	0.8965	上海市	15.1730	7.7611	8.3116	7.2934

　　表 3 - 10 显示 1996 年，共有 27 城市 GDP 与全区平均值之比低于 1，由图 3 - 13 -（b）可知，在 1996—2005 年间向上收敛发生在马鞍山、芜湖、铜陵、宿迁、淮安和舟山 7 个城市。安徽 13 个城市，苏中北部 5 个城市，浙西 2 个城市共 20 个城市经济增长明显，有向上朝平均水平发展趋势，呈现向上收敛。表 3 - 10 显示 1996 年，共 15 个城市 GDP 与全区平均值之比高于 1，图 3 - 13 -（b）表明，在 1996—2005 年间，金华、绍兴、台州、湖州、南通和徐州 6 个城市经济发展放缓，呈向下收敛；苏南、浙北等地区 9 个城市经济继续高速发展，呈向上发散。纵观图 3 - 13 -（b），在 1996—2005 年间向上收敛区域城市较少，但长江流域庞大的城市群经济却在高速发展（向上发散和向上收敛区域），而安徽省和长三角内陆城市基本上是向下发散，这与前文分析的长三角城市外向型经济取得很大发展而安徽等落后地区经济发展却相对滞后是此阶段泛长三角地区经济差异拉大的主要原因相吻合。

　　表 3 - 10 显示 2005 年，共有 29 城市 GDP 与全区平均值之比低于 1，图 3 - 13 -（c）显示，在 2000—2010 年间，安徽西部、浙西南和苏中南地区得到了发展，共 20 个城市经济增长明显，呈现向上收敛；安徽东部等地区 9 个城市的经济增长较之缓慢，呈现向下发散。表 3 - 10 显示 2005 年，共有 13 个城市 GDP 与全区平均值之比高于 1，图 3

-13-（c）表明，在 2005—2010 年间，长三角地区经济发展开始放缓，绝大多数呈向下收敛之势；仍呈向上发散的有徐州、南通和常州。这时期，安徽西部、皖江城市、苏北和浙西南这些相对落后地区得到进一步发展，主要是长三角地区产业转移的结果，同时长三角地区由于经济发展条件受限等种种原因开始步入缓慢发展甚至停滞时期，自然整个区域经济差异回落。

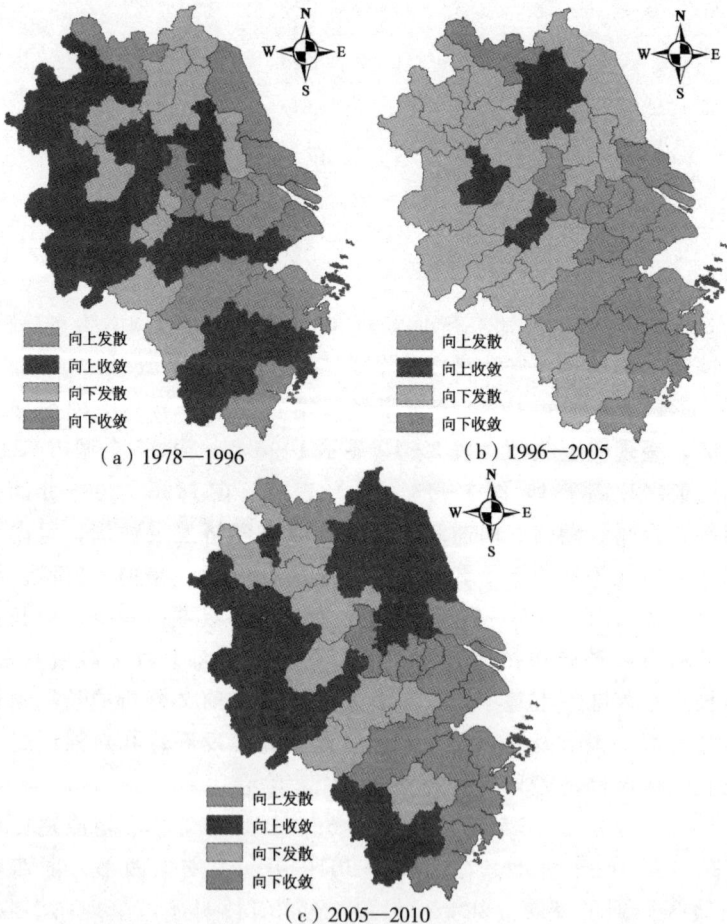

（a）1978—1996　　　　　（b）1996—2005

（c）2005—2010

图 3-13　泛长三角城市经济增长的空间收敛与发散

3.3　泛长江三角洲城市市区经济空间结构演变

上文以省域和市域为范围分别从经济综合概况、投资、消费、出口以及 GDP 角度分析了泛长三角地区的经济发展状况，然而，区域经济发展如何是受城市（市区）经济影响和制约的，城市不断向其腹地辐射影响力并最终带动区域经济发展。因此，了解泛长三角城市经济的发展状况就显得尤为必要。衡量一个城市的发展程度及其对腹地的影响力自然以多指标考量较为科学。改革开放以后，统一的统计标准的建立和统计数据的完善为采用多变量统计分析方法评价城市综合实力提供了前提基础。当前，较为普遍的多变量统计分析法主要有层次分析法、主成分分析法、模糊综合评价法、专家打分法和熵值法等，主成分分析法是最为常用的一种方法。由于影响城市实力的因素较多，不同的评价指标间可能会存在密切的相关性，假如直接运用基于主观赋权的综合评价法，必然造成对某些指标重复叠加和强化，从而影响实际评价的效果。而主成分分析法能够通过各种指标的线性组合，把众多具有错综复杂关系的一系列变量凝练为少数几个综合变量，而且构造的新综合变量彼此相互独立，既能舍去重复的信息，又能更典型地更集中地反映研究对象的特征，还能避免大量不必要的重复工作。因此，本章采用主成分分析法分别对泛长江三角洲 42 个城市市区的综合实力进行测算，同时为后续研究该地区的可达性和城市场强度测算作铺垫。

城市综合实力通过扩散渠道向周围地区扩散并对其施加影响从而形成场强区是本书的研究核心之一，自然，测算指标选自城市市区，选取数据主要来自历年《中国城市统计年鉴》，考虑所需数据的可获取性以及对泛长三角地区经济和社会发展概况的初步评估，指标选取年限设定为 1978 年、1990 年、2000 年和 2010 年四个断点年份作考察年份。由于泛长三角区域各市区行政区划有所改变，因此本书数据除来自历年《中国城市统计年鉴》外还包括《数据见证辉煌——江苏六十年》《安徽五十年》《浙江 60 年统计资料汇编》《中国县（市）社会经济统计年鉴》

《安徽统计年鉴》《上海统计年鉴》《江苏统计年鉴》《浙江统计年鉴》以及相关城市统计年鉴。

3.3.1　指标体系构建

城市的发展和对外影响力受各种因素制约，实际上我们也不可能把所有因子全部拿来作评定，所以总是取若干重要或明显作用的因子来参考评价城市的综合实力发展状况。这样选取指标的原则就相当重要，根据全面性、可行性、典型性、可比性和科学性的原则，在参考国家统计局的百强县社会经济指标体系以及有关过往研究经验的基础上，选取以下4方面共12项指标来测度城市综合实力：经济发展（地区生产总值 X_1/亿元，固定资产投资总额 X_2/亿元，地方财政预算内收入 X_3/亿元，社会消费品零售总额 X_4/亿元，人均GDPX_5/千元，职工平均工资 X_6/元）、科教卫生（大学教师数 X_7/人，医生数 X_8/人）、基础设施规模（建成区面积 X_9/km^2，用电总量 X_{10}/亿千瓦时）和环境状况（建成区绿化覆盖率 X_{11}/%，工业废水排放达标率 X_{12}/%），以期客观、全面、真实地反映城市综合实力的实际水平。考虑到市区行政范围的变化，以及1990年前统计指标有所差异，对一些较难获取的1978年指标数据，采取回归分析方法获得。

3.3.2　主成分分析

3.3.2.1　标准化处理

根据上文所构建的城市综合实力水平的测度指标体系，进行基础数据资料的采集，为了消除这些不同指标因为量纲不同而产生的影响，本书对原始数据进行数据标准化处理。

数据标准化公式有总和标准化、极小值标准化、极大值标准化以及标准差标准化。在实际应用中，依照不同问题而选择不同的标准化方法，通常用的标准化方法是标准差标准化，此方法在标准化之前要求算出各样本数据的样本标准差，之后通过计算第 i 个样本及样本均值之差与样本标准差的商，进而测算出各个样本标准化之后的数值。公式为：

$$X_i = \frac{x_i - \bar{x}}{s} \qquad （公式 3-9）$$

其中，
$$S = \sqrt{\frac{\sum (X_i - \bar{x})^2}{n-1}} \qquad （公式 3-10）$$

式中，x_i' 为标准化后第 i 个样本，S 为样本标准差，x_i 为第 i 个原始数据，$\bar{x}$ 为样本均值。

3.3.2.2　主成分分析

主成分分析法（Principal Component Analysis）是将多种变量通过线性变换来选出较少个重要变量的一种多元统计分析方法，故又称主分量分析。在实际应用中，为全面分析某个问题，研究者往往提出很多与此相关的变量（又称因子），由于每个变量都在一定程度上反映了研究课题的某方面信息。但是，运用统计分析法评价多变量问题时，变量数目太多容易导致问题变得更加复杂。自然希望当变量数目变得较少时能得到绝大多数信息。一般情况下，变量间是存在相关关系的，当两变量间存在相关关系时，可以理解为对于此研究课题来说这两个变量有某些信息重叠。主成分分析则是首先让原先较多的变量变成尽可能少的新变量，使这些新变量两两不相关，而且建立的新变量尽可能保持原有课题的信息。通常，当少数几个主成分的累积贡献率达到 85% 时，我们就可以认定，这几个主成分可以代表原来的多个变量来反映这些指标的综合特征。下面将根据主成分分析步骤测算出泛长三角 42 个城市的综合经济指标。

（1）为了能纵向比较泛长三角城市综合实力的增长，将 1978、1990、2000 和 2010 年四个年份的泛长三角 42 个城市评价指标原始数据同时录入 SPSS17.0 统计分析软件，对标准化后的数据所形成 168×12 的规范化指数矩阵进行因子分析初始解，然后利用主成分分析法构造因子变量，继而得到各因子方差贡献及累计贡献率，经过 Bartlett 球体检验，其显著性概率为 0.000，小于 0.01，说明选取的指标具有相关性，检验得到的样本数据简单相关系数和偏相关系数的相对校验值（KMO系数）为 0.869，效果较好，表明适合做主成分分析。

（2）测算相关系数矩阵（表 3-11）和变量共同度（表 3-12）。从相关系数矩阵可知，一些变量之间有着高度的相关关系，因而有必要进行主成分分析。依照变量共同度的统计意义，他可刻画出全部公因子反映的原始变量信息的百分比。从下面的数值看出，绝大多数的共同度都较大，这说明变量空间转化为因子空间时，保留了比较多的信息，由此可见，主成分分析的效果是显著的。

表 3–11　相关系数矩阵

	GDP（亿元）	固定资产投资（亿元）	地方财政预算内收入（亿元）	社会消费品零售总额（亿元）	人均GDP（千元）	职工平均工资（元）	大学老师数（人）	医生数（人）	建成区面积（km²）	用电量（亿千瓦时）	建成区绿化覆盖率（%）	工业废水排放达标率（%）
GDP（亿元）	1.000	0.923	0.986	0.992	0.612	0.545	0.735	0.683	0.886	0.980	0.304	0.240
固定资产投资（亿元）	0.923	1.000	0.865	0.927	0.749	0.673	0.799	0.637	0.913	0.898	0.408	0.330
地方财政预算内收入（亿元）	0.986	0.865	1.000	0.973	0.516	0.468	0.682	0.662	0.823	0.959	0.240	0.178
社会消费品零售总额（亿元）	0.992	0.927	0.973	1.000	0.603	0.546	0.786	0.706	0.912	0.977	0.310	0.243
人均GDP（千元）	0.612	0.749	0.516	0.603	1.000	0.864	0.475	0.337	0.631	0.588	0.587	0.504
职工平均工资（元）	0.545	0.673	0.468	0.546	0.864	1.000	0.412	0.271	0.554	0.514	0.746	0.673

（续表）

	GDP（亿元）	固定资产投资（亿元）	地方财政预算内收入（亿元）	社会消费品零售总额（亿元）	人均GDP（千元）	职工平均工资（元）	大学老师数（人）	医生数（人）	建成区面积（km²）	用电量（亿千瓦时）	建成区绿化覆盖率（%）	工业废水排放达标率（%）
大学老师数（人）	0.735	0.799	0.682	0.786	0.475	0.412	1.000	0.787	0.912	0.765	0.321	0.160
医生数（人）	0.683	0.637	0.662	0.706	0.337	0.271	0.787	1.000	0.816	0.789	0.252	0.058
建成区面积（km²）	0.886	0.913	0.823	0.912	0.631	0.554	0.912	0.816	1.000	0.915	0.406	0.298
用电量（亿千瓦时）	0.980	0.898	0.959	0.977	0.588	0.514	0.765	0.789	0.915	1.000	0.319	0.225
建成区绿化覆盖率（%）	0.304	0.408	0.240	0.310	0.587	0.746	0.321	0.252	0.406	0.319	1.000	0.794
工业废水排放达标率（%）	0.240	0.330	0.178	0.243	0.504	0.673	0.160	0.058	0.298	0.225	0.794	1.000

（3）计算相关系数矩阵的特征值和贡献率，选择主因子。按照特征值大于 1 和累积贡献率大于 85% 的原则提取主成分因子，前 2 个主成分方差贡献率分别为 57.54%、27.77%，累计贡献率已达 85.31%，即抽取 2 个公因子来代替原来的 12 个变量，它们不仅能够提供原始数据所表达的足够的信息，而且保留了原有指标 85.31% 的信息，能较好地解释所有的变量，其特征值分别为 8.078 和 2.159。

表 3－12　共同度量表

变量	初始状态	提取公因子
GDP（亿元）	1.000	0.938
固定资产投资（亿元）	1.000	0.918
地方财政预算内收入（亿元）	1.000	0.880
社会消费品零售总额（亿元）	1.000	0.958
人均 GDP（千元）	1.000	0.746
职工平均工资（元）	1.000	0.874
大学老师数（人）	1.000	0.744
医生数（人）	1.000	0.684
建成区面积（km²）	1.000	0.930
用电量（亿千瓦时）	1.000	0.960
建成区绿化覆盖率（%）	1.000	0.810
工业废水排放达标率（%）	1.000	0.795

（4）经过计算确定 2 个公因子的权重 F_1 为 67.44%，F_2 为 32.56%。

（5）在计算出 42 个城市对应的 2 个公因子的得分值基础上计算其综合指数。综合指数越大其经济发展越好，反之则差，见表 3－13。

表 3－13　42 个城市综合实力指数

城市	1978 年	1990 年	2000 年	2010 年	城市	1978 年	1990 年	2000 年	2010 年
上海市	0.193	0.77	2.081	5.889	淮安市	−0.628	−0.432	−0.23	0.185
杭州市	−0.452	−0.188	0.434	2.526	盐城市	−0.712	−0.457	−0.264	0.184
南京市	0.036	0.107	0.339	2.087	金华市	−0.756	−0.442	−0.22	0.167
苏州市	−0.468	−0.341	−0.035	1.383	舟山市	−0.871	−0.481	−0.262	0.15
无锡市	−0.456	−0.249	−0.03	1.266	衢州市	−0.772	−0.464	−0.252	0.143
宁波市	−0.474	−0.371	0.014	1.256	蚌埠市	−0.511	−0.464	−0.24	0.13
合肥市	−0.487	−0.372	−0.055	1.207	安庆市	−0.584	−0.457	−0.245	0.094

（续表）

城市	1978 年	1990 年	2000 年	2010 年	城市	1978 年	1990 年	2000 年	2010 年
常州市	−0.461	−0.387	−0.117	0.953	丽水市	−0.821	−0.479	−0.278	0.094
徐州市	−0.478	−0.324	−0.105	0.711	铜陵市	−0.768	−0.471	−0.257	0.086
温州市	−0.674	−0.405	−0.164	0.55	淮南市	−0.522	−0.468	−0.261	0.043
南通市	−0.482	−0.39	−0.135	0.546	淮北市	−0.729	−0.476	−0.29	0.025
镇江市	−0.495	−0.393	−0.119	0.424	宿迁市	−0.816	−0.459	−0.258	0.02
芜湖市	−0.524	−0.405	−0.182	0.367	滁州市	−0.804	−0.488	−0.314	−0.017
扬州市	−0.491	−0.421	−0.183	0.366	阜阳市	−0.784	−0.467	−0.271	−0.041
马鞍山	−0.728	−0.44	−0.204	0.334	六安市	−0.812	−0.48	−0.328	−0.045
绍兴市	−0.592	−0.406	−0.217	0.307	巢湖市	−0.808	−0.476	−0.287	−0.067
连云港	−0.696	−0.398	−0.211	0.269	池州市	−0.822	−0.492	−0.339	−0.069
嘉兴市	−0.668	−0.449	−0.219	0.261	宿州市	−0.824	−0.48	−0.305	−0.097
台州市	−0.766	−0.442	−0.231	0.208	黄山市	−0.868	−0.488	−0.359	−0.103
泰州市	−0.736	−0.423	−0.24	0.205	宣城市	−0.852	−0.478	−0.323	−0.106
湖州市	−0.661	−0.453	−0.214	0.203	亳州市	−0.854	−0.492	−0.305	−0.141

3.3.3　城市经济空间结构演变

（1）整体上呈加速度发展。表3-13分别计算出泛长三角全部42个城市的综合实力指数各个年份的平均值。把后一年份综合实力指数平均值减去前一年得到增加值，制成表3-14。

由表3-14可知，显然，整体上该地区综合实力指数一直呈上扬趋势。历年来，在各省市综合实力平均值中，上海居首位，依次是江苏省、浙江省和安徽省；从各省市之间的差距来看，安徽与江苏、浙江之间的差距及上海市与其他三省之间的差距都呈扩大势态，而江苏、浙江间呈缩小势态。从三个年段的平均值的差值来看，无论是整个泛长三角板块或是各分省板块也呈上升趋势，说明各省市的城市综合实力都在加速发展。三个年段中，上海市的城市综合实力增长自然位列第一。

1978—1990 年间，浙江城市综合实力增长较快，安徽其次，主要是因为浙江和安徽在改革开放初期城市综合实力基数较小，相对较容易提高整体实力，再加上浙江处于改革开放前沿，因此提高速度最快；安徽增速较快的另一原因是 20 世纪 90 年代以前，中国的经济体制和政治体制改革并没有真正深入，计划经济体制的惯性一定程度上还在起支配作用，这有利于发挥安徽省丰富的能源优势。1990 年后，上海浦东大开发和中国 T 型发展战略的实施大大激励着江、浙两省的对外开放和进一步完善市场经济体制，江、浙于 1990—2000 年间城市综合实力大幅度提高；然而，安徽由于地处中部地区，发展较慢。2001 年底，中国加入世界贸易组织，极大促进了江、浙引进外资和扩大出口，再加上经过 20 多年的改革开放，市场经济基本走向成熟，同时由于中国沿海经济逐渐向中部渗透，带动了安徽省尤其是合肥和皖江城市经济的高速发展，2000—2010 年间，江、浙、皖城市综合实力都得到大幅度抬升。

表 3-14   泛长三角城市综合实力平均值演化趋势

区域	1978	1990	2000	2010	1978—1990	1990—2000	2000—2010
泛长三角	-0.631	-0.387	-0.135	0.523	0.243	0.252	0.658
上海市	0.193	0.77	2.081	5.889	0.577	1.311	3.808
江苏省	-0.532	-0.350	-0.122	0.662	0.182	0.228	0.784
浙江省	-0.695	-0.419	-0.145	0.536	0.275	0.274	0.681
安徽省	-0.712	-0.463	-0.269	0.092	0.249	0.194	0.362

（2）空间布局经历了由相对平衡到极化到趋扩散过程。把泛长三角地区 42 个城市综合实力指数利用 GIS 空间技术做分析可以获得其局部空间演变过程，通过 Spline 插值法和 Standard Deviation 统计归类法获得如下图 3-14。

图 3-14 显示，1978 年，从深蓝色和浅蓝色布局看，综合实力较强的城市江、浙、沪、皖分布相对均匀，从整个泛长三角看，也基本是全面开花，北边有徐州，南边有温州，西部有安庆，东部有上海，中部有合肥—淮南—蚌埠线、沪宁线和杭甬线；当然，综合实力较弱的城市主要分布在安徽，相对较强的主要分布在江苏，总体上城市综合实力离散

较大，这种城市综合经济离散型主要是受计划经济体制影响，没有市场自主权。

1990 年，由于改革开放走向市场经济的发展道路，泛长三角地区极化现象出现，城市综合实力较突出的城市布局于上海、南京和杭州三城市附近，其余地区综合实力相对收缩，主要靠深绿色条带连接。

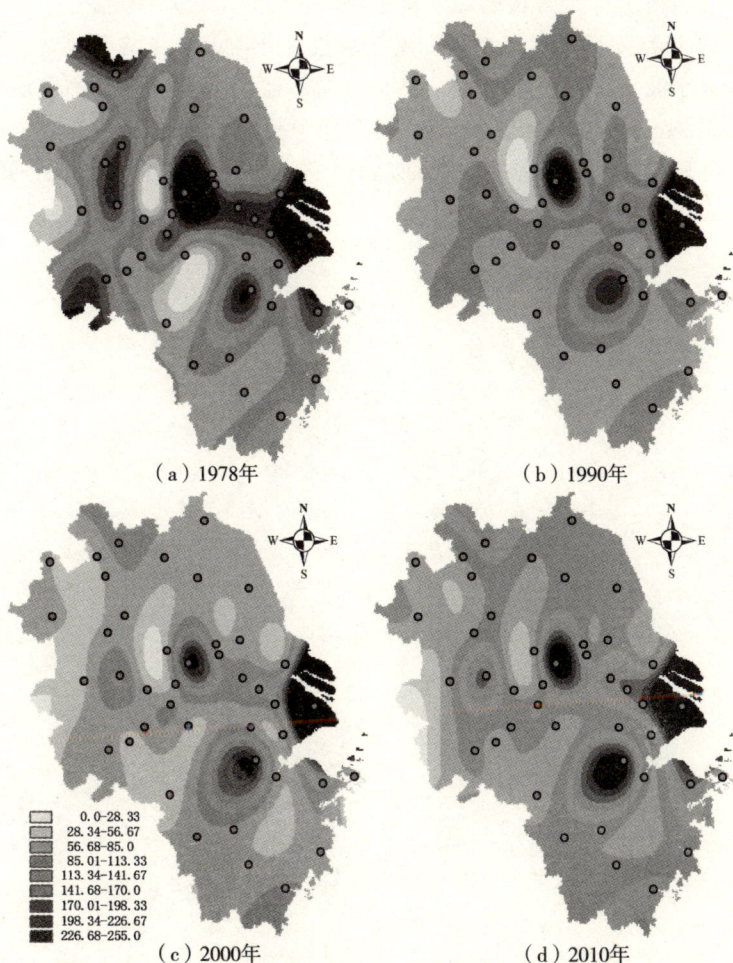

（a）1978年　　　　　　　　　　　（b）1990年

0. 0-28. 33
28. 34-56. 67
56. 68-85. 0
85. 01-113. 33
113. 34-141. 67
141. 68-170. 0
170. 01-198. 33
198. 34-226. 67
226. 68-255. 0

（c）2000年　　　　　　　　　　　（d）2010年

图 3 - 14　泛长三角城市综合实力空间布局演变

2000 年，城市经济极化现象进一步加强，继续呈现上海、南京和杭州三大块格局，与 1990 年不同的是，这时期杭州色块深度和面状都要大于南京色块，主要是由于南京城市实力基础较强，且沪宁线较早对接上海，而杭州对接上海虽起步较晚，但发挥了良好的区位优势，后发赶上。除三个极核外，其余地区原来的绿色条带状收缩为孤立的绿色块状，而且城市综合实力较低的鹅黄色块区显然比 1990 年要多。

2010 年，除上海、南京和杭州三大色块外，沪宁线城市开始出现连接趋势，宁波、合肥色块增大，温州、徐州地位渐现，南京色块逐渐向马鞍山靠拢，芜湖呈现出小斑块状；深绿色也呈现片状分布于整个泛长三角，可见城市经济开始出现离散趋势，有着向均衡方向发展的迹象。

第四章　泛长江三角洲城市
可达性空间结构及演变

交通网络是指一定区域内根据通行的需要，由各级公路组成的相互连接、网状分布的道路系统。城市作为一个开放的系统，城市之间及城市与区域之间的相互作用是通过交通网络的连接而产生的（金凤君，2001）。交通网络是城市发展的物质前提，对城市空间结构和体系构成起到了极其重要的作用。交通网络的发展改变了城市之间旅行时间、运输距离和交通费用，引起彼此之间相对距离变化，为城市的物质、人才、技术、信息和资金的需求提供了保障（王成金，2006）。交通网络发展迟缓、超前或结构不合理都会阻碍城市的发展，而衡量交通网络发展状况的一个重要指标就是可达性。可达性一定程度上能反映出交通网络中各城市的地位和作用（Dupuy，1996），以及城市未来的竞争力与发展潜力，同时它又是评价区域或节点控制市场能力和取得发展机会的有效因素之一。因此，随着交通网络的发展必然会引起人们对可达性的研究，它被广泛地应用于区域交通规划、城市规划和地理学其他领域（Geurs，2004），至今仍不失为国内外研究的热点内容。

目前，国内外可达性的研究已趋成熟。研究领域从公路、铁路到航空，研究区域从国家间、全国性、省域、经济区到城市群，研究的实现算法变化多多。

泛长三角地区经过多年的交通建设目前已形成了较为完善的综合交通体系。但历年来，由于泛长三角是个新兴区域名词，学者们关注泛长三角交通网络较少，而且江浙沪皖三省一市区域界定下的泛长三角交通可达性的研究目前尚未有人涉入。本章试图利用多种指标并在其基础上建立综合交通可达性模型，对泛长三角城市交通可达性空间结构及演变做较为详尽、综合的剖析，为泛长三角交通网络现状的评判及未来的空间布局、结构优化提供一些见解，同时为交通可达性的算法实现在技术上作一些探讨，也为后续城市场空间结构提供数据准备。

本章从泛长三角地区时间可达性、费用可达性和吸引机会三个层面，其中，时间可达性又从全域时间、局域时间和邻域时间面三个角度，费用可达性从基于最短路径的费用可达性、不计时间不计路程的费用可达性两个角度，加上吸引机会指数和综合可达性，共计七个角度，充分发挥 GIS 分析技术较全面地研究了 42 个城市可达性的空间结构及其演化过程。

4.1 可达性研究方法

4.1.1 数据来源与研究对象

笔者以中国地图出版社出版的《中国地图册》1978 年版、1990 年版和《中国公路交通图集》2000 年版、2010 年版的泛长三角三省一市图版为基础图件，泛长三角行政区划及地级市和以上城市的中心地理位置取自国家基础地理信息中心提供的 1∶1 000 000 数据库。

以泛长三角地级及以上城市作为基础研究单元，以地级及以上城市中心作为城市可达性研究节点，把所对应的行政区作为一个单元区域，以 2010 年行政区划为准，这样泛长三角地区总共 42 个城市节点被作为泛长三角交通网络不同指标可达性运算的实际对象。补充说明的是目前巢湖市已于 2011 年拆分，但基于研究数据为 2010 年止，故不予考虑。

4.1.2 研究方法

文章主要采用 GIS 栅格分析和网络分析技术，运用不同尺度的区域时间成本指标、基于节点间最短距离的费用成本指标、不计时间不计路程的最小费用成本指标以及考虑城市综合实力等社会经济因素的吸引机会指数，从不同视角分析泛长三角城市交通网络可达性状况，并对六种指标进行无量纲化处理，在此基础上建立一种区域交通综合可达性模型，力图评价泛长三角城市的综合可达性空间结构及演变。

4.1.2.1 时间可达性测算方法

根据《中华人民共和国公路工程技术标准（JTGB－2003)》规定的公路设计速度，在结合泛长三角区域实际路况和现实通行速度基础上，对泛长三角不同交通道路赋不同的权重（表 4-1），把交通矢量图转化为 1 000×1 000 单元的栅格成本图。以往类似栅格计算时间成本方法基本上只考虑了路网，把交通以外地区全部当作阻碍因子，在属性字段里赋空白值，不参与运算，或粗略地统一赋一个很高的值，没有考虑到湖泊、高山、江河和陆地等因素。它们虽然通行能力较差，但的确在日常出行中是公路、铁路替代不了的，而且它们确确实实占用了相当的出行时间，不考虑这些因素的交通栅格成本图是不完整、远离实际生活的成本图，大大影响了区域可达性的精确度。针对泛长三角较复杂的自然地理状况，本书考虑到湖泊、高山、江河和陆地的通行能力，分别赋予不同的权重，通过 GIS 技术，合成了泛长三角综合交通栅格成本图。一点说明：由于高速公路和铁路是封闭性质的且 cost 值较低，处理矢量路网数据时，在高速非入口处和非铁路站点沿线两边设立缓冲隔离以实现封闭，在铁路与公路交叉处打通隔离带使得公路畅行。实际上，栅格数据程序算法运行依照的是最短路径计算原理，因此其可达性评价指标如下：

$$A_i = \min (T_{ij}) \qquad (公式 4-1)$$

i 为栅格成本图中的任意格网，A_i 为 i 格网的可达性，T_{ij} 为 i 点到 j 点通过最短路径所花费的最小时间。每个栅格的属性值（cost）表示其"成本"，文章里表示通过它所需要的时间（或费用）消耗值。每个非边缘网格的周围有且仅有 8 个其他网格，且都赋以相应的权重。以每个中心网格为"节点"（Node），向 8 个方向计算权重值，选择最小的格网作为计算对象，然后依次以这个格网为中心再向 8 个方向计算格网值，重复此过程直至待处理网格队列为空。运用 GIS 空间分析功能对空间全覆盖的栅格数据进行高精度空间分析，更科学、更准确地反映区域的空间可达性。

表 4-1　各等级公路通行时速（单位：km/h）

年份	城际铁路	动车	铁路	高速	国道	省道	县道	轮渡	大桥	平原	山区	江湖
1978			50		40			8	40	5	2	阻隔
1990			50		45（主要公路）	35（一般公路）		8	45	5	2	阻隔
2000			60	80	50（主要公路）	(40, 30)		10	50	5	2	阻隔
2010	300	150	70	100	60	50	40	12	60	5	2	阻隔

4.1.2.2　费用可达性测算方法

可达性成本一般分为距离成本、时间成本和费用成本，对于当前发达的交通系统来说，城市距离仅是个相对性的概念问题，目前大多数学者对距离成本已研究较多，时间成本研究上也有不少成果。不过，由于费用数据获取比较困难，大多数人对费用成本研究鲜有涉猎，本研究中作者试图从费用成本角度来度量泛长三角城市可达性。泛长三角城市节点间各种道路公共交通车票价格的数据主要来自相关网站铁路费用表、长途汽车费用表、相关交通部门电话咨询、自身的乘车经历、对周围人的访谈以及驴友群等等。私家车的出行费用由于乘坐的人数不同而产生的人均费用不同，不予考虑；货运的费用由于装载的实际吨位不同也产生不同的费用成本而不便计算，货运费用成本也不纳入衡量指标，因此笔者以公共交通工具客运的每人次出行费用作为衡量出行成本指标。由于部分数据缺失，再加上分路段计算费用成本在操作性上不可行，故考虑用不同道路的票价指数来计量单位里程的出行费用成本。对此作以下补充解释：虽然一些地方高速公路、国道和省道的出行票价没有区别，实际出行中相当数量区段中客运公司总存在考虑旅客时间成本以及国道、省道、县道能方便上下旅客的两种情况下，就有了走高速和走一般公路（国道、省道、城干道和县乡道统一作一般公路）的选择，而往往收取不同的票价，因此笔者把这两种道路的票价指数分开；对行走同样等级道路但存在车况好坏之别而引起的票价差异，笔者取其平均数；水路运输主要是长江，现如今载客量极少，偶尔有点游轮，不做费用成本考虑；轮渡承担着相当的渡江功能故作相关处理；铁路出行有卧铺和硬座的票价之分，取硬座票价；公路有春运的票价提升问题，但铁路现已不存在春运票价，因此概不考虑春运时段性涨价。综合各种情况，计算出各种通行方式单位里程的费用权重指数（表4-2）。费用指数越高，出行成本越大，反之，出行成本越低。由表4-2知，动车和高铁花费最高，高速次之，铁路最便宜，轮渡虽然权重指数很高但所占行程很少。

现实生活中，对线路的选择有两种：一种是谋求最短距离的行程线路，而衍生相应的费用成本；另一种就是谋求不计时间、不计距离的最少花费的线路。为了对这两种费用成本作比较分析，笔者分别作了这两种费用成本指数的计算。

表4-2　泛长三角各等级道路费用权重指数

道路等级	动车和高铁	高速公路	一般公路	铁路	轮渡
费用指数	0.417	0.324	0.304	0.184	2.1

基于最短距离的费用成本定义为网络中节点与其他节点间的最短路径所耗费的费用之和，其值越小，可达性越好：

$$A_i = \sum_{j=1}^{n} F_{ij} \qquad （公式4-2）$$

其中A_i为节点i的可达性，F_{ij}为i、j内节点间费用成本。

对不计时间、不计距离的最小费用成本的度量，首先要定义出行方式是公共交通工具，这样就排除了骑单车和步行等不需费用的方式；其次，因矢量数据无法计算这一性质的最小费用成本，笔者采用栅格数据，在合成栅格成本图时，只把高铁、动车、高速公路、一般公路、普通铁路和轮渡纳入计算中，剔除湖泊、长江、山区和陆地等不花费用的各种通行方式因素。通过平均计算得到其他41个城市到该城市的最小费用的平均值数据，从中提取出各城市的最小费用成本指数。费用成本指数越小，可达性越好。

4.1.2.3 吸引机会指数测算方法

所谓吸引机会就是某城市因其人口、经济及交通等因素而对外具有一定的吸引能力，使得物流、人流和信息流对该城市有一定的倾向性流动。本书的吸引机会指数是借用市场概率模型并修正而来，1963 年哈弗发表"购物中心市场区分析方法"，提出模型（赵荣，2006）：

$$P_{ij} = \frac{\dfrac{M_j}{\mathrm{d}_{ij}^b}}{\sum\limits_{j=1}^{m} \dfrac{M_j}{\mathrm{d}_{ij}^b}} \qquad （公式 4-3）$$

P_{ij} 为小区 i 居民到设施 j（可以是超市、娱乐设施和广场等）的出行概率，M_j 为 j 设施的规模大小，d_{ij} 为居民点到服务设施间的距离，b 为距离摩擦指数，P_{ij} 越大，说明小区 i 住户出行到设施 j 概率越大。本书把居民点当作起始城市节点，城市服务设施当作目的地城市，把出行目的地城市的综合实力作为该城市的规模，以两城市间的最短旅行时间距离作为公式 4-3 的 d_{ij} 修正指标，并以逆思维逻辑扩展"购物中心市场区分析方法"模型由此测度城市之间吸引机会大小，其数值定义为吸引机会指数，则由公式 4-3 可得到：

$$A_j = \sum_{i=1}^{n} P_{ij} \qquad （公式 4-4）$$

A_j 为 j 城市吸引机会指数，n 为出行到第 n 城市，P_{ij} 为城市 i 到城市 j 的出行机会指数，吸引机会指数愈大，可达性愈好。

4.1.2.4 综合可达性系数测算方法

以上不同指标，分别从时间成本、费用成本和吸引机会三个方面六个角度分析了泛长三角城市的可达性，但各个指标因为量纲因素，它们相互独立，不能形成一个统一指数来综合衡量这些城市间的交通网络可达性。鉴于此，要想采用六种可达性值衡量城市节点的综合交通网络格局，就必须采用无量纲计算。为消除量纲并且避免某单个指标对其他指标的影响，即尽量平衡各指标间的权重，故采用 0～1 间无量纲化处理方法（马立平，2000），建立一个综合交通可达性模型，以能从综合角度探求城市的路网分异规律。

$$X'_i = \frac{X_i - X_{mean}}{\text{STDEVPA}} \qquad (\text{公式} 4-5)$$

$$A'_i = \sum_{k=1}^{n} X'_{ik} w_k \qquad (\text{公式} 4-6)$$

X'_i 为 i 城市无量纲化的可达性指数，X_i 为 i 城市的可达性数值或指数，X_{mean} 为城市可达性最小数平均值，STDEVPA 为标准差。A'_i 为城市 i 的综合可达性指数，X'_{ik} 为不同指标下的城市无量纲可达性指数，w_k 为各指标权重。由于权重的确定直接影响着分析的结果，目前在这一方面所进行的研究还较为鲜见，进行客观赋权重有一定的难度，本研究采用专家打分法。对专家说明以上可达性的具体研究内容即全域时间可达性是针对全区域面，局域时间可达性是针对地级市整个面，邻域可达性是针对地级市间可达性面的界定，两者费用可达性针对城市点较强，而吸引机会里既有具体城市点-点的时间距离，又含城市经济的权重。基于城市经济主要发生在城市点且经济的联系也主要发生在城市间，因此本书测算综合可达性稍偏向城市点，鉴于三个层面可达性测算指标特征，要求专家对可达性各指标赋权时稍倾斜于费用可达性和吸引机会指标。各指标经 11 位专家打分最终确定权重为全域可达性 0.1、局域可达性 0.04、邻域可达性 0.06、最短费用可达性 0.2、最小费用可达性 0.1、吸引机会指数 0.5。以公式 4-6 进行综合可达性计算，除邻域时间分析的城市影响区面积值和吸引机会指数越大可达性越好外，其余的四个指标数值越小可达性越好，为求统一，把这四种无量纲可达性指数取其相反数($-X'_{ik}$)参与函数运算，则各城市综合可达性指数越大，可达性就越好。

4.2　泛长江三角洲城市时间可达性空间结构及演变

本书中因城市可达性涉及六个指标，数据较大，基于排版考虑故各种可达性指标值不列表，仅附图以示结果。

为下文能清晰地表述，笔者作如下定义：把整个泛长三角任意点到某城市节点的最小时间成本分析定义为全域性分析，把分析所得的平均值看作是每个城市点的全域可达性值；把城市行政区内任意点到城市节点的最小时间成本定义为局域性分析，把分析得到的平均值看作是该城市节点的局域可达性或本行政区整体的可达性；把全区域任意点到最近节点的时间成本分析定义为邻域分析（或开放性分析），由断裂点得到的各城市影响面作为分析结果。

4.2.1　全域时间可达性

根据上文时间可达性测算方法，出现两个阶段：第一阶段是提取出泛长三角全域任意点到各城市节点的平均时间作为该城市的全域时间可达性，这实质是整个面到一点的时间可达性的反映，其结果如表4-3；第二阶段是把42个城市节点扩散的时间图进行平均计算会得到全域内任意点到42个城市节点时间的平均时间图，图中每一个点所表征的时间实质是该点到42个城市点的平均时间，同样亦可作为全域时间可达性。为更好体现全域性，在后文计算综合可达性系数时选取的数值为第一阶段的全域时间，但本书为进一步了解泛长三角城市节点可达性的变化把第二阶段可达性数据也一并制作出图，进行分析，如图4-1，另外把第一阶段所测算得的平均时间图提取出平均值、最低值和最高值均放于表4-3中。通过对表4-3和图4-1的分析，泛长三角城市全域可达性格局呈现以下特征：

表4-3　泛长三角城市全域可达性（单位：小时）

城市	1978年	1990年	2000年	2010年	城市	1978年	1990年	2000年	2010年
全域	11.82	9.649	8.333	5.265	马鞍山	8.683	7.758	6.757	4.44
最低值	6.318	5.905	4.885	3.136	南京市	8.584	7.477	6.449	4.06
最高值	21.188	17.721	16.229	11.109	南通市	11.189	9.706	8.444	5.147
安庆市	11.097	10.559	8.32	5.304	宁波市	12.632	11.107	9.235	5.998
蚌埠市	9.798	8.787	7.574	5.041	衢州市	12.059	11.166	9.386	5.74
亳州市	13.574	12.046	10.416	7.036	上海市	10.492	9.805	7.493	5.003
常州市	8.856	7.979	6.742	4.024	绍兴市	10.692	9.321	8.279	5.156
巢湖市	8.982	7.809	6.848	4.647	苏州市	9.55	8.695	6.994	4.309

（续表）

城市	1978 年	1990 年	2000 年	2010 年	城市	1978 年	1990 年	2000 年	2010 年
池州市	10.639	9.132	8.288	5.007	台州市	16.975	13.394	11.83	6.83
滁州市	8.887	7.768	6.789	4.369	泰州市	9.652	8.817	7.641	4.75
阜阳市	12.547	10.876	9.095	6.246	铜陵市	9.308	8.366	7.519	4.717
杭州市	9.888	8.573	7.556	4.686	温州市	17.924	13.593	12.407	7.029
合肥市	9.389	8.196	6.846	4.541	无锡市	9.228	8.35	6.84	4.243
湖州市	9.291	8.498	7.126	4.536	芜湖市	8.597	7.446	6.512	4.337
淮安市	11.295	9.439	8.627	5.283	宿迁市	11.807	10.248	9.792	5.873
淮北市	11.723	10.821	9.29	6.187	宿州市	10.989	10.081	8.071	5.764
淮南市	10.048	9.022	7.566	5.242	徐州市	12.084	11.098	9.541	6.276
黄山市	10.26	9.254	8.064	5.182	宣城市	8.76	7.562	6.658	4.472
嘉兴市	10.106	8.982	7.685	4.575	盐城市	11.964	10.449	8.805	5.458
金华市	11.857	10.343	9.257	5.683	扬州市	9.064	8.105	7.107	4.297
丽水市	14.105	11.904	10.787	6.566	镇江市	8.687	7.846	6.827	4.098
连云港	13.103	11.548	10.362	6.422	舟山市	16.482	13.908	11.391	7.08
六安市	10.826	9.4	8.099	5.303					

（1）可达性改善显著。表 4-3 显示，整个泛长三角地区可达性的最低值和最高值都有大幅提高，最低值从 6.32 小时缩短到了 3.14 小时，提高了 3.18 小时；最高值从 21.19 小时缩短到了 11.11 小时，提高了 10.08 小时；从整个地区看，可达性从 11.82 小时演变为 5.27 小时，提高了 6.56 小时。从各城市时间可达性的演变程度看，时间可达性缩小最少的马鞍山市也有 4.24 小时，而提高最大的城市温州高达 10.90 小时。

对图 4-1 进行分区统计分析可得到表 4-4，该表显示，各时间可达性段内的城市数变化也较大，在 1978、1990、2000 和 2010 年 4 小时可达性有南京、苏州、无锡、常州、宣城和滁州等 16 城市，其中长三角城市占 10 个，安徽占 6 个。可以这样说，目前也是这 16 个城市可达

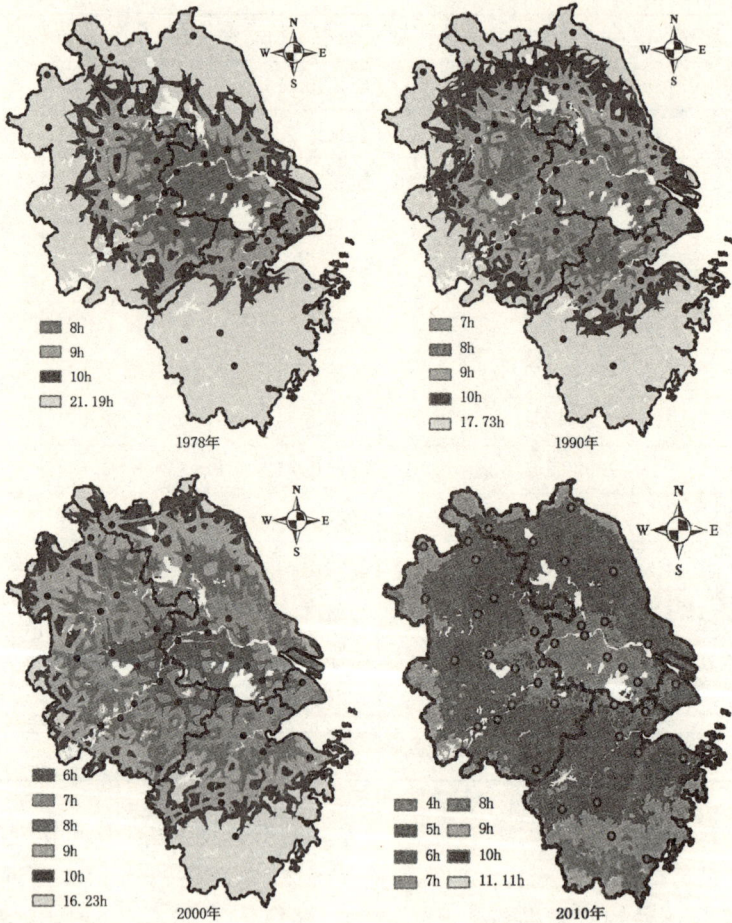

图 4-1 泛长三角地区全域时间可达性

性最好，而其中又以南京全域可达性最好，仅为 3.15 小时（即南京作为泛长三角区域内任意一点到达包括自己在内的 42 个城市的平均时间为 3.15 小时，实质上，反过来可以理解为 41 个城市到达南京花费的平均时间）。从表 4-4 可看出，随着时间可达性区段的减小，四个年份内出现在各区段可达性的城市呈现阶梯形状，断点年份越近，则城市可达性越小，反之，越大。

表 4 - 4 泛长三角城市可达性分布

可达性 (h)	1978 年	1990 年	2000 年	2010 年
4				南京、苏州、无锡、常州、镇江、扬州、泰州、湖州、嘉兴、杭州、合肥、巢湖、马鞍山、芜湖、宣城、滁州（16）
5			南京（1）	上海、南通、淮安、盐城、绍兴、淮南、蚌埠、六安、铜陵、池州、安庆、黄山（12）
6			苏州、无锡、常州、镇江、扬州、湖州、滁州、合肥、巢湖、马鞍山、芜湖、宣城（13）	连云港、宿迁、徐州、宁波、金华、衢州、阜阳、淮北、宿州（9）
7		无锡、常州、镇江、扬州、巢湖、马鞍山、芜湖、宣城、滁州（9）	上海、泰州、南通、嘉兴、杭州、绍兴、蚌埠、淮南、六安、铜陵（9）	亳州、丽水、温州、台州、舟山（5）

（续表）

可达性 （h）	1978 年	1990 年	2000 年	2010 年
8	苏州、无锡、常州、南京、镇江、扬州、泰州、巢湖、芜湖、铜陵、合肥、滁州、蚌埠、湖州、马鞍山、宣城（16）	苏州、泰州、嘉兴、杭州、合肥、铜陵、蚌埠、淮南（8）	盐城、淮安、宁波、宿州、阜阳、安庆、池州、黄山（8）	
9	上海、嘉兴、杭州、淮南（4）	上海、南通、淮安、绍兴、宿州、六安、池州、黄山、淮安（9）	宿迁、徐州、金华、衢州、淮北（5）	
10	南通、盐城、淮安、宿迁、宿州、淮北、六安、安庆、池州、黄山、绍兴（11）	盐城、宿迁、淮北、阜阳、安庆、金华、宁波（7）	连云港、舟山、亳州（3）	
>10	宁波、舟山、台州、温州、金华、丽水、衢州、阜阳、亳州、徐州、连云港（11）	衢州、丽水、温州、台州、舟山、亳州、徐州、连云港（8）	丽水、温州、台州（3）	

注：括号内数字为城市个数

（2）可达性重心北移转向东南。很显然，全域可达性的大小与城市地理位置有着至关重要的关系，一般情况下地理位置越靠近区域中心，则可达性就越好，在理想均质平原状态下，几何面的几何中心与区域可达性重心是重合的，从 GIS 分析可获得泛长三角地区几何中心位于芜湖附近（图 4-2）。从历年可达性看全域可达性最小的前三年都是南京市，2010 年为南京的东南部城市常州，因此可以认为泛长三角城市可达性重心由南京转向常州。由于受南部山地地形以及区域道路建设差异的影响，尤其是江苏交通网络发达等因素使得可达性重心北移了 80km 而位于南京，紧接着向东南移动了 130km。可见，区域交通重心不仅是由区域位置决定，而且交通网络完善对此有重要影响。

图 4-2　泛长三角几何中心

（3）可达性呈中心—外围格局，且可达性中心有向东和向北调整的态势。图 4-1 显示历年中可达性最好的城市都基本以苏皖交界长江带和太湖为中心，越到外围可达性越差，呈典型的中心—外围结构特征。以常州为例，1978 年可达性前五位的城市都是距几何中心最近的城市，常州位于第六位，2000 年时常州已是第四位，2010 年时常州可达性位居第一；同样居东部的另一城市无锡也从 1978 年的第 10 名上升到 2010 年的第 4 名。可见，区域可达性有东移的趋势。就滁州和宣城来说，它们位于泛长三角几何中心的北和南，1978 年宣城和滁州的区域可达性名次分别为第 5 名和第 7 名，2010 年时滁州为第 8 名，宣城为第 10 名；另外，1978 年长江北部的城市扬州位于第 9 名，而 2010 年已跃升到了第 5 名，可见泛长三角全域可达性中心有北移的趋势。

（4）各城市可达性改善程度呈一定的规律性。由表 4-3 可知，可达性改善较小的基本上是中心圈层的城市，而可达性改善较大的基本是外缘城市，主要原因是外缘城市原先的可达性较落后，提高空间较大，而中心圈层城市本身可达性较好，提高空间较小。而且 2000—2010 年间可达性提高程度要比 1978—1990 年和 1990—2000 年高得多，显然主要得益于近 10 年来高速公路的大规模建设，这大大缩短了城市间的可进入性，另外，铁路的提速和高铁的修建也都起到很大的作用。

4.2.2　局域时间可达性

用各地级市行政面矢量图截取上文所分别测算出的历年各城市全域时间可达性图，就可得到各城市局域时间可达性图，继而提取其平均值作为局域时间可达性（表 4-5）。

考虑 1990 年城市交通发展程度的中间性，故以 1990 年为准则，对泛长三角 42 个城市局域可达性进行归类，用 natural breaks（jenks）方法得到四大类（如图 4-3）：优等型（0.698～1.398 小时）、良好型（1.399～1.864 小时）、落后型（1.865～2.331 小时）和极落后型（2.332～3.081 小时）。局域时间越小则可达性越好，反之则越差。根据表 4-5 和图 4-3，可以得出如下结论：

表 4-5　泛长三角局域时间（h）

城市	1978	1990	2000	2010	城市	1978	1990	2000	2010
安庆市	3.262	2.69	2.369	1.451	南京市	1.578	1.398	1.024	0.784
蚌埠市	1.797	1.563	1.466	0.883	南通市	1.959	1.66	1.404	1.016

（续表）

城市	1978	1990	2000	2010	城市	1978	1990	2000	2010
亳州市	2.401	2.098	1.799	1.482	宁波市	2.141	1.594	1.300	0.954
常州市	1.308	1.209	1.115	0.929	衢州市	2.042	1.749	1.490	0.950
巢湖市	1.725	1.585	1.458	1.090	上海市	1.167	1.047	0.956	0.893
池州市	2.463	2.128	1.931	1.227	绍兴市	2.111	1.769	1.563	1.104
滁州市	2.096	1.913	1.807	1.376	苏州市	1.721	1.353	1.089	0.662
阜阳市	1.796	1.593	1.484	0.998	台州市	3.794	2.169	1.872	1.063
杭州市	3.854	3.081	2.610	1.807	泰州市	1.987	1.708	1.574	0.923
合肥市	1.415	1.283	1.180	0.804	铜陵市	0.765	0.698	0.516	0.385
湖州市	1.598	1.405	1.260	0.863	温州市	3.479	2.329	1.924	1.245
淮安市	2.974	2.016	1.739	1.029	无锡市	1.387	1.307	1.143	0.709
淮北市	1.524	1.146	1.012	0.823	芜湖市	1.429	1.225	1.016	0.737
淮南市	1.325	1.148	1.019	0.776	宿迁市	2.838	1.636	1.412	1.100
黄山市	2.321	1.993	1.827	1.192	宿州市	2.298	2.009	1.902	1.403
嘉兴市	1.171	1.097	0.925	0.474	徐州市	2.105	1.774	1.578	1.106
金华市	2.237	1.864	1.748	1.107	宣城市	2.254	1.975	1.760	1.238
丽水市	3.278	2.727	2.231	1.591	盐城市	2.425	2.021	1.849	1.210
连云港	1.662	1.335	1.137	0.794	扬州市	2.076	1.767	1.526	1.021
六安市	3.416	2.331	2.169	1.457	镇江市	1.172	1.147	1.033	0.630
马鞍山	1.299	1.176	1.012	0.672	舟山市	1.821	1.704	1.646	1.431

（1）局域可达性改善显著。从历年局域可达性最小值看，由 1978 年的 0.765 小时到 2010 年的 0.385 小时，提高了 0.38 小时；而可达性最高值逐渐减小，历经了 3.854 小时→3.081 小时→2.710 小时→1.807 小时，足足提高了 2 小时。从历年可达性各大类城市数变化看（表 4 - 6），优等类城市由 1978 年的 8 个上升到 2010 年的 35 个；而落后型城市和极落后型城市自 1978 年以来都是逐年减少，到 2010 年时一个也

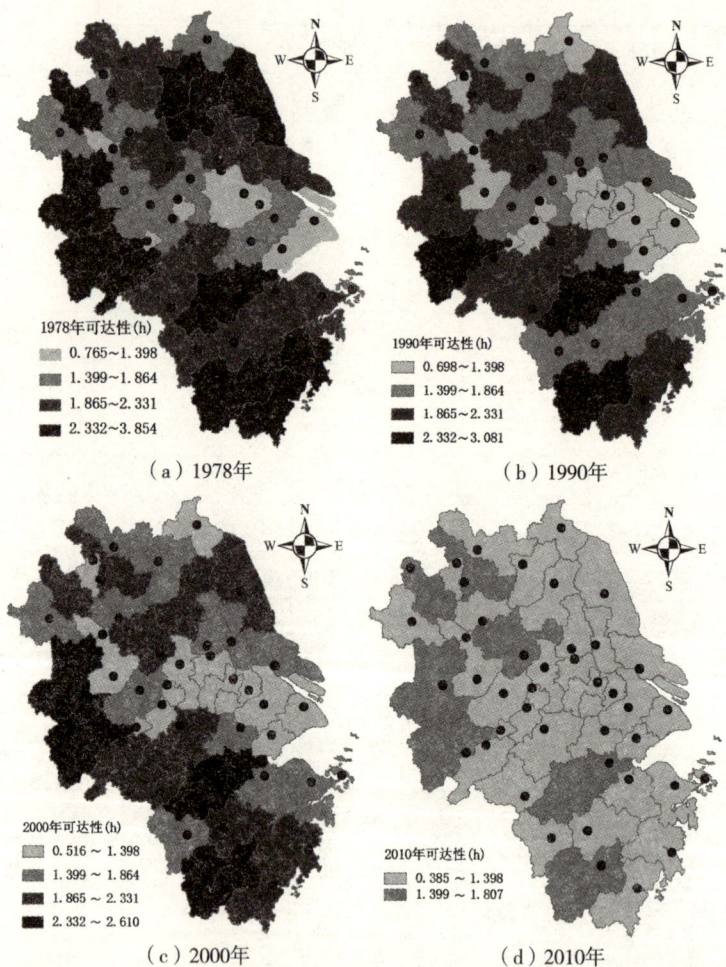

（a）1978年

1978年可达性(h)
- 0.765~1.398
- 1.399~1.864
- 1.865~2.331
- 2.332~3.854

（b）1990年

1990年可达性(h)
- 0.698~1.398
- 1.399~1.864
- 1.865~2.331
- 2.332~3.081

（c）2000年

2000年可达性(h)
- 0.516～1.398
- 1.399～1.864
- 1.865～2.331
- 2.332～2.610

（d）2010年

2010年可达性(h)
- 0.385～1.398
- 1.399～1.807

图 4-3 泛长三角局域可达性

没有。

（2）地区差异较大。从历年三省一市局域可达性四类型的分布情况看，相对来说，可达性较高级别的城市主要分布于长江沿岸，而级别较低的城市主要分布于泛长三角外围。其因有四：一是城市面积大小对可达性有直接的关系，一般地，城市面积小自然局域可达性就小。沿江城市经济发达，城市密布，面积都相对较小，因此，其局域可达性也较小；而泛长三角地区外围，南部是山区，北部是平原，不管是山区还是平原，一般地，其市域面积都较大，因此局域可达性都较大；另外，如淮北市、铜陵市及淮南市这些地级市面积较小，自然任意点到达地级市中心点的时间都小；相反如六安市、安庆市、丽水市、盐城市和杭州市等市域面积较大的城市对可达性增大肯定会有很大影响。二是城市点坐落位置对局域可达性的影响也较大，一般地，城市点居于区域中心有利于可达性减小，自然地，处在区域边缘则会提高局域可达性。如皖北的亳州、宿州，皖南的池州，浙江的杭州等城市局域可达性较差就与其城市坐落的位置密切相关。三是路网本身的作用，路网不发达，可达性就差，如皖北的一些城市和皖南、浙西南一些山区城市路网稀疏，导致其可达性不发达。四是地级市的行政区形状对可达性也有较大的影响，狭长的面状结构对局域可达性不利，如盐城市、泰州市、宿州市和杭州市，这些城市区面狭长，对可达性有很大的影响。因此，根据以上分析的局域可达性分布格局原因，我们可以做的是在条件允许时尽可能避免以上不利因素，如行政区划调整和新城建设时，可以考虑行政区的面状结构，以及城市的中心性等，这些对于区域管理和带动地方社会经济发展来说同样有较有利的一面。

表 4-6　泛长三角局域可达性各大类城市数

年份	优等型	良好型	落后型	极落后型
1978	8	11	12	11
1990	13	15	11	3
2000	16	18	6	2
2010	35	7		

4.2.3　邻域时间可达性

邻域分析是一种开放性的分析，城市间相互比邻的地区因交通便捷性会发生突破行政界线而更易到达相邻的城市点，这样在计算可达性面归属时则出现本属于该行政区内的区域可能因到达相邻城市时间少而归属于相邻区域。定义到达某城市时间距离最近的区域作为该城市的邻域可达性面或可达性影响区（本书作为邻域可达性值）。此处分两种情况进行比较分析：一种是邻域可达性面与地面均质状态下的城市 voronoi 面相比较；另一种是邻域可达性面与城市所辖行政区面相比较。把邻域可达性值与地级市所辖行政区面积和均质地面的 voronoi 面积之比分别称之为 p_1 和 p_2，p_1 或 p_2 小于 1 时说明邻域可达性面相对缩小了，p_1 或 p_2 越小，缩小的面积则越大；p_1 或 p_2 大于 1 时说明邻域可达性面增大了，p_1 或 p_2 越大，增加的面积则越大。为对比泛长三角各城市历年邻域可达性面的变化，把泛长三角城市邻域可达性值分为五种类型，它们分别是严重萎缩型（$p_1 \leq 0.6$）、急剧扩张型（$p_1 \geq 1.40$）、相对稳定型（$0.90 \leq p_1 < 1.10$）、向下浮动型（$0.6 < p_1 < 0.9$）和向上浮动型（$1.1 \leq p_1 < 1.4$）五种类型（如图 4-4），下文按以上两种情况分别讨论。

1. 邻域可达性面与所辖行政区面积之比所划分的五种类型

造成严重萎缩型的主要原因有如下几种：城市点偏居一隅，更多的领地较接近相邻城市，1978、1990、2000 和 2010 年的亳州和 2000、2010 年的宿州和池州是这种情况；本身局域可达性较差（或相对周围地区可达性而言较差）同时受到周围路网发达地区严重挤压，1990 年的马鞍山、1978 和 1990 年的苏州即属此类；由于行政区面积较大而路网较差，另外受到了周围路网发达地区的挤压所造成的，2000 和 2010 年的滁州、巢湖属于此类。急剧扩张型主要原因有如下几种情况：城市领地面积较小，路网分布相对较好，如三个年份的淮北，四个年份的淮南和铜陵，1978 和 2000 年的马鞍山；周围地区路网不发达，而该城市路网相对较好，如四个年份的蚌埠，1978、2000 和 2010 年的黄山，2000 年的无锡以及 2010 年的淮安；基本稳定型、向上浮动型和向下浮动型的城市一般没有严重萎缩型和急剧扩张型城市所具有的特征，且三者主要区别是基本稳定型路网在建设上同周围城市综合比较相当，而向上浮动型和向下浮动型则出现相对较大的差距。邻域可达性面是城市间各种因素共同作用的结果，不管哪种类型，其路网结构对可达性的影响都是重要因素。

从总体变化情况看，严重萎缩型主要集中在安徽地区，如亳州四个

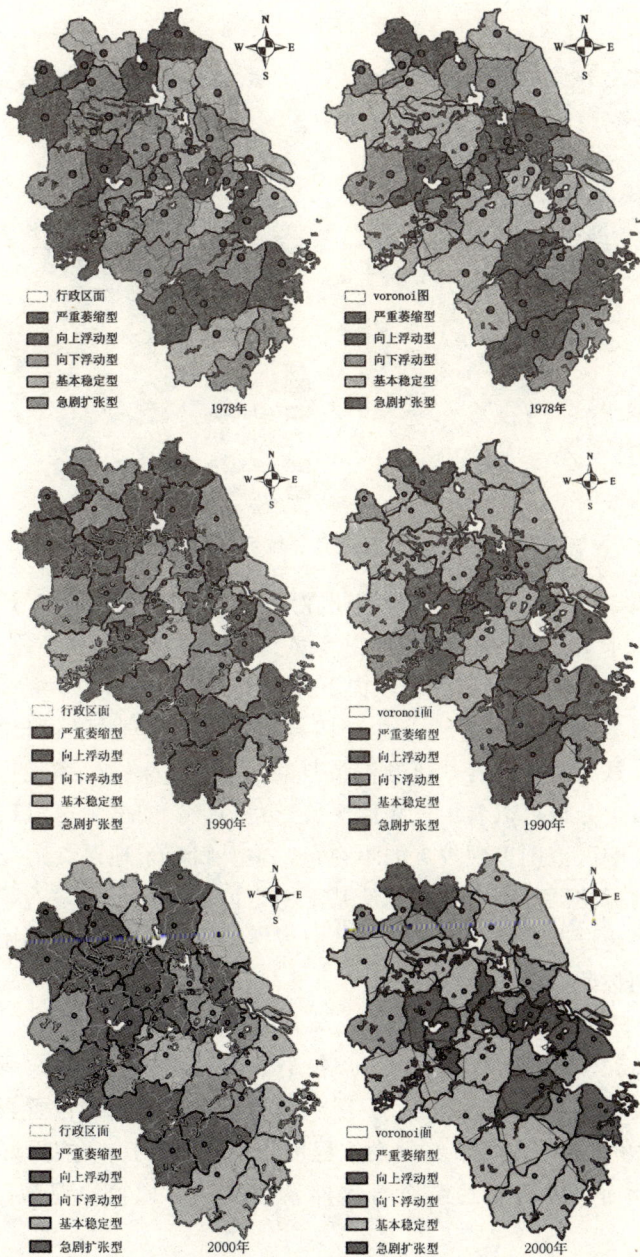

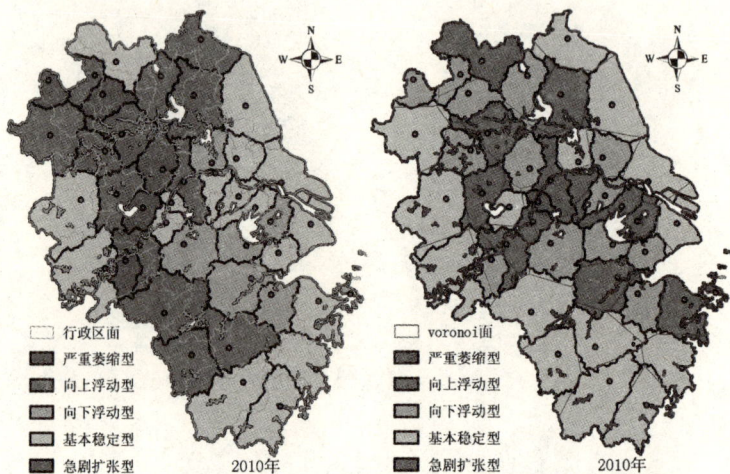

图 4-4　泛长三角邻域可达性面

年份一直属于严重萎缩型，另外苏州在 1978 和 1990 年也属于严重萎缩型。马鞍山于 1990 年曾一度为严重萎缩型，2000 年演变为急剧扩张型；1978 年的宿州、滁州和巢湖属于向下浮动型，到了 2000 年继续下滑演变成了严重萎缩型并一直延续到 2010 年，可见这些地区路网建设一直没有跟上。从四个年份看，急剧扩张型也基本上发生在安徽地区，变化不大。从以上分析可以看出，相比泛长三角地区，安徽地区城市行政范围与交通影响区范围出现较大的不吻合，主要归根于地区交通发展不平衡以及所辖行政区范围不合理。从基本稳定型城市数目增多看，泛长三角地区路网建设渐趋平衡。这一点从向下浮动型和向上浮动型城市数目同样能得到佐证。

2. 邻域可达性面与 voronoi 面之比所划分的五种类型

Voronoi 图是均质平原状态下，各个节点间划分中点界线所组成的面，这里没有道路的影响因素，只受到城市节点彼此间的位置影响。因此 p_2 能更好地比较出城市路网发达程度，基于这点，p_2 能更好地代表邻域可达性面，故后文的综合可达性系数的计算取值也是以 p_2 为基准值。

严重萎缩型主要是马鞍山，另外有 2000 年的铜陵和常州。马鞍山在经济发展上较大依附南京，对内交通尤其是连接其南北的通道缺乏，因此改善南北交通和区域内部可达性有利于促进马鞍山经济进一步发展。然而 2000 年铜陵的 p_1 属于急剧扩张型，由此充分说明了地域面积较小对邻域可达性的影响。急剧扩张型有 1990、2000、2010 年的南京，1978、2000 年和 2010 的徐州，2000 和 2010 年的无锡，1978 年的宁波，另外是 1990 年的池州，毫无疑问，这些城市在相应的年份里同比周围城市道路建设要发达得多。基本稳定型城市即在可达性上与周围城市相对较接近，而向下浮动型和向上浮动型则呈相反状态。

从总体变化情况看，严重萎缩型和急剧扩张型历年变化不大。基本稳定型，1978 年皖北平原和长江南岸属于这一类，1990 年增加了苏北平原，可见泛长三角北部地区和中部地区交通建设相对平衡；2000 年基本稳定型城市在皖南山区和浙江东南部山区凸显，这是由于虽然经济发展要求加强交通建设，但山区交通建设成本大，故发展步伐慢，并且山区城市彼此间相对较均衡；这一境况几乎延续到 2010 年，且泛长三角外缘城市尤其突出。向下浮动型和向上浮动型是两种相反的城市可达性类型，由于此消彼长，通常会造成两者彼此交错，这一发展趋势在 1978 到 2010 年的发展过程中愈加清晰，说明城市间的道路建设仍然还存在差距。

4.3　泛长江三角洲城市费用可达性空间结构及演变

4.3.1　最短路程的费用可达性

根据网络分析技术和公式 4-2，测算出泛长三角 42 个城市基于最短路程的费用可达性指数，下文简称最短费用（如表 4-7）。考虑空间表达效果，对长三角 42 个城市以面代点进行 GIS 可视化，并按照最短费用指数 3 000、4 000、5 000 和最高值四个断点指数划分为四大类，如图4-5。通过对表 4-7 和图 4-5 分析，可以得出如下结论：

（1）费用逐渐减少。表 4-7 显示，从 1978 到 2010 年的四个断点年份泛长三角城市最短费用逐年减少。从最短费用平均值看,四个断点年各城市的最短费用平均值在逐年减少;从最短费用的最小值看,1978 年费用指数最小的是镇江为 2 920,1990 年则是南京为 2 699,2000 年仍是南京为 2 601,2010 年费用指数最小的是芜湖为 2 459;从最短费用最高指数看,最高费用指数也在减小,1978 年温州最短费用最高指数居最高为 7 569,1990 年仍是温州,但降到了 6 470,2000 和 2010 年台州最高,但从 6 113 降低到了 5 728;从四大类费用指数的城市数量看,费用较小的两大类城市在不断变多,而费用指数较大的两大类城市在不断变少。如最短费用 3 000 以内的城市 1978 年是 2 个,1990 年为 9 个,2000 年为 10 个,2010 年为 13 个;最短费用大于 5 000 的城市 1978 年是 8 个,后三个年份分别为 7 个、4 个和 2 个。

(2) 费用指数提高不均。1978—1990 年间各城市费用指数提高率一般远大于 1990—2000 年段,小于 2000—2010 年段,这不仅从各城市在两个年段显示出来,从提高率的平均值也可以反映出来。1978—1990 年段费用指数提高率为 7.71,远大于 1990—2000 年段的 4.93,小于 2000—2010 年段的 8.52,也就是说近十年来中国公路的建设大大缩小了费用指数。各城市费用指数总体提高率表现也不平衡,小至小数位,大至十位数,表现为边缘城市改善较大,中部城市改善较小。

表 4-7 泛长三角城市最短费用指数 (1978、1990、2000 和 2010 年)

城市	1978	1990	2000	2010	提高率 (%) (1978—1990)	提高率 (%) (1990—2010)	提高率 (%) (2000—2010)	提高率 (%) (1990—2010)
安庆市	4 904	4 860	4 297	3 524	0.90	11.59	17.98	29.57
蚌埠市	3 505	3 278	3 196	3 063	6.49	2.50	4.16	6.66
亳州市	5 388	5 250	4 943	4 559	2.57	5.84	7.77	13.61
常州市	3 017	2 833	2 747	2 634	6.11	3.04	4.10	7.14
巢湖市	3 557	3 174	2 955	2 652	10.78	6.87	10.26	17.13
池州市	4 462	4 276	3 997	3 228	4.17	6.53	19.23	25.76

（续表）

城市	1978	1990	2000	2010	提高率（%）（1978—1990）	提高率（%）（1990—2010）	提高率（%）（2000—2010）	提高率（%）（1990—2010）
滁州市	3 074	2 866	2 827	2 744	6.78	1.34	2.95	4.29
阜阳市	4 958	4 376	4 183	3 911	11.73	4.41	6.52	10.93
杭州市	4 042	3 402	3 249	3 020	15.83	4.50	7.07	11.56
合肥市	3 769	3 382	3 194	2 914	10.27	5.57	8.77	14.33
湖州市	4 499	3 201	2 954	2 715	28.85	7.71	8.08	15.79
淮安市	4 482	4 071	3 935	3 614	9.16	3.35	8.16	11.51
淮北市	4 589	4 493	4 189	3 827	2.10	6.76	8.65	15.41
淮南市	3 880	3 591	3 412	3 182	7.44	5.00	6.74	11.73
黄山市	4 002	3 943	3 732	3 430	1.48	5.33	8.11	13.44
嘉兴市	3 803	3 355	3 282	3 087	11.78	2.16	5.95	8.11
金华市	4 812	4 400	4 251	4 094	8.56	3.38	3.70	7.08
丽水市	6 377	5 506	5 123	4 746	13.67	6.95	7.37	14.32
连云港	5 215	5 159	4 931	4 528	1.08	4.41	8.17	12.58
六安市	4 566	4 250	4 088	3 468	6.93	3.81	15.17	18.97
马鞍山	3 059	2 765	2 703	2 505	9.60	2.26	7.32	9.58
南京市	2 939	2 699	2 601	2 515	8.18	3.62	3.31	6.93
南通市	4 749	3 927	3 756	3 293	17.30	4.35	12.34	16.69
宁波市	5 052	4 493	4 395	4 112	11.06	2.20	6.42	8.62
衢州市	4 836	4 780	4 572	4 210	1.15	6.70	7.92	14.62
上海市	3 513	3 489	3 388	3 243	0.69	2.89	4.28	7.17
绍兴市	4 364	3 755	3 679	3 425	13.96	2.02	6.90	8.92

（续表）

城市	1978	1990	2000	2010	提高率（%）(1978—1990)	提高率（%）(1990—2010)	提高率（%）(2000—2010)	提高率（%）(1990—2010)
苏州市	3 240	3 029	3 002	2 849	6.52	0.89	5.09	5.98
台州市	6 820	6 320	6 113	5 728	7.33	3.27	6.31	9.58
泰州市	3 545	3 444	3 373	2 989	2.84	2.06	11.40	13.46
铜陵市	3 823	3 798	3 622	3 384	0.64	4.64	6.56	11.21
温州市	7 564	6 470	5 981	5 507	14.46	7.56	7.92	15.49
无锡市	3 134	2 937	2 857	2 716	6.27	2.73	4.94	7.67
芜湖市	3 129	2 806	2 656	2 459	10.32	5.35	7.41	12.76
宿迁市	4 920	4 535	4 323	4 091	7.82	4.68	5.37	10.05
宿州市	3 960	3 834	3 688	3 529	3.18	3.80	4.31	8.12
徐州市	5 356	5 057	4 507	3 961	5.58	10.89	12.11	23.00
宣城市	3 335	2 939	2 720	2 542	11.88	7.46	6.55	14.01
盐城市	4 715	4 532	4 065	3 484	3.89	10.29	14.29	24.58
扬州市	3 135	2 942	2 879	2 686	6.17	2.12	6.72	8.84
镇江市	2 920	2 705	2 633	2 544	7.36	2.67	3.39	6.06
舟山市	6 017	5 949	5 809	4 905	1.13	2.35	15.56	17.92
平均值	4 310	3 973	3 781	3 467	7.71	4.93	8.52	13.44

（3）最短费用指数空间上呈现核心-边缘结构。图4-5显示四个年段整个泛长三角地区最短费用指数以长江与苏皖边区交叉处为核心向外缘逐渐增大，呈现较典型的核心-边缘结构，并以此为基调不断演化，表现为：如果把最短费用指数的最小值城市看作是内核的话，从以上的图和表可以看出，内核有南移的趋势，因为1978年最短费用指数最小的两个城市是南京和镇江，而到了2010年最小费用的两个城市已是芜

138

湖和马鞍山。核心-边缘结构外缘并不呈现固定的对称结构，主要体现为南北由较对称演变为不对称，西东由不对称演变为较对称。

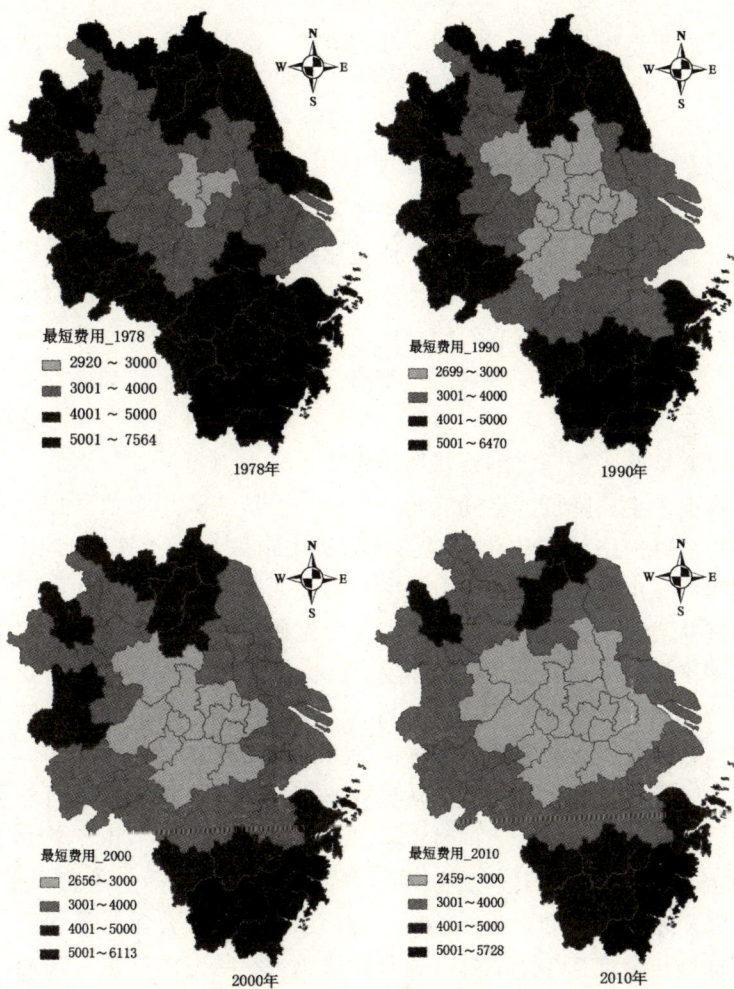

图4-5 泛长三角城市最短费用可达性

4.3.2 最小费用可达性

根据前文研究方法计算得到不计时间、不考虑路程的最小费用成本，下文简称最小费用，如表4-8所示。为在空间上分析最小费用格局走向及演变趋势，对表4-8进行插值和表面分析制作最小费用指数空间布局图，如图4-6所示。对表4-8和图4-6分析，可以得出如下结论：

（1）最小费用指数呈下降到上升的走势。表4-8显示，泛长三角各城市在2000年前最小费用指数都在下降，之后出现上升。

从1978—1990年和1990—2000年，费用指数降幅较小的一般是与城市直接相连的铁路线和原本的铁路线几乎没有变化的城市，如1990年的沪宁线沿线城市、京沪铁路安徽段沿线城市以及淮北、合肥。由于这些城市本身处在铁路线上，而铁路费用指数是最小的，因此，这些铁路沿线城市已经享受到了尽可能最小的费用指数，当连接该类城市的铁路线没有出现新的变化时它们的费用指数自然变化就不大；费用指数稳步降低（降幅偏中）的一般是断点年间根本就没有铁路线与该城市直接相连，如安庆、池州、六安、宿迁、淮安、盐城、南通和泰州。这些城市由于没有铁路不能享受到铁路费用指数带来的急剧降低，因此，相对前一种情况来说，降低的空间就相对大些，但这些费用指数降低的空间全部来自公路网络的密集化。而公路的费用指数是高于铁路的，因此，对于这样的城市来说其费用指数的降幅不会太大也就可想而知了。

不过这类城市还不包括如扬州和泰州这些没通铁路但区位居中的城市，由于区位居中因此费用指数本身就小，其降幅空间则小，所以，这些城市费用指数降幅小于安庆、池州、六安；费用指数降幅较大的一般是由没通铁路到通铁路或线路增密的城市，如亳州、阜阳以及2000年的安庆、淮安和盐城。这类城市从无铁路到有铁路，费用指数自然会直线下降；另外一类降幅较大的城市是虽然并没有铁路，但由于其处于泛长三角边缘地带且处山区，公路网络密度的增强大大降低了费用指数，如浙南的丽水、温州和台州等城市。两种原因：一种是泛长三角城市实际上南部城市密度远小于北部，这直接造成了泛长三角地域内南部的浙南地区城市费用指数同其他可达性指数一样都远大于其他地区城市的可达性指数，因此造成了其降幅空间较大。另一种原因是由于地处山区，虽然没有铁路，但一旦公路网络进行优化调整则会大大降低费用指数，这与北部的平原地区不同，北部城市间的公路网络本身相对较直，网络优化时降幅空间自然小些。

表4-8 泛长三角城市最小费用可达性

年份 城市	1978	1990	2000	2010	1978—1990 （减少值）	1990—2000 （减少值）	2000—2010 （减少值）
安庆市	128 721	120 232	91 608	93 782	8 489	28 624	−2 174
蚌埠市	90 800	84 858	77 333	83 646	5 942	7 525	−6 313
亳州市	136 211	131 580	116 822	124 397	4 631	14 758	−7 575
常州市	82 648	76 916	68 995	71 937	5 732	7 921	−2 942
巢湖市	91 602	80 017	69 640	72 813	11 585	10 377	−3 173
池州市	114 309	106 589	92 083	85 355	7 720	14 506	6 728
滁州市	81 307	75 383	69 864	71 969	5 924	5 519	−2 105
阜阳市	126 979	109 894	100 567	107 735	17 085	9 327	−7 168
杭州市	109 957	86 628	80 753	81 878	23 329	5 875	−1 125
合肥市	92 016	85 471	77 717	79 657	6 545	7 754	−1 940
湖州市	98 127	81 526	71 756	73 826	16 601	9 770	−2 070
淮安市	113 201	103 492	93 448	95 850	9 709	10 044	−2 402
淮北市	107 773	106 509	100 521	107 464	1 264	5 988	−6 943
淮南市	98 900	91 552	81 075	86 218	7 348	10 477	−5 143
黄山市	115 001	98 345	88 126	92 910	16 656	10 219	−4 784
嘉兴市	104 513	91 094	87 818	82 823	13 419	3 276	4 995
金华市	130 961	110 958	106 437	109 318	20 003	4 521	−2 881
丽水市	170 507	137 892	125 661	126 862	32 615	12 231	−1 201
连云港	130 378	127 996	116 518	119 759	2 382	11 478	−3 241
六安市	116 948	106 291	99 341	94 490	10 657	6 950	4 851
马鞍山	82 414	70 898	65 853	68 186	11 516	5 045	−2 333
南京市	79 228	74 228	65 499	67 666	5 000	4 729	−2 167
南通市	119 867	110 548	102 405	88 082	9 319	8 143	14 323
宁波市	119 211	112 760	110 944	109 359	6 451	1 816	1 585

（续表）

年份 城市	1978	1990	2000	2010	1978—1990 （减少值）	1990—2000 （减少值）	2000—2010 （减少值）
衢州市	131 681	122 920	110 823	114 379	8 761	12 097	−3 556
上海市	98 624	97 953	88 423	91 640	671	9 530	−3 217
绍兴市	118 963	95 251	91 797	91 838	23 712	3 454	−41
苏州市	89 161	85 755	75 283	78 484	3 406	10 472	−3 201
宿迁市	123 132	113 938	104 965	106 489	9 194	8 973	−1 524
宿州市	100 988	98 662	92 638	98 695	2 326	6 024	−6 057
台州市	181 418	154 972	149 713	144 548	26 446	5 259	5 165
泰州市	92 854	86 517	82 011	79 091	6 337	4 506	2 920
铜陵市	95 525	83 940	77 772	78 440	11 585	6 168	−668
温州市	201 080	159 635	144 719	146 636	41 445	14 916	−1 917
无锡市	85 881	81 859	71 616	74 755	4 022	10 243	−3 139
芜湖市	84 446	71 864	64 936	67 451	12 582	6 928	−2 515
徐州市	114 050	110 870	103 690	110 254	3 180	7 180	−6 564
宣城市	113 736	73 802	66 657	69 698	39 934	7 145	−3 041
盐城市	120 642	112 579	93 285	94 363	8 063	19 294	−1 078
扬州市	83 734	78 405	74 353	72 259	5 329	4 052	2 094
镇江市	78 968	72 794	67 366	69 320	6 174	5 428	−1 954
舟山市	174 602	170 560	143 751	129 176	4 042	26 809	14 575

从 2000—2010 年看，泛长三角绝大多数城市费用指数呈上升趋势。虽然这期间铁路建设速度有所放缓，但铁路对费用指数的降低还是有影响的。另外普通公路网络密度的改善大大缩短了城市间的距离，也取代了许多的铁路行程，自然也降低了费用指数。然而 2000—2010 年间泛长三角地区公路建设处于飞速发展时期，尤其是高速公路网络大大改善，高速公路里程由 2000 年的 1 147 千米急剧增长到 2010 年

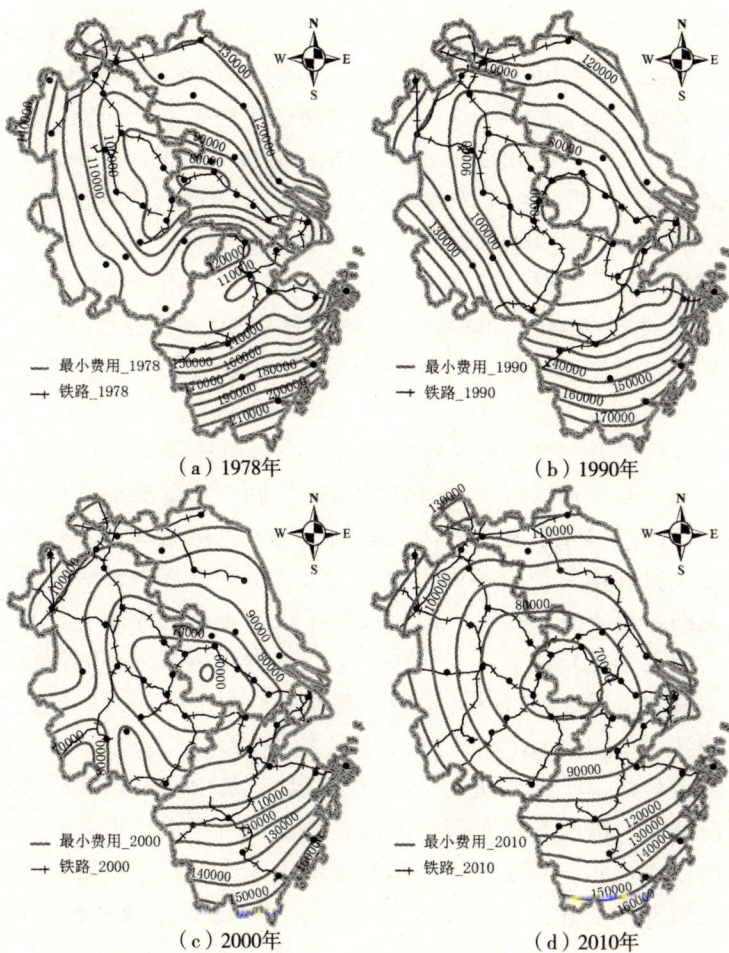

（a）1978年　　　　　　　　　（b）1990年

（c）2000年　　　　　　　　　（d）2010年

图 4-6　泛长三角城市最小费用可达性

的 11 368 千米，这些高速公路取代了许多原来的普通公路，而高速公路费用指数是大于普通公路费用指数的；所以，相比之下高速公路增长的费用指数仍然大于铁路和普通公路降低的费用指数之和，使得 2010 年费用指数有所增长。当然一些城市由于区位因素和各种交通网络的布局尤其是铁路的强大影响而仍然使得费用指数降低，如池州、南通、泰州和扬州等。

从费用指数的圈层空间结构的演变看（这里仅以各断点年份的第一圈层费用指数和位置作解释），1978 年第一圈层费用指数是 80 000（范围包括南京和镇江），1990 年第一圈层费用指数是 70 000（范围在南京、镇江和马鞍山），2000 年时第一圈层费用指数为 60 000，范围很小，圈层在南京、镇江、常州和马鞍山附近处。从以上三个断点年份的费用指数的第一圈层位置及其对应的圈层费用指数的变化同样可以看出年际间的费用指数的空间变化，即前三个年份泛长三角城市费用指数逐渐缩小。2010 年的第一圈层费用指数又回到了 70 000，其覆盖范围远远小于 2000 年的第二圈层费用指数 70 000 的范围，从费用指数第一圈层空间布局看 2010 年的费用指数表现为由降到升的转变。

（2）最小费用指数呈现强烈的铁路网络指向特征。1978 年，最小费用指数第一圈层是以南京－镇江铁路线为轴，第二圈层是以南京为核心向西北、西南和东南发散的三条铁路为轴线所组成的曲线圈，而第三圈层则是在第二圈层基础上沿着安徽南北向铁路向东大大扩展了的区域范围，而宁波－杭州－衢州铁路线以南由于再也没有铁路线而费用指数圈层变得异常密集。1990 年，最小费用指数第一圈层位于马鞍山、南京和镇江三城市处，呈椭圆状；第二圈层已不再现规则几何状，最明显的凸起是沿着铁路南京－蚌埠段；第三圈层有芜湖－合肥－淮南－蚌埠段、芜湖－铜陵段、宣城－黄山段及镇江－苏州段铁路指向特征；第四圈层在第三圈层基础上，随着沪宁铁路和沪杭铁路的走向而向西北方向延伸；在阜阳处由于淮南－阜阳铁路的西北向伸展而致第五圈层在阜阳处凸起；相比之下，泛长三角地区的西部、南部和东北部由于没有铁路线而使得这些区域最小费用指数曲线较均匀而平缓。2000 年，铁路线的进一步完善和密集大大改变了 1990 年时期的最小费用指数曲线的分布格局。首先，由于铁路线路和其他各种道路网的建设，可达性大大改善，使得最小费用减小，各费用指数圈层向外扩展。其次，东北部由于新长铁路新沂－盐城段的建成使得90 000圈层及以外的圈层急剧向外拓展；西部由于合九铁路的投入使用也使得80 000圈层以外的费用指数曲线不再成圈状结构；南部金温铁路使得原来平滑密集的曲线变得相对稀疏和向南隆起。2010 年，普通铁路网络基本成形且分布较均匀，这时期高速公路飞速发展，各等级公路网络已较成熟，这都对最小费用指数曲线变成几近同心圆圈层结构起了根本作用，这种最小费用指数的同心圆圈层结构是交通网络相对成熟型的标志，当然该年的这种最小费用指数不太规则的同心圆圈层结构不论从哪个方向看，都带有铁路指向性。

（3）最小费用指数空间分布由不均向均衡演变。不均首先表现为内部小，外部大，这种核心-边缘结构当然是由地理区位决定的；其次为铁路布局的走向在最小费用圈层头两个年份是极不均衡的；再次为头两个年份中里到外最小费用指数急剧扩大，这主要从各指数圈层的内外分布密度可以得到证明，里面的圈层间隔较大，而越到外缘间隔愈加密集；最后，西部和南部的圈层较多且级别较大，说明其最小费用指数较大，这主要是由于这些区域是大别山区和浙南山地，直接影响了交通网络的建设，使可达性较差。但是这些差异从历年发展来看，每一局部都有着向均衡方向发展的趋势，如 1978 年费用指数圈层是由极不规则和极不对称的同心圈层构成，而这一布局到了 2010 年则变成几近平滑的同心圆圈层结构；内外圈层间隔密度也渐趋均匀。

4.4 泛长江三角洲城市吸引机会空间结构及演变

衡量可达性还需考虑人的活动的因素，因此在可达性的研究中，很多学者把城市综合实力纳入可达性的权重加以衡量，方法也众多，本研究采用修正后的哈弗模型对泛长三角城市可达性做进一步比较。

根据公式 4-3 和公式 4-4 的计算方法，首先要计算出泛长三角城市综合实力，由于本书中第三章表 3-13 城市综合实力大多为负数，因此有必要进一步去负数化。把四个年份的 42 个城市综合实力数据全部放在一起，在此基础上另外取一个比最小城市综合实力数据还小的数据来参与计算，然后用公式 4-5 的方法得到 42 个城市四个年份去负数后的综合实力（表 4-9）。

表 4 - 9　泛长三角城市综合实力

年份 城市	1978	1990	2000	2010	年份 城市	1978	1990	2000	2010
上海市	15.752	24.294	43.682	100.000	淮安市	3.609	6.509	9.499	15.631
杭州市	6.212	10.110	19.323	50.258	盐城市	2.367	6.145	8.997	15.624
南京市	13.430	14.488	17.907	43.762	金华市	1.716	6.358	9.639	15.362
苏州市	5.976	7.859	12.376	33.352	舟山市	0.015	5.788	9.028	15.110
无锡市	6.153	9.221	12.449	31.625	衢州市	1.479	6.033	9.169	15.010
宁波市	5.887	7.405	13.110	31.477	蚌埠市	5.340	6.031	9.341	14.824
合肥市	5.695	7.397	12.079	30.750	安庆市	4.260	6.142	9.281	14.293
常州市	6.079	7.177	11.162	26.992	丽水市	0.754	5.807	8.790	14.287
徐州市	5.828	8.100	11.339	23.408	铜陵市	1.538	5.935	9.090	14.174
温州市	2.929	6.911	10.477	21.028	淮南市	5.177	5.975	9.031	13.539
南通市	5.768	7.124	10.902	20.975	淮北市	2.115	5.864	8.609	13.261
镇江市	5.576	7.082	11.136	19.176	宿迁市	0.828	6.107	9.085	13.200
扬州市	5.147	6.907	10.199	18.328	滁州市	1.006	5.681	8.252	12.648
芜湖市	5.635	6.666	10.188	18.309	阜阳市	1.302	5.995	8.884	12.291
绍兴市	2.130	6.387	9.875	17.836	六安市	0.887	5.799	8.045	12.230
马鞍山	4.141	6.895	9.685	17.438	巢湖市	0.947	5.853	8.654	11.904
连云港	2.603	7.013	9.784	16.883	池州市	0.740	5.623	7.877	11.883
嘉兴市	3.017	6.260	9.653	16.761	宿州市	0.710	5.792	8.392	11.460
台州市	1.568	6.355	9.480	15.974	黄山市	0.059	5.677	7.594	11.371
泰州市	2.012	6.648	9.344	15.934	宣城市	0.296	5.830	8.116	11.325
湖州市	3.121	6.199	9.734	15.907	亳州市	0.266	5.615	8.391	10.812

　　利用 GIS 网络分析即可得到 42 个城市间时间的距离，最后利用哈弗模型可得到泛长三角城市吸引机会指数（表 4 - 10）。

表4-10　泛长三角城市吸引机会指数

城市	吸引指数				位序			
	1978	1990	2000	2010	1978	1990	2000	2010
上海市	3.091	2.262	3.632	4.866	2	2	1	1
南京市	4.566	2.882	2.803	3.493	1	1	2	2
无锡市	2.613	1.783	1.805	2.693	3	3	3	3
苏州市	2.429	1.759	1.772	2.465	4	4	4	4
杭州市	2.048	1.555	1.518	2.313	7	6	6	5
常州市	2.318	1.455	1.386	2.087	5	7	8	6
合肥市	2.270	1.692	1.653	1.740	6	5	5	7
宁波市	1.677	1.366	1.309	1.698	10	9	9	8
镇江市	1.903	1.375	1.434	1.137	8	8	7	9
马鞍山	1.226	1.154	1.133	1.124	14	12	12	10
扬州市	1.763	1.327	1.236	1.118	9	10	10	11
芜湖市	1.185	1.087	1.102	1.115	11	14	13	12
湖州市	0.806	1.024	0.971	0.960	16	17	16	13
嘉兴市	0.743	1.048	1.058	0.869	18	16	15	14
泰州市	1.485	1.292	1.100	0.930	12	11	14	15
绍兴市	1.234	1.058	1.195	0.805	13	15	11	16
铜陵市	0.687	0.970	0.934	0.735	21	19	19	17
南通市	1.243	1.113	0.959	0.682	15	13	17	18
金华市	0.453	0.828	0.922	0.676	27	22	20	19
淮安市	0.569	0.906	0.917	0.636	22	21	21	20
盐城市	0.567	0.650	0.664	0.620	24	29	26	21
蚌埠市	0.667	0.876	0.911	0.613	19	18	22	22
徐州市	0.891	0.959	0.951	0.612	17	20	18	23

（续表）

城市	吸引指数				位序			
	1978	1990	2000	2010	1978	1990	2000	2010
舟山市	0.167	0.501	0.608	0.556	37	36	32	24
淮南市	0.663	0.978	0.755	0.524	20	23	23	25
温州市	0.348	0.789	0.699	0.514	31	26	25	26
滁州市	0.294	0.573	0.575	0.503	33	32	33	27
台州市	0.530	0.703	0.717	0.499	25	28	24	28
连云港	0.397	0.756	0.623	0.497	29	27	29	29
宣城市	0.262	0.517	0.563	0.488	34	34	34	30
巢湖市	0.195	0.540	0.516	0.455	35	33	35	31
安庆市	0.585	0.891	0.650	0.452	23	24	28	32
衢州市	0.303	0.642	0.616	0.426	32	30	30	33
宿迁市	0.374	0.641	0.615	0.420	30	31	31	34
六安市	0.015	0.441	0.368	0.399	41	39	41	35
淮北市	0.503	0.825	0.663	0.373	26	25	27	36
池州市	0.031	0.406	0.458	0.369	40	41	39	37
丽水市	0.190	0.492	0.477	0.351	36	38	37	38
宿州市	0.163	0.494	0.459	0.343	38	37	38	39
阜阳市	0.447	0.605	0.480	0.306	28	35	36	40
黄山市	0.091	0.435	0.442	0.278	39	40	40	41
亳州市	0.009	0.352	0.353	0.258	42	42	42	42

机会指数是个相对概念，不是绝对值，因此，从历年的数值看不出各城市在四个年份中的演变特征，但通过各城市的指数排序可看出每个城市在泛长三角地区内吸引机会的增减，从而得知其吸引机会的相对进步或回落，见表4-10。

　　由于吸引机会大小是 42 个城市间产生吸引作用互相竞争得到的结果，因此可以按其排名位序进行强弱分类，把四个年份的吸引机会指数位序分为四类，1～10 名为极强吸引城市，11～21 名为较强吸引城市，22～32 名为较弱吸引城市，33～42 名为极弱吸引城市。空间可视化如图4-7。

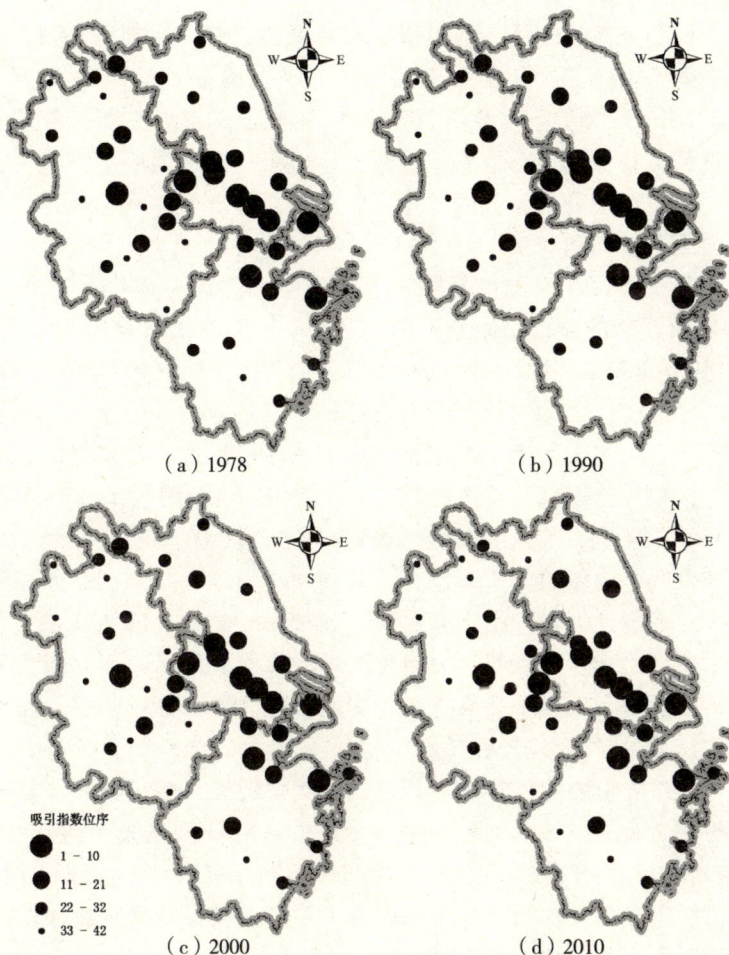

（a）1978　　　　　　　　　　（b）1990

（c）2000　　　　　　　　　　（d）2010

吸引指数位序
● 1 - 10
● 11 - 21
● 22 - 32
· 33 - 42

图 4-7　泛长三角城市吸引机会指数

从表 4 - 10 和图 4 - 7 可以获得以下信息:

(1) 吸引机会指数较大的城市大都分布于长江沿岸和环杭州湾地区。图 4 - 7 中,强吸引城市和极强吸引城市绝大多数都在长江沿岸和环杭州湾地区,在极强吸引城市中仅合肥不在此地区。较强吸引城市中,除了在长江沿岸和环杭州湾外,还主要分布在该区域附近,这主要是受城市综合实力因素和地理区位的影响。

(2) 泛长三角外围城市吸引指数有降低的趋势。北部的徐州、淮北和南部的衢州在前三个年份中都属于较强吸引城市,而 2010 年则为较弱城市;1978 年的阜阳和淮南到了 1990 年时分别降了一级;蚌埠在头两个年份都是较强城市,但到了后两个年份则只是较弱吸引城市。主要原因是中部城市经济有较强的增长速度并由此带来彼此间的可达性更加通畅,加强了彼此间联系。

(3) 吸引指数首位城市异位,但吸引中心并没有改变。1978 年和 1990 年吸引最强的城市是南京,但到了 2000 年和 2010 年时则是上海,可见上海 20 世纪 90 年代的浦东开发极大地增强了其区域地位,并真正成为区域中心。历年前四位吸引最强的城市都是上海、南京、苏州和无锡,可见泛长三角吸引轴一直在长江沿岸江苏段。这与其良好的历史发展基础、区位优势以及与上海的紧密对接有密不可分的关系。

(4) 江、浙城市吸引力演变大致呈相反方向。表 4 - 10 显示,江苏大部分城市吸引力指数呈下降态势,如南京、镇江、扬州、泰州、南通和徐州等;而浙江城市则呈上升趋势,如杭州、宁波、湖州、嘉兴和金华等。之所以出现这种趋势,并非是江苏城市发展停滞,而是因为浙江起步比江苏要晚,发挥了后发优势,其城市综合实力渐趋增强,且交通与安徽和江苏也日益形成网络。

(5) 城市吸引力有西移趋势。前三个年份的极强吸引城市中,安徽只有合肥列入此中,到 2010 年时,马鞍山已跻身极强吸引城市之列;芜湖从 1990 年的 14 位跃升至 2010 年的 11 位;铜陵由 21 位升到 17 位。可见安徽城市吸引力在增强,这是因为多年来安徽实行向东发展的战略决策,积极融入长三角,加大对外开放力度,并取得了良好效果,加速了城市综合实力发展。

4.5 泛长江三角洲城市综合可达性空间结构及演变

从以上对泛长三角时间可达性、费用可达性和吸引机会三个方面进行了测算，分别呈现出区域整体性和局域性的时间、费用以及带经济权重的城市点-点吸引力不同特征，综合这些特征就能得到本区域总体可达性的概况。根据公式4-5和4-6以及前文专家的权重打分，最终得到泛长三角城市综合可达性指数，如表4-11所示。

表4-11　泛长三角城市综合可达性系数

城市	综合可达性系数				位序			
	1978年	1990年	2000年	2010年	1978年	1990年	2000年	2010年
上海市	1.623	1.865	2.176	2.117	3	2	1	1
南京市	2.380	2.142	1.731	1.988	1	1	2	2
无锡市	1.728	1.478	1.141	1.462	2	3	3	3
苏州市	1.519	1.058	0.807	1.186	5	5	4	4
常州市	1.541	1.299	0.524	0.947	4	4	7	5
杭州市	0.791	0.382	0.413	0.880	9	10	8	6
合肥市	1.212	0.924	0.650	0.747	7	6	5	7
镇江市	1.432	0.870	0.580	0.735	6	7	6	8
芜湖市	0.553	0.268	0.263	0.682	11	11	9	9
扬州市	0.937	0.651	0.040	0.655	8	8	11	10
马鞍山	0.521	0.415	0.156	0.632	12	9	10	11
湖州市	0.024	0.520	−0.105	0.616	20	13	12	12
嘉兴市	0.063	0.373	−0.155	0.587	16	14	14	13
泰州市	0.665	0.247	−0.118	0.464	10	12	13	14
铜陵市	0.045	0.281	−0.170	0.341	17	15	15	15

（续表）

城市	综合可达性系数				位序			
	1978 年	1990 年	2000 年	2010 年	1978 年	1990 年	2000 年	2010 年
宣城市	−0.128	0.086	−0.739	0.298	23	20	22	16
宁波市	0.247	0.101	−0.369	0.283	13	19	17	17
巢湖市	0.019	−0.439	−0.773	0.174	21	22	24	18
滁州市	0.070	−0.591	−0.764	0.158	15	24	23	19
蚌埠市	0.127	0.125	−0.478	0.128	14	18	18	20
南通市	−0.023	−0.320	−0.579	0.090	22	21	20	21
淮南市	0.041	0.236	−0.550	0.069	18	16	19	22
绍兴市	0.037	0.142	−0.237	0.031	19	17	16	23
淮安市	−0.344	−0.548	−0.614	−0.026	26	23	21	24
盐城市	−0.373	−0.561	−0.933	−0.084	27	36	28	25
池州市	−0.567	−0.444	−1.062	−0.089	33	35	34	26
黄山市	−0.384	−1.154	−0.972	−0.116	28	32	30	27
六安市	−0.677	−0.287	−1.178	−0.276	37	33	37	28
安庆市	−0.426	−1.135	−0.951	−0.291	31	30	29	29
徐州市	−0.173	−0.972	−0.792	−0.316	24	27	25	30
金华市	−0.419	−0.826	−0.862	−0.336	30	26	26	31
宿州市	−0.326	−1.103	−1.047	−0.444	25	29	32	32
淮北市	−0.386	−0.604	−0.896	−0.521	29	25	27	33
阜阳市	−0.553	−0.998	−1.096	−0.562	32	28	35	34
衢州市	−0.583	−0.572	−1.055	−0.663	34	37	33	35
宿迁市	−0.588	−1.137	−0.983	−0.673	35	31	31	36
连云港	−0.616	−0.319	−1.150	−0.734	36	34	36	37
丽水市	−1.163	−1.178	−1.284	−1.035	39	39	42	38

（续表）

城市	综合可达性系数				位序			
	1978 年	1990 年	2000 年	2010 年	1978 年	1990 年	2000 年	2010 年
亳州市	−0.971	−1.174	−1.218	−1.101	38	38	40	39
舟山市	−1.389	−1.388	−1.191	−1.108	40	42	38	40
温州市	−1.403	−1.188	−1.267	−1.219	42	40	41	41
台州市	−1.395	−1.255	−1.215	−1.233	41	41	39	42

由于综合可达性数据里含有吸引机会指数，而吸引机会指数的测算是没有年份的顺承性的，如宁波市 1978 年和 1990 年吸引机会指数分别是 1.677 和 1.366，虽然 1978 年指数比 1990 年高，但 1978 年吸引指数却排第 10 名，而 1990 排第 9 名。由此，可见吸引机会指数年际间是不能相比的，这也就是上文按排名位序分析其演化的原因。因此综合可达性的数据都是相对数据，不能简单地以年际间数值大小来分析。为了深入揭示其内部演化过程，本书把历年数值先通过样条插值后按 Equal Interval 法分为五大类，综合可达性指数由大到小分别为发展优等类、发展良好类、发展一般类、有待提升类和亟待提升类（如图 4 - 8）。

Equal Interval 分类法是根据各年数值进行等值分类，各大类间数值间隔相等。数值间虽然有顺序排列，但数值位序间的数值增长值不一，如果按等值分类则可以揭示各数值等间距里的城市个数，从而可找出城市综合可达性的数值布局规律。由表 4 - 11 和图 4 - 8 分析可得出：

（1）沪宁线为综合可达性最强区域。四个年份中，沪宁线上除了 2000 年常州综合可达性位于第 7 位，其余各年份中上海、苏州、无锡、常州和南京的城市综合可达性都位于前 5 名。综合可达性首位城市曾经二次异位，前两个年份都是南京，到 2000 年始才是上海。上海在四个年份的综合可达性变化历程为 1978 的第 3 名、1990 年的第 2 名、2000 年的第 1 名和 2010 年的第 1 名，一方面是泛长三角城市与上海的交通网络对接程度日益完善，另一方面是浦东的开发确立了上海在泛长三角经

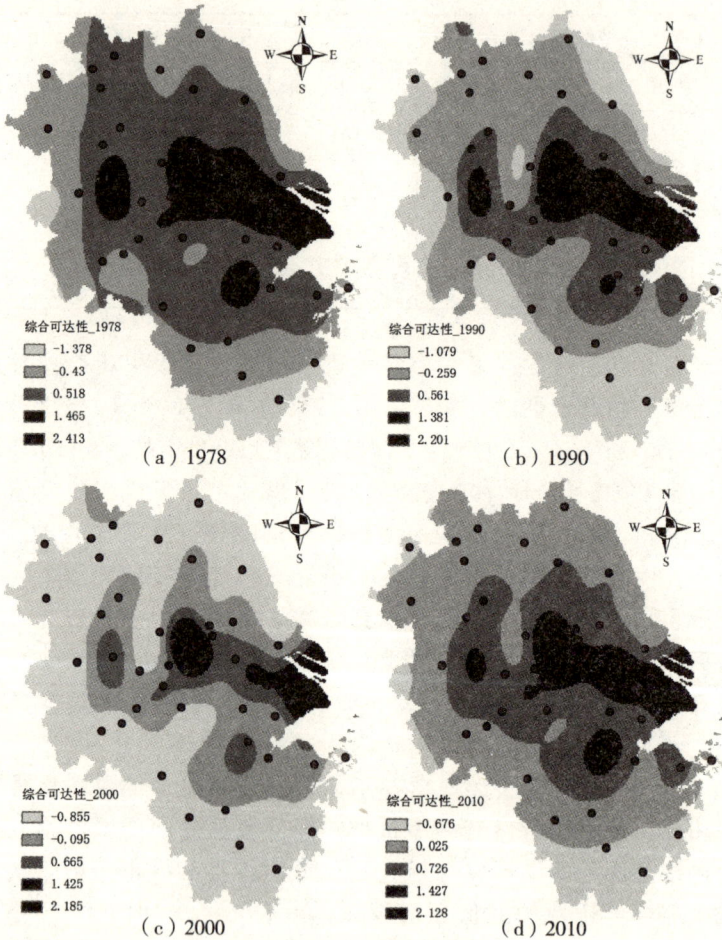

(a) 1978

(b) 1990

(c) 2000

(d) 2010

图 4-8　泛长三角城市可达性空间结构

济中的极核地位，以致吸引机会指数较高，推动了上海综合可达性的
抬高。

（2）综合可达性大体上呈核心-外围结构。综合可达性同全域时间、
最短费用和最小费用空间结构一样都具有核心-边缘结构，尽管四个年
份综合可达性空间布局有很大变化，但始终以沪宁线城市为核心，可达
性指数逐渐向外围降低，除了合肥和杭州在不同的年份的布点打破圈层

布局外，其余城市基本上呈现由里及外的不规则圈层结构。从历年看，泛长三角南部可达性始终最小，原因有三个：一是区位偏南，这是最大的影响因素；二是泛长三角南部城市密度较低，影响城市间吸引指数；三是南部主要为山区，大大降低了全域时间可达性和局域时间可达性。因此，泛长三角南部是可达性薄弱地区之一，应该重视该区域新增长极的布点，如有可能的话可以提升某些发展较好的县级市的级别，有利于浙南的发展。四个年份中，泛长三角城市综合可达性系数呈现的核心-外围结构被划分的五类圈层基本上没有一个完整的圈层，都是在泛长三角东部被"切断"。由此可知，东部可达性总体上较低，因此，加强安徽区域交通及经济的提升是改善整个泛长三角地区可达性的主要举措，这应该作为今后的工作重点。

（3）各省级行政区综合可达性变化不一。表 4-11 中显示，江、浙、沪皖在历年综合可达性演变情况不同，上海由 1978 年的第 3 位上升到 2010 年的第 1 位；江苏城市可达性略微下降，主要体现在南京、无锡、常州、镇江、扬州、泰州、淮安、徐州和宿迁；浙江城市可达性呈上升趋势，主要体现在杭州、湖州、嘉兴、宁波及丽水等，其余城市处于徘徊中；安徽城市可达性提升主要体现在芜湖、铜陵、宣城、巢湖、滁州和六安，其余城市呈下降趋势。这种可达性的变化很类似于吸引机会指数的演化，都是因为综合可达性中吸引机会指数权重较高导致的。

（4）综合可达性经历了相对均衡到极化再到扩散的演化过程。为较清楚了解城市综合可达性系数空间布局规律，根据图 4-8、结合表 4-11，制作五大类城市可达性系数布局表（表 4-12）。五种城市可达性分类中，发展优等类、发展良好类和发展一般类是最能体现城市可达性发展情况的，从这三类城市个数演变看，1978 年到 2000 年三类城市个数逐渐减少，说明城市可达性发展较好地逐渐集中在少数城市，1978 年三类城市是 30 个，到了 2000 年仅为 11 个，这是城市可达性极化的表现，而到 2010 年时三类城市个数又逐渐增大，总数上升到了 23 个，说明泛长三角城市可达性系数开始扩散，向均衡方向发展。这种现象的发生类似于第三章所分析的城市综合实力的演化趋势，当然这种耦合现象不是偶然的，而是有着其内在机理。城市经济的发展总是与区域和城市间交通网络的发展相辅相成；再者，在综合可达性的计算中吸引机会指数权重较大，而吸引机会指数大小很大程度上受城市综合实力的制约。

表 4 - 12　泛长三角城市综合可达性五分类城市个数

年份	发展优等类	发展良好类	发展一般类	有待提升类	亟待提升类
1978	5	7	18	7	5
1990	3	5	12	13	9
2000	2	2	7	14	17
2010	3	5	15	12	7

第五章 泛长江三角洲城市场
空间结构演变与作用因素

改革开放后中国经济发展日新月异，区域空间结构处在急剧的动荡时期，引起中国经济地理学者对区域空间结构演变的长期关注，从研究区域来说有全国性的（方创琳，2005；潘竟虎，2008；），中国大分区的如西部（麦土荣，2010）、华中（王丽，2011）、省域（吴启焰，2007）、流域（邓祖涛，2006）和城市群（谢守红，2011）等。一些学者致力于建立转型期中国城市的空间重构与空间转型的理论框架，同时也开展了大量的实证研究。学者们对常用的一些方法如场强模型、断裂点模型、Voronoi 图以及城市流等进行了修正和创新，对区域空间转型的过程、特征及机理等展开了研究。本研究基于扩散理论运用修正后的场强模型，主要从面的视角来探讨泛长三角城市经济区空间形态的演变过程，找寻演变规律及其作用机制，并为后续的空间结构特征及空间整合研究奠定基础。

5.1 空间扩散

扩散（diffusion）是物质从高强度区向低强度区转移，直到均匀分布的现象。20 世纪 50 年代，瑞典著名学者哈格斯特朗（T. Hagerstrand）在熊彼德（J. Sehumpeter）"创新"学说的基础上提出了现代空间扩散理论，从空间角度对革新的扩散进行了开创性研究，奠定了现代空间扩散理论的基础。这一理论广泛应用于农业技术、疾病、技术创新、产业、旅游流、市场和城市体系等研究之中，取得了丰硕的成果（孙胤社，1994）。

空间扩散（Spatial diffusion）作为一种地理现象，是指某种扩散物由发源地或具有绝对和相对比较优势的核心地区向域外进行的空间转移和传播。所有对于空间扩散的地理研究，主要集中于考察由以下两种目标所组成的空间相关系统：一是作为空间扩散发源地的区域或地方；二是作为接受者或扩散对象的一系列区域或地方，在此过程中为解释空间扩散现象，许多模式被建立起来。空间扩散的重要性，在于它加强和改变了不同区位和地区间的空间相关程度和形式（陆玉麒，1998）。

空间扩散与空间相互作用既有一定联系又相互区别，作为物质流、信息流或货币流的扩散实体，空间扩散和空间相互作用有相似点。但是，这些流的扩散离不开时间和空间，每一种流动的现象在特定的时空中从发源地产生，经过若干时间而后扩散到承受者身上，这是空间相互作用所不能具有的。

5.1.1 空间扩散的特性

哈氏与其他学者在探讨地球表层各种事物与地理现象的空间扩散行为与过程中做出了极为重要的贡献。哈氏等提出的理论概念及建立的空间扩散模型皆以均质单一扩散源的空间为理论基础，尽管与客观现实不相符合，在实践应用上存在着一定的局限性，但这种开创性的空间扩散研究工作作为后继研究者提供了坚实的思想基础和科学指导，他们在哈氏理论基础上进一步完善了更符合客观地理空间的扩散特性理论及模型方法。

地理环境是非均质性的，这使得扩散主体的扩散行为并非向周围以等同的、均衡的形式进行。在地理系统中扩散源产生的革新（Innovation）不可避免地要受到地理环境的制约，扩散主体的扩散过程与扩散行为必然因地域差异而有所不同。对于不同地域，由于其至扩散源的距离及其地理环境的不同，决定了它所接受的扩散影响量的不同。并且对于同一地域单元，制约革新扩散的自然、社会和经济要素也因革新的不同有不同的作用强度，使得同一地域单元的自然、社会和经济综合质量并非恒定。对于某些扩散行为来讲，空间扩散首先沿着扩散轴进行（如城市的轴向发展），而后在轴间空白蔓延，这种空间领域大量存在各向异性扩散情况的地理现象，都是对哈氏理论的进一步提升。

此外，地理系统是一个开放系统，空间并非闭合，不仅从单一源中心发出的扩散行为往往受到邻近源中心的干扰，而且承受其扩散行为的地域必然同时接受其他邻近源中心的扩散作用影响。空间系统存在多个核心，这些核心产生大量的革新是空间系统发展的动力。众所周知，任何空间系统内各中心的自然、社会和经济综合质量各不相同，如果存在多源空间扩散情况，这些中心革新的扩散是相互进行的，次中心并非仅接受主中心的扩散，次中心自身产生的革新同样对主中心有扩散影响。由于任何一个空间系统都存在大小不等、层次不同和质量各异的许多中心，有必要探索这些中心间相互渗透、相互扩散的影响（单卫东，1996）。

再者，物质是运动的，在特定规律作用下，地理系统的地理环境组成要素之间，或与其周围环境之间，不断进行着物质和能量的交换，系统结构始终处在动态变化之中。革新的扩散过程也不例外，它同样随时间不断变化，具有其时空结合的内在规律（单卫东，1997a）。这种变化，在非均质地理环境中显然受到地理环境差异的绝对影响。

作为一种地理现象，空间扩散在扩散指向和扩散边际两个方面将遵循势能衰减和距离衰减两个基本规律。其表达式为：

$$I_{ij} = D_{ij}{}^k \qquad （公式 5-1）$$

式中 I 是两个地方 i 与 j 之间的空间相互作用水平，D 是它们之间的空间距离，k 是经验系数。

地理环境的非均衡性、扩散源的多样性及地理空间的时序变异性的提出更符合客观空间系统，使得哈氏的理论更具有现实应用价值，同时使得问题的研究变得更加复杂。

5.1.2　空间扩散的效应

由于地理空间的差异性使得接受地与扩散源中心关系变得复杂，包括与扩散源的空间距离、接受地本身的接受能力以及与扩散源中心的连接方式等，这些关系都会导致扩散源中心对周围地理空间的扩散活动产生不同的扩散现象。

1. 近邻效应（Neighborhood Effect）

空间扩散在扩散源出现以后，要通过各种途径对周围区域产生作用，而周围区域将对此做出反应。这种空间相互作用表现在信息交流及物资流通等方面，它具有明显的距离衰减特征，因此空间距离就成为影响空间扩散能否实现的主要因素。在距离扩散源较近的空间比较容易首先获得有关信息，而对于距离较远的空间，则较晚获得有关信息。

2. 等级效应（Hierarchy Effect）

除了通常的近邻效应空间扩散作用外，空间扩散作用也并非完全是由近到远地进行，空间扩散方式也具有明显的跳跃性。这时决定扩散速度和方向的就不主要是距离的远近，而是空间域元对于某项创新活动的接受能力及适应程度的差别。当某种创新活动出现时，必然会对其他某些地区产生影响，通过在非均质的扩散空间按照接受者综合质量的等级大小蛙跳式扩散，故这种空间扩散效应叫作"等级效应"。

3. 轴向效应（Axial Effect）

在非均质的空间系统中，空间扩散的模式和速度往往因其扩散渠道和方向不同而不同，地处铁路、公路等交通干线的地区对外来信息有较强的"吸引作用"，而且这些地区还因为物质和信息交流的便利，使得它们之间发生着速度较快、范围较广的扩散作用。因此，在扩散源产生以后，其扩散活动通常先沿着这些交通轴进行，然后再在轴间区域扩展，这种扩散效应称为"轴向效应"（苏建旭，2000）。

5.1.3　空间扩散的表现类型

哈格斯特朗（T. Hagerstrand）提出革新由源地向周围扩散的方式随着接受地本身特性以及其与扩散源关系的不同而不同。

1. 扩展扩散（Expansion Diffusion）

扩展扩散主要特点是扩散源向周围地区进行扩散，空间上具有连续性（图5-1a）。扩展扩散时，有着明显近邻效应，等级效应作用较弱。

2. 等级扩散（Hierarchical Diffusion）

等级扩散主要特点是扩散从创新源地起，遵循如城市规模位序、行政等级等一定的级别次序蛙跳式地扩散，空间上表现为不连续性（图5-1b）。发生等级扩散时，有鲜明的等级效应，此时近邻效应作用较弱。

3. 位移扩散（Relocation Diffusion）

位移扩散主要特点是扩散地随着时间推移产生非均衡的空间位移，

空间上表现为"跃迁性"（图 5 - 1b）。

　　上述三种空间扩散类型只是理论上所做的划分，现实中对空间扩散的影响因素很多，因而空间扩散不一定会严格按照上述三种类型进行。它可能会是上述三种类型中任意两种或三种类型的组合表现形式，因而具有更强的不确定性。不同的扩散时期，不同的扩散环境，空间扩散作用都会表现出不同的扩散类型。

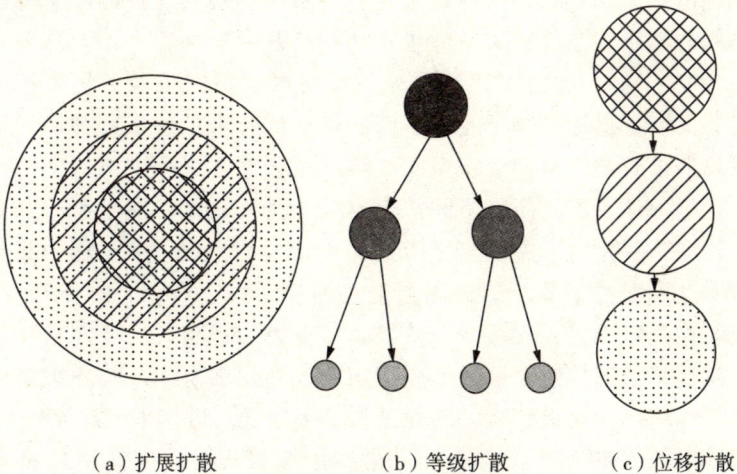

　　　（a）扩展扩散　　　　　　（b）等级扩散　　　　（c）位移扩散

图 5 - 1　空间扩散类型

5.1.4　空间扩散在城市体系中的应用

　　区域是个大的地理空间系统，同时具有地理空间的非均衡性，区域的中心城市由于各种原因而有着不同等级，这些不同等级的中心城市在区域这个开放体系里产生相互作用，不断进行着各种流的交换，正是这种空间上的相互作用使得区域空间体系具有动态性。区域的这些特性即是后来的研究者把空间扩散理论广泛引入对区域经济、政治和社会的扩散研究的根本所在。

　　在区域经济建设与发展过程中，中心城市凭借经济、科技、金融、流通、信息及文化等优势，起着促进和领导作用。中心城市对所在区域影响作用的实际承受者实质上是规模不等、性质各异的城市。这种作用在一定程度上可视为高层次的中心城市对低层次城市的综合作用，一般来说可分为集聚作用、中介作用和扩散作用，其中扩散作用是指当城市经济发展到一定程度时，过分的集聚作用会削弱经济效益，只有通过资金、商品、劳动力、技术和信息的向外扩散，才能达到提高整体经济效益的目的。

正是基于以上原因，宁越敏对 20 世纪 80 年代以来中心城市的发展及空间扩散进行了理论探讨，指出中心城市的发展具有空间不平衡的特点，各中心城市的空间扩散效应也不相同，两者之间存在一定联系（宁越敏，1993）。陆军通过对京津冀城市经济区域空间扩散的历史演变及现实形态的实证描述阐释了经济系统进行空间扩散的一般规律。杨建华对长三角经济重心上海的经济空间扩散做了研究，认为围绕着上海经济增长极，这一城市群的经济空间扩散有三个圈层：第一圈层是杭州、宁波、苏州和无锡，这一圈层第三产业比重较大，乡镇企业兴盛，是当地的经济支柱和财税来源。第二圈层是南京、绍兴、嘉兴、常州和镇江，其产业结构处于"二、三、一"阶段，工业发展迅速，主要向机械、电子方向发展。第三扩散圈层是扬州、南通、湖州和舟山，其乡镇企业发展较晚，第一产业比重较大，产业结构水平较低（杨建华，2008）。

同样以上海市为主导的泛长三角城市综合实力的扩散格局将是怎样？对泛长三角经济区空间结构的演化特征进行深入分析，有助于较好地把握泛长三角经济区发展的内在规律，更好地预测其发展趋势。当然，试图摆脱以往定性描述的分析方法而代之以空间统计方法则首当其冲的是构建出适用的空间统计分析模型。

5.2　构建场对数扩散效应模型

5.2.1　建模思想起源

众所周知，场模型理论是测算区域经济影响范围的，其实现原理是各城市通过扩散途径向其腹地扩散影响力，在此过程中，取区域内任意点接受各城市的最高势能，其结果是每一点都必须归属一个最高势能源，从而获得各城市的经济扩散影响范围。但这种归属方法有一定的局限性，在经济欠发达时期这种城市经济势能的扩散只是理论上存在，因为区域内任意点对每个城市场源来说不管是时间距离还是空间距离都是永远存在的，而城市场源的规模大小也是存在的，则任何场源都对区域内每一点都必然产生势能。经济欠发达时期远离城市场源的点所接受的场势能极其微小，而"制高点"法则又赋予了该点的归属范围，从而得到城市场源对该远离点的影响范围，而实际生产活动中这种影响力由于极小基本上可忽略。经济发达区域这种情况比较适用，因为时间距离大大缩小，城市场源影响力规模在扩大，城市间的经济联系大大增强，城市场对其腹地的影响力也名副其实。因此场模型理论对于区域经济的长时段的演化来说，用"制高点"法则来计算经济影响范围从而获取区域系统的空间结构发展演变是不可取的。

尽管场模型对界定现代区域空间结构有一定的优势，但如上分析其局限于区域社会经济发展阶段。不仅如此，"制高点"法则赋予任意一点的势能大小只是某单个城市对其施加影响的结果，对于反映区域系统内的任意点所受势能强度大小（所有城市势能施加的影响）则无能为力。区域内所有事物是联系的，但问题是能否用场强模型测算区域内任意点的势能强度并以此对相同或相近势能点进行归类？答案是可以的。事实上，区域系统内任意点在某时间接受所有城市的势能强度大小可以获取，一种就是取和，另一种是取平均值。取和虽能对众多点进行比较，但远高于该点接受势能的真实状态，所以取平均值则比较合适。那么这种"平均值"法则的场强强度为什么能将相同或相近势能点进行归类？因为，任意一点接受某一城市经济场势能的大小都可看作是该点与该城市间的联系强度值，取所有城市对该点联系强度的平均值则可反映出该点受到区域内所有城市场势能影响的总体状态，即是上文中的场强强度，也称该点接受所有城市势能的扩散值（简称扩散值）。邻域城市间或附近的点由于区位原因接受场强强度必然相同或相近，当具有较高的场强强度的点在城市间集聚时，说明经济联系在实际生产生活中才真正形成，而如何确立这种"较高"标准则应该通过比较区域内外的发展阶段来定。

还存在的一个问题是区域内不论是单个城市或是多个城市其场强强

度在空间可视化上很难加以区分，原因是势能模型中的距离系数使得区域内近距离点势能相对急速增大，而远距离点势能则相对急速减小，因此造成了区域内势能绝对差距的极大化，本书提出用场强强度对数解决这一问题，从而可在空间上进行可视化。以上思路构建出了场对数扩散效应模型，场对数扩散效应模型是在场模型理论的基础上发展和演化而来的。

5.2.2　构建场对数扩散效应模型

基于上述思想构建场对数扩散效应模型，如公式 5-2 所示：

$$F_j = \text{mean}\left(\log_{10} \frac{M_1}{T_{1j} \cdot T_{1j}},\ \log_{10} \frac{M_2}{T_{2j} \cdot T_{2j}},\ \cdots, \right.$$

$$\left. \log_{10} \frac{M_i}{T_{ij} \cdot T_{ij}},\ \cdots,\ \log_{10} \frac{M_k}{T_{kj} \cdot T_{kj}} \right)$$

$$i = 1,\ 2,\ 3,\ \cdots,\ k$$

$$T_{ij} = \min \begin{bmatrix} nt;\ (\sqrt{2}+n)\ t,\ (2\sqrt{2}+n)\ t,\ (3\sqrt{2}+n)\ t,\ \cdots, \\ (m\sqrt{2}+n)\ t;\ (n\sqrt{2})\ t; \\ (n\sqrt{2}+1)\ t,\ (n\sqrt{2}+2)\ t,\ (n\sqrt{2}+3)\ t,\ \cdots, \\ (n\sqrt{2}+m)\ t \end{bmatrix}$$

（公式 5-2）

式中 i 为区域内的城市节点，j 为区域内任意点，F_j 为区域内 j 点所受各节点或城市势能的场强强度（扩散值），T_{ij} 为节点或城市 i 经济势能扩散到 j 的花费最小时间，M_i 为 i 节点或城市经济影响系数，t 为势能扩散通过区域内划分的单元网格花费的单位时间。

5.2.3　实现算法

这里算法实现最基本的就是算出节点的时间扩散图。笔者运用 GIS 技术在栅格数据上运用计算最短路径的 Dijikstra 算法计算每个网格到某个目的网格（或网格集）的最短加权距离，称为"成本加权距离算法"。

该方法的目的在于将栅格数据抽象成图的结构加以计算。其基本思想为：每个栅格的属性值（cost）表示其"成本"，从源像元出发到各个相邻的像元，其几何距离均为 1（L＝1），文章里表示通过它所需要的时间（费用）消耗值。每个非边缘网格的周围有且仅有 8 个其他网格，且都有相应的权重即阻抗值。以每个中心网格为"节点"（Node），向 8 个方向计算权重值，选择最小的格网作为计算对象，然后依次以这个格网为中心再向 8 个方向计算格网值，重复此迭代过程直至待处理网格队列为空，这样就可生成节点或城市的时间扩散图。在此基础上，经过相关复合运算可最终得到经济影响力扩散图。运用 GIS 空间分析功能对空间全覆盖的栅格数据进行高精度空间分析，能更科学、更准确地反映区域的城市场空间过程。

5.3　泛长江三角洲城市场空间结构演变

区域空间结构诸要素由于存在由简单到复杂，由孤立到互联，由低级到高级的演化过程，区域空间结构也必然由低级向高级阶段演变。由于区域发展的不平衡性是永恒的规律，故在一定的地域范围内，各类次区域实际上是不可能同时演化到同一发展阶段的。那些紧密联系的相邻区域其空间结构要素及其组合格局总会出现阶段一致性或差异性，差异性使得它们组成具有社会经济发展梯度的一个空间结构体系，这一过程即是空间体系化过程。在统一空间体系内的各次区域间以共同的经济利益为目标，区域合作与区域联系使得区域间、城市与其腹地间产生相互影响，随着区域间的社会经济发展及其差异的演变，这种影响作用也随之演变，并在整个地域内出现纷繁复杂的空间差异，这种空间过程的演化必然会出现不同的空间结构阶段。

从发生学的角度讲，区域空间结构通常由发达地区逐步向次级发达地区推进，呈现出由核心区向边缘区渗透的梯度特征。而空间结构发展的动力是发达核心地区向外地带的投资，由于现代城市多作为地域的生产和服务中心，因此广阔的乡村地带多作为城市的影响腹地。另外由于区域中心城市的发展差异，这些有差别的区域中心由于生产关系必然彼此发生联系，相互施加显著影响。

泛长三角地区地域广阔，纳三省一市，共计 42 个地级或以上级别城市，由于彼此间交通条件、地理区位和经济发展实力等要素及发展进程各异，各地区发展程度相差甚远。运用构建的场对数空间扩散效应模型，以 42 个地级或以上级别城市改革开放以来的 1978、1990、2000 和 2010 年四个断点年份为例计算泛长三角地区场空间结构截面图。首先把 2010 年场空间结构图用自然断裂点划分法进行五段划分，得到场强强度的五类空间布局值分别为 $-0.582\sim0.067$；$0.068\sim0.384$；$0.385\sim0.750$；$0.751\sim1.316$；$1.317\sim3.679$，如图 5-2（d）所示。把这五区段场强依次定义为场强极弱区、场强较弱区、场强一般区、场强较强区和场强极强区，以此为基准，把其他三个年份场强强度同样划分为五类，如图 5-2（a）、（b）、（c）所示。

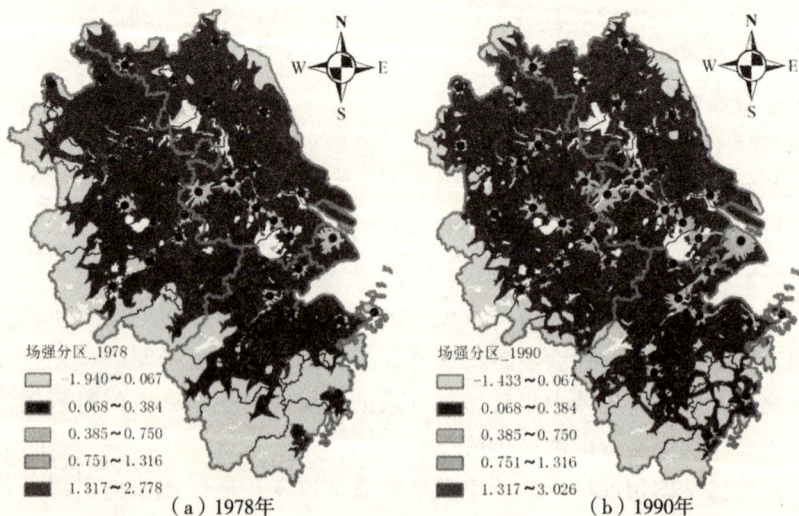

场强分区_1978
- $-1.940\sim0.067$
- $0.068\sim0.384$
- $0.385\sim0.750$
- $0.751\sim1.316$
- $1.317\sim2.778$

（a）1978年

场强分区_1990
- $-1.433\sim0.067$
- $0.068\sim0.384$
- $0.385\sim0.750$
- $0.751\sim1.316$
- $1.317\sim3.026$

（b）1990年

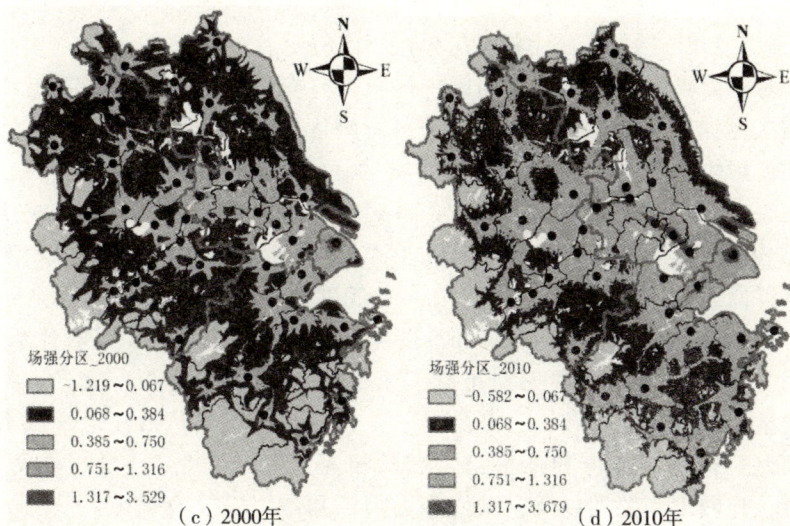

图 5-2　泛长三角空间结构演化

5.3.1　泛长三角区域空间形态及其演变

从场强对数扩散效应模型思想起源的分析结合场强一般区布局范围与各年份长三角经济发展实际情况，又可以进一步把场强极弱区和场强较弱区归列为弱城市影响区，场强一般区、场强较强区和场强极强区归为城市影响区，因此本书中的泛长三角区域空间结构主要是以城市影响区作分析的。

5.3.1.1　泛长三角主体城市影响区呈沿江沿湾分布

从泛长三角城市影响区主体情况分析，城市影响区主要分布在沿长江和沿杭州湾地区，其中又以江苏的苏南城市带最为明显，其次有两个分布点就是合肥以及徐州周围地带。从主要分布带的演变看，1978 年城市影响区基本上在江苏的沿江和杭州湾地区，这些散块状的城市影响区依稀呈现"之"字形状；1990 年，由于安徽沿江城市影响区急速扩大，使得整个泛长三角地区沿江城市影响区出现"拉手"，使得"之"字演变为"几"字，随着沿江城市影响区和沿湾城市影响区向两侧扩大，这种"几"字形到 2000 年时演变为"皮皮虾"状，到了 2010 年时则呈现

"鳊鱼"状。

5.3.1.2 各省市城市影响区分布不均演变不一

对安徽省历年的城市影响区主体而言，安徽中部地区和沿江城市影响区要大于其他地区，显然是城市影响区主体分布区。历年具体安徽城市影响区如下：1978 年城市影响区总体范围极小，主要分布在合肥、芜湖、蚌埠和安庆四个城市，呈现小稀疏点状分布；皖北和皖南大部分城市影响区极小，甚至从图上无法显示，这些城市影响区相对而言可以忽略不计。而到了 1990 年，皖北和皖南城市影响区急速扩大，呈现疏点状；皖北的蚌埠和淮南等已呈较大的块状；中部的合肥、巢湖、马鞍山、宣城和芜湖出现"牵手"态势。2000 年，合肥、滁州、巢湖、宣城和马鞍山已开始呈三角状的合围形势；沿江地带城市及淮北、宿州、蚌埠和淮南已"衣襟相连"。2010 年，合肥、巢湖、滁州、马鞍山和芜湖以及宣城城市影响区基本上已没有缝隙，呈一个大的板块状；在它们两侧的沿江城市和淮南、蚌埠与之抱成了团块状；由于黄山、阜阳和亳州偏居安徽南北两端且相距其他城市较远，一直只是逐步扩大自己的领域范围，不过亳州和阜阳间也开始有"拉手"的态势。

对江苏省历年的城市影响区整体而言，城市影响区突出集中在苏南地区，其次是苏中，再是苏北。历年具体江苏城市影响区如下：1978 年，苏南的南京、镇江、苏州、无锡和常州以及苏北的徐州城市影响区呈现大的块状，南京－镇江、苏州－无锡－常州彼此间甚至有"牵连"现象；苏中的城市和苏北城市基本上呈疏点状，不过苏中城市影响区比苏北要大些。1990 年，苏南沿江城市和苏中的扬州、泰州以及安徽的马鞍山，东边的上海等城市已"拉手"，这些沿江城市以及相邻区域彼此间不再孤立，呈现条带状格局；与此同时，苏北城市和南通继续扩大自己的地盘，但彼此间仍没有"拉手"，呈散块状。2000 年，苏南城市和苏中城市已基本相互渗透，"抱成团"；苏中城市与苏北城市出现"牵手"态势，但彼此没有连接起来；而苏北城市除了盐城与淮安有"牵手"之势外其余彼此间继续呈散块状格局，不过比 1990 年的散块大多了。到了 2010 年时，苏南和苏中南部已完全成为一个整体，呈无缝的板块状格局；苏北的淮安和盐城正与苏中地区呈现抱团态势，靠北部城市也正在扩大自己的影响范围，彼此间已有"牵手"之状，呈条带格局且正趋抱团发展。

对浙江省历年的城市影响区整体而言，浙江的城市影响区主要分布在浙北地区，浙南地区城市影响区相对小些。历年具体浙江城市影响区如下：1978 年，浙北的嘉兴、杭州、绍兴和宁波城市影响区较大，彼此独立，呈点状和块状分布；其他城市影响区则小得多，基本上为小小的、稀疏的点状，零星散落在浙江南部地区，丽水和舟山极其微小可以忽略。1990 年，浙北的嘉兴、杭州、绍兴和宁波等开始"牵手"；浙南的城市影响区由原来的点状已演变为大的块状，但彼此孤立。2000 年，浙北城市影响区继续扩大自己的范围，湖州、嘉兴和杭州出现抱团状，杭甬线虽然不能抱团，但其沿线影响区范围呈大宽带状；浙南地区的城市也开始彼此"拉手"。2010 年，浙北的湖州、嘉兴、杭州、绍兴和宁波城市影响区已成为一体，无缝可插；浙南的城市尽管还没有真正成为团块状，但毕竟已是准团块状。

上海一直是泛长三角城市影响区最大的城市，历年变化如下：1978年，上海城市影响区就已是大块状，1990 年，西与苏州、南与嘉兴开始"牵手"，2000 年，与整个苏州地区和嘉兴地区呈块状连接，仅少数部分是弱影响区，到了 2010 年时除崇明岛有部分为弱城市影响区外，其余地区都是影响区，且和苏州、嘉兴地区已成板块状。

5.3.2　泛长三角城市影响区大小演变

泛长三角城市影响区空间结构的演变只是影响区范围（大小）演变的空间外现，而这　范围可从具体的影响区面积上体现出来。

5.3.2.1　泛长三角城市影响区总体面积的演变

把图 5-2 的栅格数据转换成矢量数据，便可以获取五类场强分区的面积，见表 5-1。表 5-1 中，从历年的场强五分区面积分布（表的纵向）看，随着场强强度的减小，场强极强区－场强较强区－场强一般区面积呈增大分布。从各场强分区看，1978 年，场强极强区面积为972km^2，到 2010 年时翻了三番，而且有逐年翻番的趋势，说明场强强度在逐渐递增。场强较强区从历年增长情况看，也是逐年成倍地增长，2010 年是 1978 年的 19 倍。当然，场强极强区和场强较强区的急速倍增主要是由于其基数小。场强一般区同样也是逐年扩增，只不过这种扩增的步伐渐渐变缓，2010 年场强一般区的面积是 84 784km^2，是 1978 年的 12 倍，由此可见整个泛长三角地区城市影响区面积在逐渐增长。相反，场强较弱区和场强极弱区的弱城市影响区历年面积都呈下降趋势，这同样从反面说明了城市影响区在逐年增长。

表 5-1　泛长三角城市影响区各场强分区面积演变（km^2）

场强分区	1978 年	1990 年	2000 年	2010 年
场强极强区	972	1 835	3 603	7 547
场强较强区	2 140	5 109	11 935	38 658
场强一般区	6 969	27 094	62 671	84 784
场强较弱区	234 880	218 642	187 835	143 951
场强极弱区	93 978	86 299	72 267	64 228

注：栅格数据特点导致运算出现小小误差，以下表同理。

5.3.2.2　省域城市影响区面积的演变

如果把各场强分区面积放到省市行政区里进行分割就会得到他们的具体演变过程，见表 5-2。

表 5-2　省级行政区场强分区面积（km^2）

年份	行政区	极弱区	较弱区	弱影响区	一般区	较强区	极强区	影响区
1978 年	安徽省	37 939	95 009	132 948	1 138	363	184	1 685
	浙江省	49 110	51 579	100 689	1 259	406	188	1 853
	上海市	0	5 253	5 253	893	314	163	1 370
	江苏省	16 622	72 149	88 771	3 700	1 013	446	5 159
1990 年	安徽省	30 746	93 607	124 353	8 153	1 759	659	10 571
	浙江省	46 559	50 820	97 379	3 920	1 039	382	5 341
	上海市	0	3 701	3 701	2 136	598	215	2 949
	江苏省	13 313	69 811	83 124	8 957	1 713	581	11 251

（续表）

年份	行政区	极弱区	较弱区	弱影响区	一般区	较强区	极强区	影响区
2000年	安徽省	23 687	83 279	106 966	23 275	3 370	1 111	27 756
	浙江省	38 322	47 192	85 514	13 875	2 435	733	17 043
	上海市	0	1 807	1 807	2 793	1 567	569	4 929
	江苏省	9 912	55 508	65 420	22 782	4 626	1 191	28 599
2010年	安徽省	20 134	71 217	91 351	33 951	8 335	1 456	43 742
	浙江省	25 748	44 235	69 983	21 682	9 316	1 739	32 737
	上海市	0	910	910	1 462	3 619	762	5 843
	江苏省	7 786	37 444	45 230	27 817	17 584	3 643	49 044

通过对表5-2的分析，可以得到如下结论：

（1）影响区增大。四个年份的各省级行政区影响区面积都在逐年增大，自然，其中场强一般区增大面积最大，可见各省级行政区场强强度增强；同时弱城市影响面积在逐年减小，由于较弱区面积远远大于极弱区面积，因此弱影响区面积的减小主要来自较弱区。

（2）影响区大小不一。四个年份中，江苏省影响区在泛长三角区域中一直位居第一，并在历年的增幅中呈2倍增长，上海受地域面积的限制其影响区是四个行政区中最小的，其次为浙江省，安徽影响区由1978年的第三位上升到1990年的第二位。而值得一提的是上海的极弱区一直为0，可见其场强强度自1978年以来都较大。由于受行政区面积大小等因素的影响，安徽地区弱影响区一直都是最大。

（3）影响区增幅各异。各省级影响区增幅不同，主要表现在断点年份和不同省级行政区间。把影响区增幅情况制成表5-3。

表5-3　省级行政区影响区增幅（倍）

行政区	1978—1990年	1990—2000年	2000—2010年
安徽省	6.27	2.63	1.58
浙江省	2.88	3.19	1.92
上海市	2.15	1.67	1.19
江苏省	2.18	2.54	1.71
平均值	3.37	2.51	1.60

从 1978—1990 年、1990—2000 年、2000—2010 年三个年段的平均增幅可看出，1978—1990 年间的增幅最大，为 3.37 倍，之后逐渐减小，这主要是由于年份早期的影响区面积基数较小，而后随着基数增大，增幅也就逐渐减小。1978—1990 年间安徽省增幅最大，达到了 6.27 倍，其次为浙江省，而后的两个年段，浙江省的增幅分别为 3.19 倍和 1.92 倍，在四个省级行政区中最高。上海在三个年段中增幅最小。

5.3.2.3 各地级市域及以上城市影响区面积的演变

为进一步了解地级市的影响区及其演变过程，把四个年份各城市的弱影响区剔除掉，仅以影响区制作表（表 5-4）。这里稍作一点说明：地级市及以上城市影响区主要测算的是市域内影响区的面积，由于影响区面积的增大，特别是到 2010 年时，有些地级市由于城市综合实力较强，而其行政区较小，或者其境内水面为阻隔区（不存在影响区的问题），这对结果比较或多或少有点影响，如马鞍山行政区面积较小，而且东南边又有水面，其城市影响区较小；还有城市节点位于所辖行政区面边缘，这对影响区大小也有影响，如安庆市中心点位于边缘地带，历年行政区内城市场面积都较小，而图 5-2 中都较大，主要原因是其城市场一部分是在池州行政区内，因而导致池州城市场较大。因此本书以下分析都没有考虑到以上等因素。对表 5-4 分析，可以得出如下结论：

（1）各市域影响区布局不均。为一目了然对 1978 年、1990 年、2000 年和 2010 年各城市影响区前十位和后十位进行排序，如表 5-5。显然，城市影响区面积大的城市多分布在江苏省和浙江省，影响区面积较小的多分布在安徽省。当然这一现象也不是一成不变的，1978 年，影响区面积前十位江苏有 7 个，2010 年时则只有 5 个；2000 年影响区后十位城市中江苏和浙江就占了 6 个，2010 年时也有 5 个。

（2）各市域影响区面积增速大相径庭。从历年各城市横向比较看，1978—1990 年间，除舟山市和黄山市增速超大外，丽水市增幅是 9.97 倍，而最小的也只有 1.77 倍；1990—2000 年间，泰州市增速达到了 5.18 倍，而铜陵市只有 1.22 倍；2000—2010 年间，增速变化范围为 1.18～4.25 倍。从历年各城市纵向比较看，平均增速较大的多为安徽城市，平均增幅较小的多为江苏城市。

（3）各市域影响区增速放缓。把 1978—1990 年间舟山增幅以 202 倍计算的话，该年段 42 个城市平均增幅为 12.38 倍，而 1990—2000 年平均增幅为 2.46 倍，2000—2010 年平均增幅为 1.92 倍。可见地级市影响区三个年段增速是逐渐减慢的。尽管 2000—2010 年间城市影响区增速差距仍然不小，但相比前两个年段则已是大大缩小了，2010 年大多数城市的影响区基本上为 2000 年的 2 倍。

表 5-4　市域影响区面积及其演变（km²）

市域	1978 年	1990 年	2000 年	2010 年	1978—1990 年	1990—2000 年	2000—2010 年
安庆市	80	211	688	1 617	2.64	3.26	2.35
蚌埠市	116	552	1 233	1 966	4.76	2.23	1.59
亳州市	39	305	671	1 467	7.82	2.20	2.19
常州市	541	959	2 151	4 058	1.77	2.24	1.89
巢湖市	107	938	1 919	3 295	8.77	2.05	1.72
池州市	56	299	925	2 330	5.34	3.09	2.52
滁州市	179	940	2 140	3 022	5.25	2.28	1.41
阜阳市	69	420	921	1 649	6.09	2.19	1.79
杭州市	440	1 112	3 421	5 058	2.53	3.08	1.48
合肥市	380	1 287	3 346	4 212	3.39	2.60	1.26
湖州市	122	598	1 865	3 746	4.90	3.12	2.01
淮安市	149	510	1 168	2 287	3.42	2.29	1.96
淮北市	100	656	1 000	1 981	6.56	1.52	1.98
淮南市	94	334	625	1 681	3.55	1.87	2.69
黄山市	1	351	761	1 372	351.00	2.17	1.80
嘉兴市	381	806	2 045	4 023	2.12	2.54	1.97
金华市	119	535	1 389	2 523	4.50	2.60	1.82
丽水市	39	389	708	1 589	9.97	1.82	2.24

（续表）

市域	1978 年	1990 年	2000 年	2010 年	1978 —1990 年	1990 —2000 年	2000 —2010 年
连云港	170	614	1 258	2 612	3.61	2.05	2.08
六安市	46	314	880	1 613	6.83	2.80	1.83
马鞍山	95	427	915	1 466	4.49	2.14	1.60
南京市	1 063	2 155	3 990	4 937	2.03	1.85	1.24
南通市	270	494	1 456	3 894	1.83	2.95	2.67
宁波市	298	555	2 321	4 478	1.86	4.18	1.93
衢州市	76	470	1 034	1 566	6.18	2.20	1.51
上海市	1 370	2 949	4 929	5 843	2.15	1.67	1.19
绍兴市	228	612	1 890	3 341	2.68	3.09	1.77
苏州市	419	1 305	3 167	4 357	3.11	2.43	1.38
台州市	72	274	422	1 794	3.81	1.54	4.25
泰州市	247	405	2 096	3 866	1.64	5.18	1.84
铜陵市	44	423	514	904	9.61	1.22	1.76
温州市	76	287	821	2 091	3.78	2.86	2.55
无锡市	567	1 213	2 787	3 914	2.14	2.30	1.40
芜湖市	198	833	1 882	2 834	4.21	2.26	1.51
宿迁市	141	426	577	1 557	3.02	1.35	2.70
宿州市	56	310	794	1 581	5.54	2.56	1.99
徐州市	385	957	1 685	2 793	2.49	1.76	1.66
宣城市	46	350	1 443	3 651	7.61	4.12	2.53
盐城市	203	367	1 081	2 519	1.81	2.95	2.33
扬州市	440	1 040	2 038	4 221	2.36	1.96	2.07
镇江市	563	1 176	2 644	3 530	2.09	2.25	1.34
舟山市	<1	202	347	429	/	1.72	1.24

表 5-5　各城市影响区前十位和后十位排序

前十位	1978 年	1990 年	2000 年	2010 年	后十位	1978 年	1990 年	2000 年	2010 年
1	上海市	上海市	上海市	上海市	33	黄山市	舟山市	舟山市	舟山市
2	南京市	南京市	南京市	杭州市	34	宣城市	安庆市	台州市	铜陵市
3	无锡市	苏州市	合肥市	南京市	35	亳州市	台州市	铜陵市	黄山市
4	镇江市	合肥市	嘉兴市	宁波市	36	丽水市	温州市	宿迁市	马鞍山
5	常州市	无锡市	苏州市	苏州市	37	铜陵市	池州市	淮南市	亳州市
6	杭州市	镇江市	无锡市	扬州市	38	六安市	亳州市	亳州市	宿迁市
7	扬州市	杭州市	杭州市	合肥市	39	池州市	宿州市	安庆市	衢州市
8	苏州市	扬州市	镇江市	常州市	40	宿州市	淮南市	丽水市	宿州市
9	徐州市	常州市	宁波市	嘉兴市	41	阜阳市	黄山市	黄山市	丽水市
10	嘉兴市	徐州市	常州市	无锡市	42	舟山市	盐城市	宿州市	安庆市

5.3.3　泛长三角城市场扩散值演变

场强分区的空间结构和场强分区面的演变其实都是由场强强度即城市影响力的扩散值由各类扩散通道随时间距离而衰变引起的，同一时间表现为由城市节点的场强强度最高值渐渐演变为远离节点的外围区域的近乎零值，同一城市节点或区域内任意点的场强强度也会因年份不同而不同。下文将从城市节点、扩散通道线和泛长三角城市区面一一分析扩散值的演变过程及其原因。

5.3.3.1　泛长三角城市极值（节点）及其演变

随着泛长三角地区城市节点综合实力的增强以及路网建设的日益完善，任意点场强强度应该都会逐渐变大。本书以 42 个城市节点为例，提取四个年份的城市节点的场强强度，以此考察它们的场强强度及其演变，如表 5-6 所示。通过对表 5-6 分析，可以得出如下结论：

（1）城市节点场强强度空间布局不均匀。从表 5-6 可以知道，长三角地区城市场强强度一般大于其外围地区城市，显然与长三角城市综合实力较强有直接的关系；三省一市同比，上海市场强强度一直处于首

175

位，其次是江苏城市场强强度较大，浙江省城市场强强度居江苏城市之后，安徽省城市相对较小。另外，泛长三角地区中部城市场强强度普遍大于边缘城市，这主要可以从城市综合实力的位序（表 3 - 13）和场强强度位序对照反映出，如徐州市、温州市和台州市，它们的地理位置都在泛长三角外围，综合实力在历年位序都较好，但城市场强强度位序一般都低于其城市综合实力位序，其原因是中部城市区位条件优越，更容易受其他城市综合实力扩散影响，而外围城市则受其他城市影响较弱。

表 5 - 6　泛长三角城市场强强度及增长率

城市	1978 年	1990 年	2000 年	2010 年	1978 —1990 年	1990 —2000 年	2000 —2010 年
安庆市	2.139	2.416	2.569	2.840	1.129	1.063	1.105
蚌埠市	2.201	2.494	2.643	2.836	1.241	1.060	1.073
亳州市	1.497	1.675	2.276	2.409	1.119	1.359	1.058
常州市	2.452	2.595	2.832	3.108	1.058	1.091	1.097
巢湖市	1.998	2.159	2.552	2.851	1.081	1.182	1.117
池州市	0.865	1.543	1.794	2.684	1.784	1.163	1.496
滁州市	1.654	2.391	2.566	2.881	1.446	1.073	1.123
阜阳市	1.281	2.061	2.548	2.697	1.589	1.103	1.058
杭州市	2.370	2.727	2.926	3.223	1.151	1.073	1.102
合肥市	2.433	2.670	2.836	3.270	1.097	1.062	1.153
湖州市	1.946	2.374	2.693	2.911	1.220	1.134	1.081
淮安市	2.061	2.402	2.619	2.867	1.165	1.090	1.095
淮北市	2.079	2.465	2.538	2.825	1.186	1.030	1.113
淮南市	1.724	2.520	2.650	2.845	1.462	1.052	1.074
黄山市	0.662	2.275	2.535	2.640	3.437	1.114	1.041
嘉兴市	2.295	2.374	2.657	2.940	1.034	1.119	1.107
金华市	1.890	2.398	2.637	2.830	1.269	1.100	1.073

（续表）

城市	1978 年	1990 年	2000 年	2010 年	1978—1990 年	1990—2000 年	2000—2010 年
丽水市	1.021	1.541	2.073	2.765	1.509	1.345	1.334
连云港市	1.955	2.486	2.695	2.904	1.272	1.084	1.078
六安市	1.25	2.389	2.498	2.705	1.911	1.046	1.083
马鞍山市	2.127	2.509	2.736	2.948	1.180	1.090	1.077
南京市	2.709	2.866	3.137	3.283	1.058	1.095	1.047
南通市	2.332	2.443	2.698	2.918	1.048	1.104	1.082
宁波市	2.346	2.574	2.791	3.073	1.097	1.084	1.101
衢州市	1.584	2.287	2.613	2.809	1.444	1.143	1.075
上海市	2.778	2.910	3.221	3.582	1.048	1.107	1.112
绍兴市	2.167	2.528	2.776	2.907	1.167	1.098	1.047
苏州市	2.545	2.620	2.822	3.109	1.029	1.077	1.102
台州市	1.910	2.301	2.538	2.861	1.205	1.103	1.127
泰州市	2.198	2.465	2.724	2.932	1.121	1.105	1.076
铜陵市	2.009	2.437	2.722	2.859	1.213	1.117	1.050
温州市	1.646	2.418	2.717	2.911	1.469	1.124	1.071
无锡市	2.374	2.636	2.943	3.087	1.110	1.116	1.049
芜湖市	2.19	2.563	2.793	3.053	1.170	1.090	1.093
宿迁市	2.048	2.317	2.520	2.761	1.131	1.088	1.096
宿州市	1.500	2.040	2.497	2.759	1.360	1.224	1.105
徐州市	2.338	2.584	2.768	2.938	1.105	1.071	1.061
宣城市	1.433	1.679	2.516	2.762	1.172	1.499	1.098
盐城市	2.210	2.328	2.591	2.867	1.053	1.113	1.107
扬州市	2.328	2.556	2.790	3.007	1.098	1.092	1.078

（续表）

城市	1978 年	1990 年	2000 年	2010 年	1978 —1990 年	1990 —2000 年	2000 —2010 年
镇江市	2.366	2.592	2.794	2.993	1.096	1.078	1.071
舟山市	0.577	2.355	2.527	2.823	4.081	1.073	1.117
平均值	1.924	2.386	2.652	2.911	1.379	1.120	1.102

（2）泛长三角城市节点场强显著增强。正如上文所预测的，各城市场强强度在逐渐递增，从历年各城市平均场强强度可以看出，1978 年平均场强强度是 1.924，1990 年为 2.386，2000 年为 2.652，2010 年为 2.911。递增幅度不一样，主要表现为两方面：一是各城市场强强度各年段递增幅度不同，如 1978—1990 年间，增幅最小的苏州市为 1.029，最大的为舟山市 4.081；1990—2000 年间增幅变化为 1.03～1.499；2000—2010 年间增幅变化为 1.047～1.496。二是城市场强强度变化幅度在逐年减小。从各年段场强强度变化幅度看显然后两个年段变化幅度要小于 1978—1990 年，而从三个年段增幅平均值的变化看，1978—1990 年为 1.379，1990—2000 年为 1.12，2000—2010 年为 1.102，三个年段增幅平均值出现递减的现象。

5.3.3.2 泛长三角城市场强扩散通道（线）的演变

上文中，场强扩散值的演变在城市节点上其实并不是很显著，而区域中扩散值演变最显著的是新扩散通道的出现，为了解新扩散通道而引起的扩散值的急剧演变，把四个年份中后一年的扩散图与前一年的扩散图进行减法运算得到新的运算图，如图 5-3 中，(a)、(b) 和 (c) 分别为 1978 年与 1990 年、1990 年与 2000 年、2000 年与 2010 年城市影响力扩散值间的演化图。结合四个年份的交通数据分析图 5-3 中三个分图，有如下特征：

（1）扩散值差较大的深蓝色处基本上发生在新修建的扩散通道上，另外由于提速或道路等级的提高扩大值差较大的深蓝色还发生在城市场强强度增幅较大的城市节点附近的扩散通道上。

图 5-3 (a) 中，1978—1990 年间，阜淮铁路于 1982 年通车，皖赣沿线于 1981 年全线通车，永嘉县到仙居县公路于 1985 年接通，这些铁

路和公路沿线都呈现深蓝色的高值，表明这些扩散通道场强强度演变较大。另外图中显示，在安徽一些城市和浙南城市节点附近也出现深蓝色的高值，这主要是由于这些城市在 1978—1990 年间城市场强强度增幅都较大，直接影响了其附近场强强度的变化。

图 5-3（b）中，1990 年—2000 年间，安徽区域内的合宁高速、合六叶高速、合芜高速、合九铁路及合徐高速合肥－蚌埠段相继通车；沪宁高速和沪杭甬高速的全线正式运营，新沂－淮安－盐城铁路通车，苏州－无锡－姜堰高速公路通车等，使得深蓝色都出现在这些道路的沿线，可见这些通道沿线场强强度演化较大。

图 5-3（c）中，2000—2010 年间，深蓝色突出且仍然在沪宁杭线上，主要是沪宁高铁、沪杭高铁先后于 2010 年 7 月和 10 月通车；而这一时期浙江省沿海扩散值演化也较剧烈，主要是宁波到苍南县自北而南的动车线开通；安徽省内济广高速亳州－太和段、合徐高速蚌埠－徐州段、界埠高速、合淮阜高速及合安高速的建成，尤其是沪渝高速的通车大大提高了安徽的沿江通行能力使得沿线扩散值大大增加。

（2）扩散值差较小的深红色基本上是连接城市的原扩散通道，且扩散能力没有大的提高，或少数已被取消（主要为改道）。

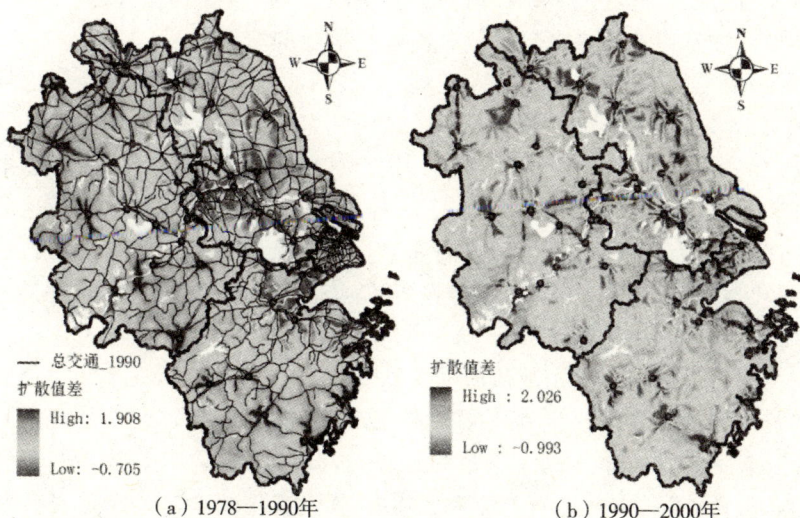

（a）1978—1990年　　　　　　（b）1990—2000年

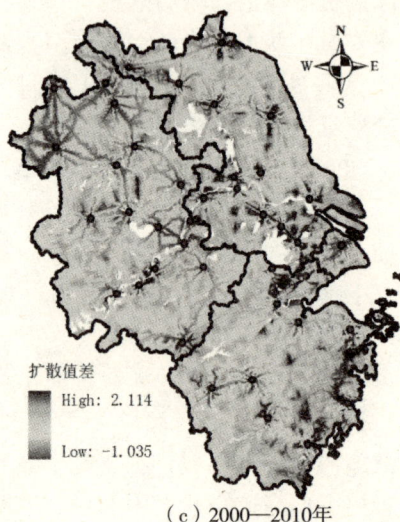

（c）2000—2010年

图 5-3　泛长三角扩散通道的演化

5.3.3.3　各地域城市影响区（面）扩散值的演变

上文扩散面大小的演化实质上是从影响区笼统地对区域面扩散值的演化进行分析，此处主要从扩散值的极值范围的变化、整个区域和省市平均值的变化以及色度来反映区域面的扩散值的演化。

（1）整个区域场强度增强。图 5-2 显示，自 1978 年始四个年份场强强度变化范围分别为：－1.940～2.778、－1.433～3.026、－1.219～3.529、－0.582～3.679。整个区域的最小值从－1.940 逐渐递增到－0.582，而最高值也由 2.778 递增到 3.679，可见泛长三角地区整个区域面的场强强度是呈增大的趋势。这一点从整个区域的平均值的递增也可以得到印证，从 1978 年到 2010 年泛长三角地区场强强度平均值的演变分别为：－1.013、－0.569、－0.302、0.361。

（2）各省级行政区扩散值演变有别。图 5-3 显示，从三个年段色度看，没有哪一个省市演化值是最高或最低，不同的年段，它们是有变化的。1978—1990 年间安徽扩散值演化较大，浙江次之，其后才是江苏和上海；而 1990—2000 年间上海和江苏扩散值演化较大，其次是安徽和浙江；2000—2010 年间江苏和浙江扩散值演化较大，安徽和上海次之。

三个年段各省扩散值差的平均值更能够体现出各省段行政区扩散值演变
有别，如表5-7所示。

表5-7　泛长三角地区各省市扩散值差的均值

年段	安徽省	江苏省	浙江省	上海市
1978—1990 年	0.521	0.323	0.466	0.294
1990—2000 年	0.254	0.265	0.277	0.387
2000—2010 年	0.592	0.702	0.722	0.591

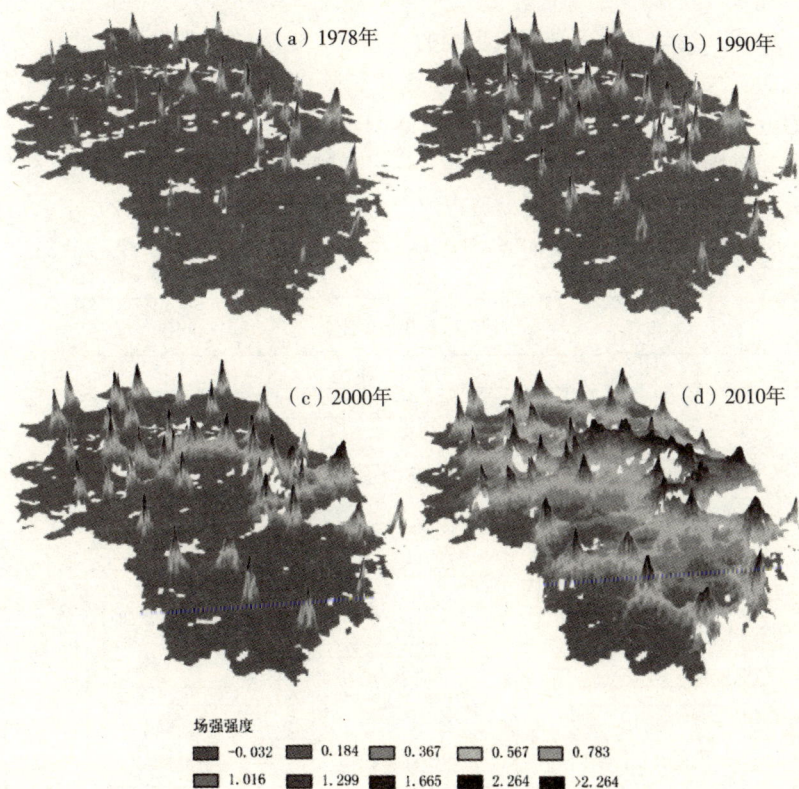

图5-4　泛长三角区域面场强强度的演变

　　（3）场强强度演变地域差异较大。由于图5-2只是对扩散值进行5
类划分，不能真正反映扩散值的渐变过程，如果以绿色渐变到红色表示区域扩散值的升高，则图5-4可以看出4个年度扩散值的具体演变，图5-4显示从1978年的"红星点点"到2010年"江山一片红"，充分说明扩散值的演变过程。从各年份图看，沿江和沿湾地区扩散值的高值都要高于其他地域。

5.4 泛长江三角洲城市场空间结构演变作用因素

城市经济影响区的格局变化是一个包含多种要素流（物质流、信息流）的相互运动并受多种因素影响的动态的、复杂的和非线性的过程（朱杰，2007），主要受自然资源、地理区位、基础设施分布、政策制度、劳动力流动及资金流动、市场发育程度等因素影响。这些影响因素是受行政权力和市场两大内在作用主体操控，通过地域生产力梯度和区域相互作用两大动力作用机制运行，推动城市综合实力提升以及交通网络的改善，从而扩大了城市影响区，进而改变了泛长三角城市场空间结构（图5-5）。

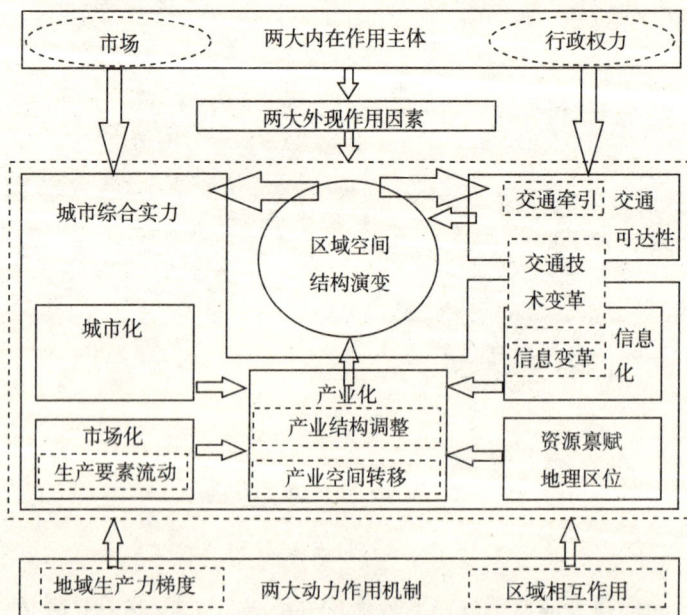

图5-5 区域空间演变机制理论模型

有鉴于此，本书从区域空间结构演变的两大外现作用因素，即城市综合实力和城市交通可达性背后的影响因素出发，探讨这些因素在区域生产力梯度和区域相互作用机制下对泛长三角城市场空间结构的影响。分析泛长三角经济区空间结构演化作用机制，有助于泛长三角经济区空间结构优化整合。

5.4.1 泛长三角城市经济综合实力作用因素

由前文泛长三角城市经济区场空间结构演化原理可知，城市综合实力和交通可达性是对城市影响区演变起决定作用的两要素。在此，本书首先探讨对城市综合实力有影响作用的主要因素，如城市地理区位、资源禀赋、城市化、经济全球化及经济一体化、区域分工和产业转移等。

5.4.1.1 地理区位和经济区位

地理区位是影响泛长三角空间结构的重要因素，地理区位的优劣将导致经济发展基础、开放次序与程度的差异，并导致其他经济增长因素的差异。长江沿线城市，都处在泛长三角整个区域的中部，在市场机制作用下，这很大程度上有利于同周边城市发生相互作用，大大减小了时空距离，从而增强了这一地域的场强强度。从历年泛长三角城市场的空间布局看，之所以出现中部地区场强空间结构要比外围地区高级，地理区位起到了重要作用。场强空间结构是取自42个城市场的平均值，也就是说每一点的场强值都是42个城市综合实力值扩散在该点的综合结果，距离衰减规律告诉我们居于泛长三角中部的点受到42个城市场强扩散值的影响总体上肯定要高于外围地区，对根据场强扩散效应模型得到的场强强度进行分区后，中部地区的场空间结构也就自然比外围地区要高级。

由于具有水运优势，泛长三角沿海地区和沿江地区是我国经济发展较好的地区，不仅如此，沿海以及靠近海域的沿江城市也是我国对外开放程度较高的地方。以上海为例，上海是我国"T"形发展战略的交汇点，具有"背靠陆地、面向海洋、依临长江、内怀黄浦"的良好区位条件，是长江流域集装箱的出海口，北可达渤海湾，南可达珠江流域，可远洋出海到世界任何海洋国家和地区。自开埠以来，上海因商立市，享有"五口通商、独占鳌头"的美誉。正是得益于得天独厚的区位优势，上海才成为国内吸引海外投资的理想区域，经济发展迅速，成为中国最大的城市，一直引领着中国经济的发展，特别是对长江流域经济有很大的辐射作用，是泛长三角城市经济区的极核，牵动着整个泛长三角地区城市影响区的走势。

空间结构通过一定的空间组织形式把分散于地理空间的相关资源和要素联结起来，这样才能够产生诸种经济活动。当城市集聚在一定的经济区位上时，空间结构产生特有的经济效益就更显得突出。诸如，节约经济，即由于选择合适的地理区位、合理的调配资源和要素而使经济活动相应的管理费用、劳务支出以及运费减少所产生的收益；集聚经济，也就是由于相关集聚活动在空间上合理组合，使得劳动力、技术、市场、资源、基础设施和产品利用等方面得以共享、互补所产生的收益；规模经济，也就是经济活动由于区位优势、合理集聚而获得良好的发展机会，由此而引起规模增大所产生的收益。这些经济效益都是依托空间结构而取得的（刘勇，2009）。如杭州、苏州、无锡、常州、镇江及扬州等处在京杭运河线上，苏锡常背靠长江，南面太湖，水系发达，长江自古以来就对经济的发展起着至关重要的作用，因此在这些重要经济区位上城市自然就密集。加上起步早、开放程度高，带动产业结构调整，城市经济密度增大，城市间相互作用增强，城市联系愈密切，城市集聚所产生的节约经济、集聚经济和规模经济促进城市综合实力的提高。

5.4.1.2 地理环境与资源禀赋

地理环境是经济发生和发展的重要条件，人类的经济活动无不有着地理环境的烙印，地理环境对经济布局和生产要素的流动方向有一定导向性。资源禀赋是一个地区生存之本，一个地区资源丰度如何，对它的发展程度有很大影响。资源禀赋与城市综合实力有着密切的关联，就马鞍山、铜陵、淮南、淮北以及苏北部分城市来说，由于资源丰富，人均GDP较高，城市综合实力都较强。同时，资源禀赋既对城市产业有着突出特征作用又对产业结构的提升有着推动作用。首先，现代工业发展改变了普遍的农业生产方式，继而突出发挥资源优势，表现为以能源为主的矿产业等经济主导的产业结构，这些资源主导的产业结构给当地带来了经济发展的资金，管理者利用发展资金对城市和地区进行规划，会尽量优化和突破原有的产业结构特征，朝较高级的产业结构发展，城市综合实力就必然会得到提高。

皖南和浙西南地处山区，人口稀少，城市稀疏散落，不利于城市间联系，即使是综合实力不算落后的浙西南地区在整个城市影响区演变过程中也一直发展缓慢。至 2010 年止，紧邻杭甬板块的浙西南地区城市影响区团块状形态并没有苏中地区完满，而黄山也仅是孤立的散块状，除了偏居泛长三角西南地理区位因素外，与多山区城市密度低有着重要原因。

与多山区相反的是淮北平原，这里煤炭资源丰富，"两淮一蚌"一直是泛长三角能源的重要供应地，也是安徽皖北重要工业区。随着经济的发展、能源需求的加剧，城市经济得到急剧扩张，外加城市空间布局密度高，尽管城市综合实力不能与江、浙城市相比，但这一地域城市影响区很快从 1978 年疏点状到 1990 年的散块状，到 2000 年时已形成条带状。而相比之下，浙西南地区条带状与"两淮一蚌"相比要稍迟缓些。而同为华北平原一部分的苏北平原，除了徐州矿产资源丰富之外，其余地区却并没有突出的能源资源，造成城市布点要稀疏得多。尽管苏北城市起步早，早在 1978 年时，苏北就呈现较大的疏点状，但直到 2000 年时，条带格局都没有皖北"两淮一蚌"完整。总之，资源丰度对于城市布点密度有很大的促进作用，这对于加强城市间的联系及其城市影响区格局有重要推动作用。

5.4.1.3　城市化进程

城市综合实力是与城市化发展联系在一起的，城市化主要是指农村人口向城市的转移、集聚，表现为城市数量的增加、城市规模的扩大和城市质量的提高。改革开放以来，随着中国工业化和城市化进程的不断加快，大量的农村剩余劳动力和各种产业开始越来越多地向城市及城市群地区集聚，形成了强大的吸管效应（方创琳，2011）。劳动力尤其是具备良好教育的劳动力由农村流向长三角城市，以江苏 2010 年外来人口为例，城市综合实力较强的南京外来人口是 145 万、苏州 216 万、无锡 69 万、南通 43 万、常州 39 万。以 2000 年到 2010 年城市常住人口增长来说，南京增长了 189 万、无锡增长了 152 万、徐州增长了 158 万、苏州增长了 345 万、常州增长了 86 万，这种劳动力的集聚推动了这些城市经济的快速增长，从而影响区域经济差异的空间结构。

中心城市在发展到一定程度后，缺乏适宜的用地空间，而其周边县（市）可能正是适宜扩展的方向。20世纪90年代以来，我国在行政建制的设置上进行了一项重大的改革措施，即推行撤县（市）设区，其最主要的目的是扩大促进中心城市的规模，理顺中心城市与周边县市之间的关系，为中心城市营造更广阔的发展空间，提高城市化水平，促进经济发展。行政区划调整前，出现地级市与县（市）同处一个城市和两个紧邻的城市已成为一个整体的现象，而规划的编制与实施却是分割的，基础设施的建设、污染的治理等方面也难以协调。撤县（市）设区可以解决市县（市）同城问题。由于优化了行政统筹资源，有利于协调中心城市与周边县（市）的道路、港口及机场等重大基础设施的建设和规划，可以统一大城市及其周边地区的规划，推进城市总体规划的实施，协调城市发展，尽可能减少城市间的内耗；有利于扩大中心城市的规模和拓展发展空间，增强中心城市竞争力；有利于迅速扩大城市的人口规模和经济总量，从而提高城市在区域中或城市体系中的有利地位，更好地发挥中心城市对周围腹地的带动、辐射作用；也有利于增强城市在国家资源分配谈判中的分量，为城市的发展赢得政策、资源上的有利因素。如在江浙地区，浙江省撤销县级余杭市和萧山市，设立杭州市余杭区和萧山区；撤销金华县，设立金华市金东区；撤销鄞县，设立宁波市鄞州区；撤销衢县，设立衢州市衢江区。南京先后撤销江宁县、六合县、江浦县设为江宁区、六合区，锡山市、吴县和武进市均撤（县）市设区，这样南京市区、无锡市区、苏州市区和常州市区范围成倍扩大，有力地推动了城市化进程和生产力的合理布局，优化了城市空间结构，促进了城市群的形成，为苏锡常地区成为泛长三角内核起到了很大的促进作用。

5.4.1.4 经济全球化及区域开放度

对外开放度是指一个国家或地区经济对外开放的程度，具体表现为市场的开放程度，一般以外贸依存度和外资依存度之和来衡量。很大意义上说，一个区域的对外开放程度决定了其效率水平的高低和经济发展速度的快慢。本书区域开放度指泛长三角城市对外贸易额以及外商直接投资量，此处，仅从外商投资视角来考察泛长三角对外开放程度。

经济全球化的出现和我国对外开放政策的实施以来，外资和外贸已经成为我国区域经济发展实践中最为明显的外部影响因素。长三角地区是我国利用外资相对集中区域，由于外资的不断涌入，促进了区域产业的迅速集聚，有力地推动了行政区经济转变为经济区经济，从而使各城市的经济联系更为紧密。在20世纪80年代对外开放的大环境下，特别是1990年，中央政府做出了浦东开发开放的重大决策，为有效地吸引国外资金，上海根据国家制定的外资政策，相应地制定了一系列吸引外资的地方法规。根据统计，自1979年至今，上海总共制定了有关外商的地方法规91个，其中大多为鼓励外商投资的法规。这些外资政策法规具有两个特征：一是法规涉及面广，比较完备；二是体现了减免税收的优惠政策。这些优惠的外资政策为跨国公司的进入提供了重要契机。这些举措意味着中国的外资政策以全球性眼光朝着更加开放的方向迈步，必然大大激发外商来华投资的热情。

在利用外资方面，20世纪90年代以前，上海是长江三角洲实际利用外资的主要集聚地，而江浙两省所占的比重较低，20世纪90年代浦东开发以后，长江三角洲地区实际利用外资快速增长，其中江苏省增长最为迅速。2000年以后，浙江省和安徽省对利用外资逐渐重视，大力加强招商引资力度，使得实际利用外资迅速增加。为定量分析FDI与区域经济的关系，可分析各城市FDI与反映城市宏观经济指标的地区生产总值之间的相关性。以1990—2010年江、浙、沪、皖三省一市代表性城市江苏、杭州、上海和合肥的FDI为自变量，地区生产总值为因变量，定量分析外商投资与地方经济的相关关系。研究结果表明GDP与FDI的相关性显著，上海、苏州、杭州以及合肥的GDP与FDI的皮尔逊相关系数都在0.9以上，均属高度相关，回归模型的F检验、常数项及变量t检验的sig. = 0.000（<0.05），皆通过检验，拟合效果较好，其回归方程如表5-8所示。

表5-8　1990—2010年上海、苏州、杭州和合肥FDI与GDP相关性

城市	回归方程式	R^2	F	Signif. F
上海	$Y = -69.544 + 0.014x$	135.255	0.861	0.000
苏州	$Y = 868.256 + 0.015x$	268.123	0.953	0.000
杭州	$Y = 758.358 + 0.017x$	254.325	0.946	0.000
合肥	$Y = 1044 + 0.014x$	269.476	0.938	0.000

显然，外资的引入促进了江、浙、沪尤其是长三角地区经济的快速发展，区域经济的发展又使其对外资的吸引力增强，消化吸收并转化升级国外先进技术和管理能力。外资与其他经济成分相互融合、相互促进，形成了良性互动，这种良性循环导致了 FDI 存在"区域性自我加速"机制，拉大了泛长三角地区内城市经济的差距。开放度吸引了外资的引入，改变了引入地较落后的产业结构，因而对城市经济的发展起到了巨大推动作用，增强了城市经济实力，改变了城市场空间布局。

5.4.1.5 现代信息化

20 世纪最重要的技术发明就是信息技术，信息技术是发展最快、影响力最大、渗透力最强的一门高新技术，是推动经济发展和社会进步的关键性技术。21 世纪以来，随着全球信息通信技术不断提高，世界迈入信息社会的步伐加快，以电子化、数字化和网络化为特征的信息化发展水平已成为决定国家或地区生产力发展水平，衡量综合国力和国际竞争力的重要标志。它正以空前的影响力和渗透力，不可阻挡地改变着社会的经济结构、生产方式和生活方式。目前，信息化发展为泛长三角城市经济区转变经济增长方式、升级传统产业结构及发展信息产业和高新技术产业提供了机遇和条件，首先表现为传统产业的升级改造，其次是三次产业结构的调整和新兴产业的发展。因此，加快发展信息产业，以信息化带动工业化，是当前泛长三角城市现代化建设的战略举措。

一个城市信息化发展程度如何可以信息化发展指数来衡量，信息化发展指数（IDI，Informatization Development Index）是从信息化发展的基础设施、使用、知识、环境与效果和信息消费 5 个方面综合性地测量和反映一个国家或地区信息化发展总体水平。为了解泛长三角城市信息化建设水平并与城市综合实力相比较，从而知道现代信息化对提高城市实力的贡献，本书对 2000 年和 2010 年泛长三角城市信息化水平进行评估。

首先建立评估指标体系，参考全国信息化发展指数指标体系，结合泛长三角实际情况，建立了 IDI 的 5 个大类共 14 个具体指标构成（表 5 -9）。

表 5-9　泛长三角地区信息化发展指数（IDI）指标体系

总指数	一级指标	二级指标
信息化发展指数	基础设施指数	电话拥有率（部/百人）
		电视机拥有率（台/百户）
	产业基数指数	计算机拥有率（台/百户）
		人均电信收入（元/人）
	应用消费指数	每百万人发明专利申请量（个/百万人）
		互联网普及率（户/百人）
		城乡居民人均信息消费支出（元/人）
	知识支撑指数	平均受教育年限（年/人）
		成人识字率（%）
		高等教育毛入学率（%）
	发展效果指数	人均财政性教育经费支出（元人/）
		信息制造业增加值占规模以上工业增加值比重（%）
		R&D 经费支出占 GDP 的比重（%）
		人均 GDP（元/人）

计算方法如下，对二级指标进行标准化计算，然后对各二级指标进行简单线性加权，得到各个二级指标指数，在此基础上对各个一级指标加权计算得到总指数（公式 5-3）。

$$IDI = \sum_{i=1}^{n} W_i \left(\sum_{j=1}^{m} W_{ij} P_{ij} \right) \qquad （公式 5-3）$$

式中，n 为信息化发展指数一级指标个数，m 表示信息化应用水平第 i 类指数的指标数目，W_i 为第 i 类指数在总指数中的权重，P_{ij} 为第 i 类的第 j 项指标标准化后的值。W_{ij} 为第 j 个指标在第 i 类指数中的权重，通过计算得到泛长三角地区信息化发展指数，见表 5-10。

表 5-10　泛长三角地区信息化发展指数（1978、1990、2000 和 2010 年）

城市	2000	2010	城市	2000	2010	城市	2000	2010
上海	0.829	0.992	嘉兴	0.656	0.846	蚌埠	0.460	0.578
南京	0.746	0.936	湖州	0.623	0.804	滁州	0.469	0.589

（续表）

城市	2000	2010	城市	2000	2010	城市	2000	2010
苏州	0.788	0.988	绍兴	0.630	0.813	宿州	0.451	0.567
无锡	0.729	0.914	舟山	0.608	0.785	阜阳	0.426	0.536
常州	0.690	0.866	温州	0.624	0.805	亳州	0.432	0.544
镇江	0.649	0.814	台州	0.626	0.807	巢湖	0.466	0.586
南通	0.627	0.786	金华	0.612	0.789	六安	0.442	0.555
扬州	0.611	0.767	衢州	0.534	0.689	池州	0.452	0.567
泰州	0.591	0.741	丽水	0.495	0.638	安庆	0.456	0.573
盐城	0.514	0.645	合肥	0.673	0.846	宣城	0.463	0.582
淮安	0.525	0.659	马鞍山	0.664	0.834	江苏省	0.633	0.794
连云港	0.519	0.657	芜湖	0.611	0.768	浙江省	0.648	0.836
宿迁	0.487	0.611	铜陵	0.628	0.789	安徽省	0.483	0.607
徐州	0.609	0.765	黄山	0.427	0.536	泛长三角	0.547	0.715
杭州	0.764	0.986	淮南	0.512	0.644			
宁波	0.715	0.923	淮北	0.486	0.612			

注：本书指标数值来源于 2001 年和 2011 年中国统计年鉴，江苏、浙江、安徽、上海统计年鉴，各市第五、六次全国人口普查，主要各省市数据公报，各省市通信管理局、各省市知识产权局、各省市教育厅及各省市财政厅财政决算年报等相关统计资料，并经过加工整理取得。

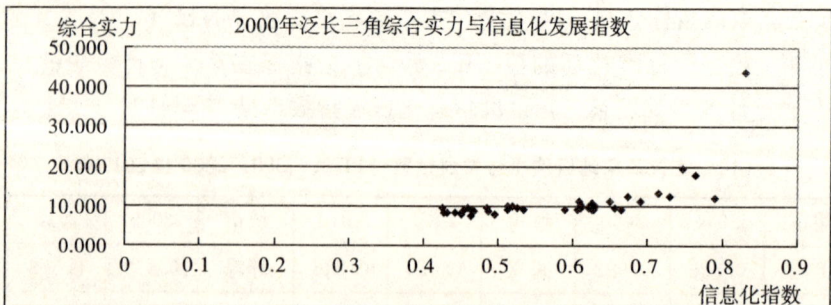

（a）

190

综合实力

2010年泛长三角城市综合实力与信息化发展指数

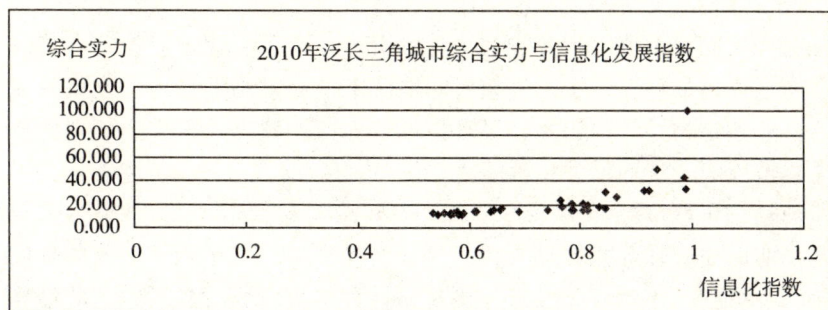

信息化指数

（b）

图5-6 泛长三角城市综合实力与信息化发展指数关系

图5-6显示无论是2000年还是2010年的泛长三角城市综合实力与信息化发展指数显然是互为相关，城市信息化指数高时其综合实力也相应较高，反之亦然。表4-9中，沿合-宁-沪-杭-甬城市综合实力都较高，历年来这一地区的城市影响区覆盖面最广，而泛长三角外围区域城市综合实力相对薄弱，其城市影响区的覆盖面相对要小。

5.4.1.6 产业结构调整与产业空间转移

产业结构调整和产业空间转移是区域经济发展到一定阶段所必然历经的客观过程和主观上进行产业空间优化的综合结果。人类社会经济发展告诉我们，无论是三大产业结构构成或是三大产业结构内各产业部门构成，低端的产业结构是社会经济不发达的表现，反之，社会越发达，其产业结构越先进。低端的产业结构产生的经济效益要低，高端的产业结构产生的经济效益要高，就是说，城市综合实力的强大与否是和城市产业结构优劣有直接关系的。虽然政府主观上对产业结构有一定的宏观调控能力，但产业结构的构成是受到一定产业发展和经济发展现状的客观条件限制的，不是任由主观构造的。产业结构的演变有一定的客观规律，总是由低端到高端、由落后到先进的循序渐进过程，当然不排除少数条件好的新开发地区，可以高起步、高目标地规划高端产业结构的产业发展。正是因为这种经济发展及产业结构的循序渐进的演进过程的客观性，产业梯度的形成导致产业空间转移发生就是必然的。相对高端的

191

产业向经济欠发达地区转移，一方面转移出的地区自然会发展更高端产业，经济效益也就更高，从而完成了本身产业结构升级，城市经济变得更加强大；而另一方面产业转移接受地由于接受了发达地区的产业，改善了自己落后的产业结构，但相对本地区来说却是高端产业，也就完成了一次产业结构升级，当然经济效益也就提高，城市经济实力由此变得较之以前强大，从而增强扩散能力。

泛长三角城市综合实力的提高及空间结构演变，与 21 世纪以来长三角产业向安徽和苏北转移及其产业升级有着很大关系。长三角的发展始于 20 世纪 80 年代，1982 年上海经济区的成立对当时江浙地区的经济发展，特别是乡镇企业的发展起到了积极带动作用。上海作为长三角地区的制造中心，这时期通过和江浙两省乡镇企业的合作，将部分制造环节移向江浙地区，当时约有 50％以上的上海企业与江苏、浙江乡镇企业和民营企业进行经济技术合作。1992 年浦东开发开放后，上海在长三角乃至全国门户城市的地位由此确立，而江苏和浙江顺而承接了上海大部分传统制造业的产业转移。上海向浙江转移的产业包括纺织、皮革、塑料制品、文教制品、仪器仪表和金属制品等；向江苏转移的产业包括钢铁、冶金、纺织和化工等。这个过程一方面减少了上海能耗需求，另一方面又形成了江浙全球制造区。30 年来，靠近沿海的江、浙尤其长三角地区在获得迅速发展的同时，由于多年持续的资本积聚和积累，技术引进、消化与创新，其极化效应开始由强转弱，辐射扩散效应相对趋强。安徽和苏北地区丰富的自然资源和低廉的生产要素迫切需要开发，客观上使长三角地区向安徽和苏北地区的资金、技术转移逐渐增强，产业转移和扩散逐渐扩大。与此同时，长三角地区产业结构调整的战略上升为优先发展高新技术产业、装备制造业和现代服务业，积极培育新兴产业，提升了区域产业的整体竞争力。正是这些一波又一波的自上海向南北的江浙以及由长三角向其广阔腹地的泛长三角大区域的产业转移带来的转移地和接受地产业不断优化和升级，经济效益得到不断提高，城市综合实力得到不断壮大，增强了城市经济的扩散能力，改变了泛长三角地区场空间结构。

5.4.1.7 区域发展战略与政策作用机制

区域发展政策是区域经济格局演化的重要推手，扮演着十分重要的角色。国家和省级政府的宏观政策是一种特殊的工具性"资源",本身就包含着一种特定的先发权(魏也华,1994)。在城市建设与产业发展过程中,一直存在着有意识的人为干预,即政府加以政策引导与规划调控。通过经济调控、规划决策等方面的作用,使城市空间结构演化尽可能符合人类发展愿望和要求,这就是空间的被组织机制。

改革开放以来,泛长三角城市综合实力由相对均衡到极化再出现扩散,主要是因为受到国家区域经济发展大战略和各省区域经济发展战略的影响。改革开放前,国家采取有计划的均衡发展政策,使得三省一市发展相对均衡。而改革开放后,国家采取由东至西及"T"形的梯度开发战略,沿海江、浙、沪三省市率先崛起,急剧扩大了与安徽省的区域差异;"T"形发展战略又使得上海和江、浙沿海及沿江成为世界制造业基地和中国经济重心,而苏北和浙西南相对薄弱;安徽省由于积极向东发展,靠近江苏的马、芜、铜以及合肥等城市经济实力大增,而其他皖北和皖中城市则一直处于经济劣势状态。

在改革开放初期受到国家开放政策影响较小,经济发展处于低水平的均衡状态。由于政策对沿海沿江城市地区的倾斜,再加上在经济快速发展过程中各地区经济发展条件不同,经济差异逐渐显现。这种低水平的均衡状态到1990年时已结束,长三角核心城市极化现象产生,2000年时极化现象急速加剧。早在"六五"计划里国家编制了长江三角洲经济区规划,批准建立长江三角洲为沿海经济开放区;"七五"计划里制定了沿海经济发展战略,做出了开发上海浦东的战略决策。在此基础上出台了一系列的产业政策,这对城市综合实力规模的扩大至关重要。据不完全统计,"八五"期间浙江省全部建成的29个大中型项目中有20个位于浙北,1995年在建的46个大中型项目中有28个位于浙北。江苏的情况亦如此,全省"七五"至"八五"期间全部建成的54个项目中有34个位于苏南。投资倾斜战略使苏南、浙北这两块原本经济基础雄厚的地区产业非农化、人口非农化的进程更为迅速,从而为泛长三角核心地带极化现象的形成创造了发展条件。

由于长三角地区资源、环境、劳动力成本及土地等的限制,国家开始逐渐重视产业空间转移。2009年国家批准的《江苏沿海地区发展规划》加快了沿海开发开放步伐,把江苏沿海地区建成我国东部地区重要的经济增长极，同时带动苏北的快速发展，从而减小与苏南、苏中地区差距；2010 年《皖江城市带承接产业转移示范区规划》及其批复也是在这样的背景下产生的。安徽作为中部地区承接发达国家和我国沿海发达地区产业梯度转移、西部战略资源输出的枢纽和核心区域，该项政策的实施将带动资金、技术的转移，增加安徽地区尤其是皖江城市的发展优势。这些区域发展政策无疑带动了整个泛长三角地区的区域平衡发展及局部地区的差距拉大。

5.4.2 泛长三角城市经济扩散通道作用因素

交通技术的发展及交通条件的改善大大缩短了要素流通时间，使城市之间、城乡之间的联系成本大为降低，居民和厂商靠近中心所获得的聚集效应降低，对市中心或某单一城市的依赖性逐渐下降。而生产者和消费者都能以更有效和更系统的方式收集及传播信息，大大降低了信息获取和传递的费用，使得生产要素在空间的移动和集聚更加自由方便，这对城市的分散存在着潜在的影响，为城市新区和落后地区的开发与建设奠定了动力基础，从而推动了区域空间结构的水平扩展。

改革开放以来，长三角地区大的交通基础设施建设使得区域城市空间网络日趋完善，加强了泛长三角区域内核心城市带的刚性和适应能力，对区域空间结构的重塑具有极大的拉动作用。20 世纪 90 年代兴起的高速公路建设与完善，如长江北岸宁－扬－泰－通高速，长江南岸的沪－宁－合高速、沪杭甬高速及苏嘉杭高速、宁杭高速等增强了苏南、苏中、浙北、皖东与上海及彼此间的联系；随着铁路技术的发展，21 世纪头十年末期高铁的建设大大缩短了泛长三角内核地区的时空距离，更进一步提高了该区域城市间的联系程度，对 1 小时城市群的形成起到了重大的促进作用，沪宁高铁、沪杭高铁、合宁动车线这些线路每日密集的班次开通使得泛长三角内核城市间一日往返甚至数次往返都不成问题；继南京长江大桥修建后的长江跨江大桥陆续建成，使得泛长三角中部的长江不再是天堑，变成了一个个畅通的虹途，如 1995 年通车的铜陵长江大桥，把皖江南岸高速和合安高速连接起来；1999 年 10 月建成通车的江阴长江公路大桥，把广靖高速、锡澄高速、沪宁高速及宁通高速相连。之后，皖江上相继有芜湖长江大桥（公铁两用）、安庆长江大桥。江苏段的有润扬长江公路大桥，连接起京沪、宁沪、宁杭三条高速公路，并使这三条高速公路和 312 国道及上海至成都国道主干线互连互通；苏通大桥建成通车，极大缩短了上海与南通的距离，进一步打通了我国沿海大通道，有利于加强南北经济的联系，对促进区域协调发展有着重要战略意义；另外，南京二桥、三桥和长江隧道进一步打通了苏南与苏北、皖东地区。杭州湾跨海大桥于 2008 年建成通车，对环杭州湾地区的发展有十分重大的影响，它彻底改变了宁波的交通尾端地位，加上宁波现有的临港产业优势及深水港优势，必然会使宁波的区域地位进一步得到提升。

与此同时，上海的国际大都市功能也会得到积极提升，上海的影响地域将进一步扩大，有利于增强上海的极核中心作用，对加快泛长三角地区一体化的进程具有重要意义。从港口疏运能力看，杭州湾大桥建成使得宁波港吸引杭州湾北岸地区的货物以及上海港、洋山港吸引杭州湾南岸地区的货物能力大大增强，既为杭州湾港口的发展提供了机遇，也加快了这一地区港口的分工与合作。东海大桥的建设为建设国际性大深水港的洋山港提供了前提条件，通过东海跨海大桥与上海综合交通运输网络连接，可充分发挥上海经济腹地广阔、箱源充足的优势，上海将成为世界最大规模集装箱港区之一。洋口港的建设大大抬升了南通的城市地位，同时也将使长江三角洲出海门户多元化，形成以上海洋山港为中心、宁波北仑港为南翼、南通洋口港为北翼的三位一体格局。泛长三角核心区的现代水陆交通的建设，较大改善了该地区的交通联系，也为联系泛长三角外围区域创造了交通条件，极大地增强了经济发展的扩散通道能力，为带动外围地区的经济扩散打下了坚实基础。因此，历年来泛长三角空间结构中这一地区都是最高级化的地区。

不仅是泛长三角内核地区（长三角地区）的交通基础设施日益改善并出现网络化特征，外围地区的交通建设也得到了极大改善。铁路方面，纵贯江苏南北的新长铁路于 2005 年全线贯通，为充分发挥苏北后发优势，促进苏中快速崛起，扩大苏南辐射带动作用，改善江苏发展环境及增强经济综合竞争优势，起到积极的作用；金温铁路的建成开通，有力地促进了温州市和浙西南地区经济与社会的发展，并为完善东南沿海铁路网建设奠定了良好的基础；合九铁路、合六叶铁路、皖赣铁路及

195

京沪高铁安徽区段的建成为皖西、皖南的发展带来了极大机遇，为皖中和苏南经济向其腹地辐射起到了重要作用。徐连高速、京沪高速江苏段、连盐通高速、徐宿淮盐高速及宁宿高速等为苏南产业向苏中和苏北转移，以及江苏经济整体提升和经济一体化都至关重要；京台高速安徽段的合徐高速、庐铜高速、铜黄高速，宁洛高速的界阜蚌高速和宁蚌高速、济广高速内的亳阜高速和安景高速等把江淮大地连接成一个整体，有利于合肥和沿江城市对皖北和皖南经济的有力带动；甬台温高速、杭金衢高速以及金丽温高速等干线有利于杭绍甬经济带向浙西南地区扩散并带动该地区空间结构演变。交通基础设施建设直接的结果就是各城市交通可达性的改善，故最终引导和加速着场空间结构的演变。

5.5 泛长江三角洲城市场空间结构演变意义

改革开放以来，随着长三角经济迅速发展，占全国国内生产总值的比重增加，对全国经济增长的贡献也越来越大。快速增长的沿江经济带和沿海经济带向泛长三角外围地区和我国中、西部不断辐射引致泛长三角和我国中西部经济空间结构演化，对我国区域经济快速发展具有重要意义。从泛长三角空间结构演变过程看，历年来长三角城市是泛长三角区域的核心区，对泛区域空间结构演变有着支配作用。长三角经济在泛长三角经济区的重要地位，决定着长三角经济尤其是产业结构优化和区域创新发展对泛长三角经济发展产生直接作用，从而对我国区域经济发展具有重要意义。

5.5.1 对泛长江三角洲经济发展的影响和意义

泛长三角空间结构的演变，一方面是城市化、市场化和产业结构调整等因素作用的结果，另一方面又反过来对这些作用因素起着促进发展作用。

第一，有利于提升泛长三角城市化质量和数量。当前长三角核心区由大量外来流动人口所提升的城市化率，具有较大的不可靠性和低水平性，也是社会不稳定的重要因素。泛长三角外围地区空间结构不断优化，很大程度上使长三角部分外出务工人口、城市小白领和大学毕业生向家乡回流，他们往往能在家乡找到合适的工作岗位，非常有利于他们以较低的生活成本融入当地社会，成为真正的城市化人口，这将从根本上改变和提升泛长三角的城市化质量与数量，也有利于社会稳定发展（费潇，2012）。

第二，有利于形成多层面空间互动趋势。随着长三角地区的空间结构持续泛化发展，长三角核心区与外围区的空间互动趋势将进一步强化。一是强化长三角核心区内部网络化发展，形成长三角核心区与外围区之间的多点互动联系；二是加速长三角外围区的中心城市以各自腹地为支撑，加速点状集聚；三是推动皖江城市带、金衢丽城市群及徐连宿城市群等的建立，率先形成轴向联系空间，并进一步发育成为紧连长三角的局部网络化地区。

第三，对城市与城市外围地区的要素均衡化配置的实现有重要作用。泛长三角城市外围地区演化为城市影响区显然是泛城市化的结果，泛城市化打破了城乡生产生活的重大差异，导致城乡生产生活条件及其方式同一化。农民在其祖祖辈辈居住的地方，也能较好地享受到城市的物质生活和现代文明。显然，城乡一体化的一个重要方面就是"城乡同一化"，即把城市的物质和精神文明带到乡村地区，较快地消除城乡生产生活和文化差异。泛城市化提高了投资环境均质化，使得泛长三角任一点上都具有较好的投资环境，这就促进了城市外围区域的要素配置。那些在传统概念上被称之为农村地区的城市外围区域，现在也成了制造业的集聚地。

第四，有利于泛长三角市场化进程的发展和整体对外开放度的提高。随着泛长三角空间结构向高级化方向的演化，说明其内部城市经济联系加强，基于其各经济区域内部各次级区域之间、各产业之间的专业化分工与合作而形成的市场经济一体化自然得到加强，这直接体现在泛长三角经济市场化的加快及市场化程度的进一步提高，其早期内部的市场分割将最终为统一的区域市场经济体系所取代。这种市场经济内向一体化必然朝着市场经济外向一体化推进，促进整个地区市场经济体系融入全球市场经济体系。

第五，加快泛长三角整体产业结构的优化升级。泛长三角地区空间上联系加强伴随着全球经济结构调整和产业跨区域、跨国界转移，加之市场化进程的推进与对外开放水平的进一步提高，一些大型跨国公司把生产基地开始移入长三角泛化地区以获得进入更广阔的内地市场，寻求更好的发展机会。同时，长三角一些发展空间得不到提升的产业也逐渐向泛化地区转移。而长三角地区低端产业的移出和新兴产业特别是高新技术产业的兴起以及金融、保险等高端服务业比重日益加强，这样整个泛长三角产业结构得到了进一步优化。

第六，有利于提升泛长三角区域经济的国际竞争力。世界经济的竞争更多地表现为区域之间的竞争。改革开放以来长三角的发展对世界市场产生着极大影响，但长三角面临发展空间和自然资源有限等发展后劲不足的问题，需要在更广阔的范围内整合资源。因此，泛长三角经济空间结构演化会扩大其经济腹地，有利于区域经济综合实力的增强和国际竞争力的提高。

5.5.2 对我国区域经济发展的影响和意义

经济极化与辐射是一个动态过程，泛长三角经济区由长三角极化与辐射的广阔经济腹地构成。泛长三角经济区是适应区域经济发展的新形势形成的，因而泛长三角经济空间结构演化不仅对于其经济快速发展具有重要意义，而且对我国区域经济发展也有着深远影响。

第一，对我国经济产业结构合理化产生重要影响。随着长三角经济的持续增长，其产业结构也发生着显著变化，对我国产业结构调整和生产力布局优化具有明显的示范与促进效应。长三角的第二、第三产业发展速度高于全国平均水平，根据统计，2010 年泛长三角三次产业比重为7.3：52.6：40.1，而全国为 9.4：48.5：42.1，泛长三角的产业结构比例对我国产业结构变化起着优化示范的作用。

第二，有利于加速形成区域一体化发展格局。安徽是我国东部沿海发达地区向西进入内陆地区的中转站，泛长三角化及其空间结构的外围地区的空间结构等级提高是长三角外围区发展环境改善的表现，说明长三角外围区的投资环境已有改善，引导了长三角核心区各类要素资源，以安徽省为平台，为进一步向西扩散，进入更为广阔的中西部地区打下坚实基础，十分有利于加速我国东、中、西区域一体化进程。

第三，有利于促进我国区域经济的良性竞争。如何加大招商引资力度、保持外向型经济的优势是长三角面临的重要课题。促进泛长三角经济空间结构演化，可以通过经济腹地的扩大，保持和提升区域经济优势地位。从这个角度看，泛长三角经济区的发展，也必然带动我国区域经济的良好竞争局面。泛长三角经济区的合作发展是全面落实科学发展观，促进我国区域协调发展的重大举措。它对统筹区域协调发展，逐步形成东、中、西部经济互联互动、优势互补及协调发展的新格局发挥重要的推动作用。

第四，有利于推动区域经济快速增长。实施泛长三角经济发展战略，对中、西部经济发展起到直接的推动作用。从国家的长期发展战略分析，长三角经济区担负着带动周边后发区域经济发展的历史责任。促进泛长三角经济空间结构演化，积极加强长三角与周边后发区域的经济合作，是实现我国区域共同富裕的有效途径。泛长三角区域合作有利于实现各方利益要求，提高区域整体竞争力。泛长三角经济空间结构演化，加强区域合作是泛长三角开放、增进合作的根本要求和共同愿望。因此，通过促进区域内部资源要素的自由流动，建立布局合理及结构优化的产业合作体系，从而实现资金、人力、技术和自然资源等高效配置，以推动更大区域的经济结构战略调整及区域经济整体实力提高。

第五，促进重要制度与技术创新的推广。创新是一个国家发展的主要动力，长三角作为我国改革开放的前沿和经济增长的核心区域，在形成各具特色的区域经济发展模式过程中，无论是国有企业改革，还是地方政府行政管理体制改革，市场管理方式及经济主体行为规范改进和效率提高，不仅对泛化区而且对全国产生影响。泛化的长三角聚集了大批具有强大科研能力的科研院所及大专院校，使之成为我国重要的新产品生产基地和新技术研发与扩散中心。泛长三角作为我国对外开放前沿，是重要的核心经济增长区域、生产中心与制造业基地、制度与技术创新中心，在我国经济发展中具有不可替代的重要作用，产生关键性影响。

第六章　泛长江三角洲
城市场空间结构演化类型

上文对泛长三角经济区城市场空间结构的演变过程做了分析，在一定的作用机制下其空间形态、影响区面和扩散值等演变呈现各自特点。纵览泛长三角城市场空间结构的演变，可以发现其实质是泛长三角复合式核心-边缘结构形成过程，在此基础上进一步提炼出其空间结构演化类型。

6.1　泛长江三角洲复合式核心-边缘结构形成

泛长三角城市场空间结构总体发育程度还较低且差异很大。2010年泛长三角场强影响区面积为 13.14 万 km²，仅为整个泛长三角面积的三分之一，也就是说整个区域还有一大半面积没有受到城市经济发展带来的明显的影响。从场强影响区历年分布看得出影响区在沿合－宁－沪－杭－甬线向外围呈现出由密集到松散的分布格局，而就单个城市影响区格局看，显然也是呈现由里及外场强渐弱的格局。这种区域空间场强强度表现为总体分布的不平衡性、空间分异的规律性、内部集聚的异质性和明显的分化性等空间分异特征。这种分布差异具有一定程度的合理性，并呈现出发育的阶段性，即由点及轴、由轴及面的过程。其实，泛长三角经济区空间结构演化也是其空间结构整体构架日趋形成的过程。依据区域经济空间结构演化理论和核心-边缘理论，可以发现泛长三角经济区内局域空间结构演化大致经历了行政中心孕育发展、行政中心极化发展、点轴扩散发展、网络化过渡发展和复合式核心-边缘结构形成五个阶段。

自中国近代以来到改革开放以前这一时期为泛长三角城市经济区行

政中心孕育发展阶段，这一阶段的特征主要体现在长江沿岸以外城市。伴随工商业的发展，城市经济发展开始加快，城市迅速崛起。自改革开放到 20 世纪 80 年代末 90 年代初为泛长三角经济区行政中心极化发展阶段，在这一时期，泛长三角经济区大多数城市极化效应表现较为明显，城市影响区呈现个体块状，城市之间经济发展的差距有拉大趋势。同一时期，长江沿岸城市表现为点轴扩散发展阶段，由于中国改革开放并实施"T"形发展战略，沪宁线城市得到迅速发展并开始向其腹地进行经济扩散。20 世纪 90 年代末到 21 世纪初，泛长三角沪宁线为网络化过渡发展阶段，这一时期泛长三角经济尤其是沪宁线、沪杭线和杭甬线的经济实力不断提升，产生了扩大经济腹地的客观需要，小范围内新的次级增长极不断产生，城市层级体系不断优化，不同等级城市间开始显现网络结构迹象。21 世纪初至今，泛长三角经济区三层级复合式核心-边缘结构初步形成，这一时期，以甬－杭－沪－宁－合为发展轴的区域融合为整体，构成泛长三角经济区的内核区，其外围是邻接区和外缘区，这构成了三层级的核心-边缘结构。然而，由于每个城市向其腹地施加影响力，其本身也是个三层级核心-边缘结构，因此两者共同构成了泛长三角城市经济区三层级复合式核心-边缘结构。

6.1.1　城市行政中心孕育发展阶段

从图 5 - 2a 可知，苏南、浙东北和合肥等地区城市影响区较大，基本上呈独立的块状，而皖北、皖南、浙西南和苏北地区城市影响区较小，有的甚至可忽略不计。这些区域的城市影响区似稀疏的星点，它们由于历史和区位等方面的原因生产力长期没有得到解放，城市经济正处于较漫长的孕育发展阶段，城市综合实力极小，对周围地带影响极小，带动作用不大。因此，这时期泛长三角呈现中部地带城市的散块状与外围地区城市的疏点状并存现象。这一时期，由于我国实行计划经济，缺乏市场机制作用，区域经济表现为以城市行政中心的生产力发展，经济发展要素以行政权力调度为主。因此，此阶段地区间的屏障效应大于中介效应，地区间的开放程度较低，整个区域空间结构呈稀疏点状构造，地区之间人流、物流、信息流及资金流等的相互交换流量少。由于有的城市经济仍处在发端阶段，所以等级体系不明显，职能分工不明确。

6.1.2 城市行政中心极化发展阶段

改革开放以后，国家开始实行政治经济体制改革，逐步由计划经济向市场经济转变。以安徽为例，1984 年以后，改革的重点由农村转向城市，城市经济体制改革以企业改革为重点。在国家的统一部署下，安徽的企业改革在实践中探索，在探索中前进。大体上经历了逐步深化的四个阶段：第一阶段是 1980—1984 年的起步阶段，主要是在企业广泛推行经济责任制，对国有企业实行利改税，推进企业由生产型向经营型的转变；1984 年 10 月，中共中央十二届三中全会通过了关于经济体制改革的决定，安徽的企业改革进入了以扩大企业自主权、增强企业活力为特征的第二阶段，国家缩减了对企业下达的指令性计划指标，企业普遍推行厂长（经理）负责制，经营机制开始发生转变；从 1987 年以后，企业改革进入了以推行承包经营责任制为特点的第三阶段，进一步扩大企业自主权，企业改革已触及企业制度层面，大大推进了企业经营机制的深刻转变。正是由于企业改制，在市场机制的作用下生产要素流动性逐渐得到加强，这时城市增长极本身所拥有的先进产业对周围生产要素自然产生强大吸引力，周围地区的生产要素和经济活动不断向城市集中，从而加快城市自身的发展，迅速增长的推动性产业吸引了其他经济活动向城市聚集。在这一过程中，经济要素及经济活动首先出现极化，之后形成地理空间的极化，从而获得各类集聚经济，即规模经济。反过来规模经济又进一步加强了增长极的极化效应，从而加速经济增长速度并扩大其吸引范围。正是因为政治经济体制改革，城市的极化效应迅速得到加强，使得这一时期泛长三角广大城市得到了发展，形成了以城市行政中心为核心的大块状的城市影响区。

实际上，依据我国整体改革开放的进程以及市场化改革的进展情况，在 20 世纪 90 年代初期以前，从某种意义上说，并不存在实质意义上的泛长三角城市经济区。这时期的区域经济体现更多的仍然是以城市行政中心为经济中心的"块状经济"特征。当然，这时期一个最为显著的特征是重要的经济中心——大、中城市的经济实力普遍提升。由于生产力得到了解放，城市本身所具有的如区位、交通、资源、人口等生产要素功能得到强化，城市初步得到了应有的发展，城市等级体系在这一时期基本上较为清晰。从图 5-2 可以看出皖北的蚌埠、阜阳、淮南，皖中的合肥，皖江的安庆、芜湖等城市基本上为各地带的核心城市，苏、锡、常、宁、镇等苏南城市，浙东北的杭州、宁波、绍兴等则分别是江、浙的最高层级城市，显然这些城市高层级态势至今仍存。

6.1.3 城市经济点轴扩散发展阶段

点-轴开发理论认为经济空间的移动和扩散是通过"点"对区域经济产生影响，并通过"轴"起带动作用。城市发展过程中的社会、经济要素首先在"点"上集聚，当集聚到一定规模时或通过城市空间自组织规律与其他组织干预的共同作用，社会、经济要素便通过线状基础设施向外扩散，形成空间结构中的轴线，促进城市发展；随着交通条件的改善、产业关联性的加强及点与点之间的空间相互作用的增强，经济发展便逐步由"点"发展到"点-轴"的形式。20 世纪 80 年代至 90 年代，随着我国政治经济体制改革逐步铺开以及国家重点开发战略的实施，尤其是陆大道先生的以海岸带及长江沿岸为国土开发、经济布局战略重点的"T"形宏观战略模式被写入《全国国土规划纲要》（草案，1987 年）和 23 个省、自治区的国土规划，之后，"点-轴系统"模式和"T"形空间结构战略在全国得到大规模地实施，这一时期泛长三角沿杭州湾和沿江地带城市的经济发展进入了城乡点轴扩散的发展阶段。随着交通基础设施不断完善和长江发达的水上运输系统重要作用的发挥，各城市间相互作用日益增强，沿交通发展轴线形成紧密的联系，并向四周延伸经济影响力，这样，沿江和沿杭州湾的点轴扩散发展阶段打破了原来的几乎独立的块状格局。

6.1.4 城市网络化过渡发展阶段

实际上，20 世纪 90 年代长江流域沿岸城市及环杭州湾地区城市场空间结构仅仅呈现带状格局，总体上呈"几"字形，其他地域为彼此分散的独立块状或点状。此时期，只能说长江干线经济带形成雏形，就较发达的沿江点-轴发展阶段现状来说还远谈不上泛长三角经济区概念。由图 5-2 可知，改革开放 20 年后的 20 世纪末至 21 世纪初，由于浦东的开发以及市场经济体制的深入改革，原来沿江、沪宁、沪杭及杭甬组成的"几"形发展轴线逐渐演化为长三角地区以及合肥、皖江下游地区组成的低级网状区域空间结构。泛长三角北部的徐州与淮南、宿州以及宣城与杭州等跨省区城市开始出现"牵手"现象,特别是邻近"几"形地带更是如此,这时期跨三省一市的地域才在地域交界带上建立了联系,并有愈加紧密的态势。可见,泛长三角城市经济区此时才初见端倪。

6.1.5 泛长江三角洲复合式核心—边缘结构形成阶段

21 世纪的头十年,在高速公路及快速轨道交通的作用下,城市之间的联系更加方便快捷,沿合-宁-沪-杭-甬线城市体系分工更趋合理,交通网络日益完善,次级交通线路具备发展轴的功能进一步加强,带动沿线地区经济迅速发展,经济实力不断提升。沿线城市与周围区域形成极强的资金流、人流、商品流及信息流等,一体化程度日益加深,从影响区图可知,沿合-宁-沪-杭-甬线城市影响区已连成整体,呈大板块状,为泛长三角城市经济区的内核区。在此阶段,内核区经济发展达到了较高水平,现代化的、高水平的交通运输和通信网络形成,各地区之间的相互联系日益密切和广泛,区域空间结构趋于相对均衡状态,初步呈现网络化、均衡化和多中心化的特征。与内核区相邻的区域是皖中、苏中以及浙南,这些地区在交通网络发展和区域相互作用程度上都比不上内核区,但这些城市有向网络化形态迈进的趋势,在内核区外围呈团块状分布,定义为邻接区。再往外围的城市影响区呈带状和少数块状,仍处于较低级的发展阶段,定义为外缘区。这样,整个泛长三角地区由里及外为内核区、邻接区和外缘区,无论是哪一种区,都把三省一市紧紧联系在一起,他们构成了泛长三角城市经济区的主轮廓,至此,泛长三角城市经济区初步形成。内核区为泛长三角城市经济的制高点,是经济最发达地区,第三产业比重大;邻接区紧紧把内核区包围,以制造业为主,第二产业比重大;再外面是第二产业比重偏低的外缘区。一般来说,整个泛长三角地区由里及外经济密度、第三产业比重和社会发展程度逐渐降低,呈现三层级的核心-边缘结构。

根据泛长三角城市影响区格局状况,以及三类区的基本特性对内核区、邻接区和外缘区做出划分(如图 6-1 与图 6-2)。划分原则为:

（1）由于地级市范围较大，城市影响区很少覆盖全部地域，而且地级市的内部差距较大，产业发展上也不均衡，所以内核区的划分以县级行政区为最小单元。

（2）邻接区主要是团块状影响区，是制造业占有很大比重的地区，界限没有内核区要求严格，主要以地级市的行政单元为界线，同样外缘区也以地级市行政区界线为主要参考。

（3）内核区和邻接区交界的城市，尽管也有的城市产业结构呈现高级化，考虑到与邻接区其他城市之间的较紧密合作关系，以及从可构成一个完整的团块状结构等原因划为邻接区。

（4）各区的划分以连片为原则，不存在飞地，内核区尽量满足走廊式，即使个别地区发展较落后，但考虑未来发展潜力仍然划入内核区。

图6-1　泛长三角团块线、
板块线与场强分区

图6-2　泛长三角三大地带
面与行政界线

对三大地带面划分作以下的补充解释：江苏内北边主要以苏中和苏北的地级市为界线；安徽内全椒县和巢湖市区、含山县、和县以及马鞍山市区划入内核区主要是避免安徽与南京相连处出现狭长地带，而且这些地方有很好的区位优势，未来发展中应该引起高度重视。团块区把舒城县划入主要是考虑到现有的皖江城市带的规划，绩溪县和旌德县从邻接区脱离划入外缘区主要是考虑到其徽州文化的归属。

　　泛长三角三大区的划分表面上是从城市综合实力的场强强度覆盖面来划分的，其背后实质映射的是区域内城市的发展程度以及城市之间的联系强度。三大区之间并非是割裂开来的，彼此间存在相互联系。

　　从单个城市的场强强度看，泛长三角城市经济区每个城市都存在极强影响区、较强影响区和一般影响区。极强影响区是城市的核心区，也是城市经济最发达地区，大体是老城区范围，是城市产业和功能最密集的区域，一般以第三产业为主；自核心区向外延伸，经济密度逐渐降低，依次是扩展区和外围区。扩展区是核心区城市功能的外延，也是各类型经济开发区密集分布的地带；外围区主要由各个县级市及其腹地构成，它们与中心城市保持密切的经济社会联系，接受中心城市的辐射，产业主要为制造业和城郊农业，与中心城市形成较明显的合作与分工关系。三种影响区呈现出 42 个核心-边缘结构，从而和整个泛长三角城市经济区的三大地带区的核心-边缘结构构成三层级复合式核心-边缘结构（图 6 - 3）。

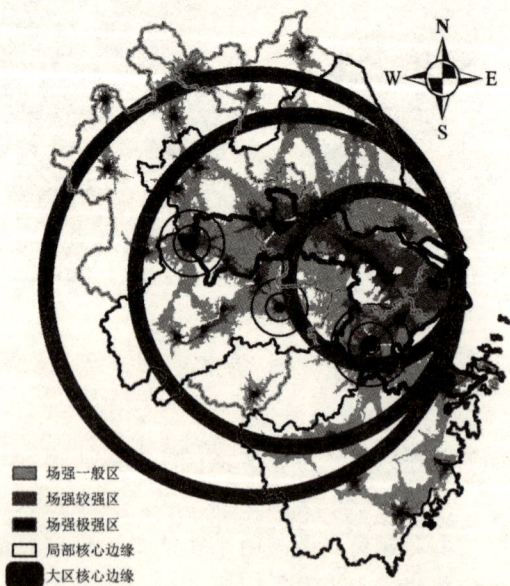

图 6 - 3　泛长三角复合式核心-边缘结构

6.2　泛长江三角洲区域空间结构演化类型

泛长三角城市经济区核心-边缘结构形成的过程表明，不同时期，其内部空间结构表现出不同的类型特征，空间分布上存在一定的规律性，因此，有必要把这一演化类型和规律提炼出来，从而为其空间演变做出预测，同时也可以为空间整合提供科学基础。在此，有必要了解空间结构演化相关内容及其经典模式，为本书提炼泛长三角空间结构提供理论依据。

6.2.1　区域空间结构的演化本质

区域空间结构不是静止的，它将随着社会经济的发展而不断演化。区域空间结构的形成和演化不是偶然的，总结第五章空间结构演化影响因素，一般来说，区域空间结构受到两方面的影响。一是区域经济的自然地理状态，尤其是地理区位和资源条件的影响；二是受人类经济活动的影响，包括城市、环境、市场及人口等因素，并随着这些因素的变化而发生演化。例如，长三角南侧的杭嘉湖平原地区，河网密布，人口稠密，地理条件相对均衡，在明清时代，以嘉兴市为中心的区域就形成了较好的城市中心地分布，当上海开辟为商港并迅速发展后，这种结构有了很大变化。随着现代技术的发展，空间结构演化对自然条件的依赖性逐渐减弱，但在区域经济发展初期，尤其是对于中国中、西部地区来说，仍具有较强的约束力，成为影响空间结构形成及制约经济发展的重要因素。

区域空间结构演化是区域空间分异导致的，区域空间分异实际是经济地域运动的结果。经济地域运动是经济地域内各组成成分的质、量、空间位置和相互组合上的有机运动过程，这种运动过程包括空间结构功能单元的形成与演化、空间结构质量的成长和空间地域范围的收缩与扩张三个方面，最终结果是产生经济地域空间分异和空间结构重组。区域社会经济发展到新的阶段后，促进了各种空间结构要素的提高和量的变化，进而形成了一种新的区域空间结构景观且导致各种功能区重新组合而产生了一种新的空间结构模式，也即是区域空间结构演化的结果。它是区域社会、经济演化到一个新阶段的标志（陈修颖，2003b；陈修颖，2005）。

区域空间结构又是一种秩序的表现。依照系统论原理，作为一个巨大复杂系统的地理空间从混沌到秩序、从无结构到有结构的过程，必须不断地对空间系统注入负熵，使区域熵值持续降低，当低熵值的不稳定状态存在时，空间结构即形成。也即是说要维持和发展这种具有秩序的功能属性，要持续地对系统输入物质、能量及信息流，否则，这种秩序的空间结构会"降维"甚至崩溃，最终成为无秩序状态。所以，人类通过不懈地投入物质流和信息流"经营"空间使得空间状态越有秩序，因而变得愈加高级，这一过程原理是经济地域空间结构产生和演化的本质。区域空间结构的形成，即空间结构秩序化，其中明显的变化表现为：①景观变化。如城市成长、城市体系化、发展通道形成以及流的生成并壮大等；②属性变化。如网络的形成以及等级的产生，包括生产者网络、供应网络、销售网络、能源网络及信息网络等的形成和区域空间层级、城市层级及生产者层级等秩序的产生；③状态变化。区域间和区域内部空间协同效应的产生为区域空间结构形成的主要标志。

6.2.2 区域空间结构演化经典模式

区域空间结构演变过程实质是组成其要素的变动过程，它们有各自的演化规律，在不同阶段具有不同功能和性质的各类空间结构要素在特定地域空间上发生各种组合，形成不同阶段的区域空间结构模式，这些各异的空间结构模式有着不同的空间结构质量、不同的空间景观图式（陈修颖，2007）。尽管如第二章所列的空间结构模式种类众多，但始终是区域空间结构经典模式的前后向延伸或变体。

（1）极核式空间结构。区域发展早期，尽管区域内部经济发展差异不太显著，但由于各地区间的资源禀赋不尽相同。同时，由于地理区位不同，一些经济部门和经济组织在空间布局上有集聚需求，它们会选择区位较好的地方作为发展场所，经济活动的集聚地就这样产生了。区域中一般会首先形成若干个经济集聚点，由于这些点在经济活动中的行业构成、经济发展的资源禀赋、区位条件等方面存在差别，就是说这些集聚点的可依赖的现实基础和发展潜力是不同的，从而，也就决定了集聚间的经济发展将出现快慢之分，这是任何社会经济发展的必然结果。

这种背景下，如果某个集聚点经济发展比较好，得到了很好的发展机遇，比如行政机关的设立，通往区外的交通线路得到开辟，则该点的经济发展将步入"快车道"，实现经济快速增长。通过一段时间的发展，最终，当经济规模和居民点规模都明显超过其他点时，于是就成了区域的增长极。一旦形成增长极，它就会对区域内的经济活动的分布格局产生重要影响。由于增长极投资环境比区域中的其他地方优越，投资的收益率高，而且发展的机会多。因此，它对周围地区的劳动力、资金、技术等生产要素产生越来越大的吸引力，而这些生产要素为了追求高收益和寻求良好的发展机会而向增长极集聚。生产要素集聚的同时必然伴随区域内各种自然和人文要素的集聚，这样便产生区域要素流动的极化过程。极化过程中，区域的要素和资源不断向增长极集聚，各种社会组织、经济组织和人口也向增长极涌入，从而导致区域的空间分异。从发展水平观察，增长极的社会和经济发展水平都要高出其他地方许多，两者之间形成明显的发展差异。增长极成为区域经济和社会活动的极核，对区域内其他地方的社会和经济发展起着支配和主导作用。

（2）点轴式空间结构。点轴式空间结构经常被称为点轴系统，是在极核式空间结构基础上演化来的。区域发展初期，尽管出现了增长极，但空间上也还存在着其他的点，这些点虽然不是增长极，也是经济活动相对集中的地方。这些点在增长极发展过程中，自然会受到增长极对它们的多种影响。第一，增长极从周围的点就近获得发展所需的资源要素时，客观上就释放出了这些点所蕴藏的经济发展潜力，于是在向增长极提供要素和资源时增加了自身经济效益；第二，增长极在开发周围市场时周围的点接受了增长极所带来的发展所需的生产资料和相应的生产技术，以及新的信息、新的观念，这就刺激了它们的发展欲望，提高了它们的发展能力，同时，这些周围的点发展机会也就多起来；第三，伴随经济联系的加强，增长极与周围点的经济社会联系也会密切起来，因而就会带动和促进这些点的发展。在周围点与增长极的交往过程中，必然会产生愈来愈多的商品、资金、人员、技术和信息等的交流要求，就会建设连接其间的各种交通线路、动力供给线路、通信线路等。区域资源要素在持续向增长极和相关点集聚的同时，各种联系线路的建设也开始向沿线地区集中。这样，沿线地区就渐渐发展成为区域经济活动的密集区，成为区域经济发展依托的产业轴线。产业轴线形成后，增长极及产业轴线上的点的规模继续增强，轴线的规模顺而扩大，在新的地区与新的点间会再次出现上述点轴形成过程。这样，区域中就形成了不同规模等级的点和轴线，它们相互连接共同构成了布局有序的点轴空间结构。

（3）网络式空间结构。网络空间结构是点轴系统演化的结果。在点轴系统的发展过程中，位于轴线上的不同规模等级的点间的联系会不断加强，一个点可能会与周围的几个点发生联系，以满足获取要素和资源及开拓市场的需要。自然而然地，在点与点间就会建设多种路径的联系通道，于是便形成了纵横交错的交通、动力供给、通信网络。网络上的各个点对周围农村腹地的社会和经济发展产生组织和主导作用，并通过网络构成区域的经济增长中心体系。网络使得区域内各地区间的联系进一步得到沟通，全区范围内各种资源和要素能自由传输，这样，区域的网络空间结构便形成了。网络空间结构是区域社会和经济活动进行空间布局组合的架构。依托网络空间结构，通过各种社会经济联系就能把区域内分散的要素、资源、企业、经济部门和地区组织成一个具有不同层次、分工合作、功能各异的区域经济系统。当某地区进入到工业化中后期时，伴随着交通、通信和网络技术的发展，区域经济将渐趋分散化、均衡化。网络化发展，空间上则以网络状结构取代点轴结构。目前，在一些发达国家或地区，网络化、多中心已成为区域空间结构的主要外在形式（李国平，2009）。

在第二章中，作者已对国内外有代表性的区域空间结构模式进行了梳理，总结已有的研究成果，作者认为这些区域空间结构模式其实质都是极核式、点轴式和网络式空间结构的变体或其前向和后向的伸展，从不同的角度出发研究空间结构模式从而解决对应的问题。通过前文，我们知道区域空间结构的特性或说要素之一是空间扩散，各种流通过线为主要扩散渠道从点向周围扩散，从而最终引起区域空间结构的质变。如何以点、线、面要素相结合，构建以面要素为主要特征的空间结构演变类型，并挖掘其演变的重要过程，反映区域社会发展阶段则是值得探讨的问题。本书正是基于这一思想出发力图从泛长三角城市经济区形成过程中提炼出整个演变类型（尽管本书中的演变类型与经典的空间结构演化模式有着密切的关系，本书由于仅是针对泛长三角地区场空间演变而提炼出的，并没有普遍意义地对其他区域进行更深入的论证，因而未上升为理论模式，故文中称演变类型）。

6.2.3 区域空间结构基本要素

空间结构类型研究应该从结构形态和结构要素两方面入手。结构形态分两种类型：①核心—外围结构。核心—外围结构是对组成空间的所有结构要素综合考察而得到的基于区域经济和社会发展总水平形成的空间结构图式，核心—外围结构的功能单元间是连续的，功能区之间的过渡也是渐变的。又可以分为条带状、同心圆状和网络状三种类型。②韦伯结构。韦伯结构是点与点相互连结形成的一种空间结构。它是将区位单位点作基底，将企业或者设施看成空间结构的范嵌，匹配上网络后，网络的弧或道路是廊道（王铮，2002）。显然，韦伯结构是将区位点代面作为基质，也即是点状基质上具有特殊属性的节点为斑块，而连接特殊节点的线路看作廊道，不考虑其他点间的通道。在韦伯结构各类型中，网络型韦伯结构尤为重要。图论方法是度量韦伯型空间结构的最佳方法，根据图论原理，假如有三个城市的交通线形成环，则这三个城市就会组成一个经济核心区，这是相对发达的市场经济空间结构特征。

区域经济活动是在地理空间上进行的，一方面，各种经济活动的发生需要把分散在区域空间上的资源要素组织起来，形成特定的经济活动过程；另一方面，各种经济活动间需要彼此相互联系、相互配合，但是由于它们的区位指向又各不相同，这样则需要克服地理空间的约束并相互连接起来，形成一个复杂统一的经济空间系统。

哈格特是最早研究空间结构要素的学者之一。哈格特假定在一个社会里存在空间差异并有着相互作用的需求，例如 A 地居民与 B 地居民进行贸易，C 地居民需要自己不能解决的货物和服务，这样便产生了不同地方间居民、货物、货币、思想等各种运动形式，由此，空间结构的第一个要素应是"运动的模式"；而运动要沿着指定的路径进行，因此空间结构第二个要素是关于路径或网络的特点；网络有交点和边缘，它们称作"节"，空间结构的第三个要素也就是节点；空间结构的第四个要素是空间节点的层级；第五个要素是地面，地面上布满了节点和网络，不同的地面存在着不同的土地利用方式；运动会导致空间结构重组，之所以产生运动主要因为发生了空间扩散，所以空间结构的第六个要素是空间扩散（如图 6 - 4）。

在同时期对空间结构组成要素的认识与哈格特有大致相同的观点的另外一些学者，如美国地理学家莫里尔（Morrill，R. I. ）等，他在 1970 年出版的《社会空间组织》（The Spatial Organization of Society）一书中认为，人文地理的核心要素为空间、空间关系及空间变化，有关人文地理学研究核心内容，他认为："空间、空间关系及空间变化——自然空间的原本结构，空间里人们如何进行联系以及怎样在空间中组成社会，所有的空间要素及空间关系都是怎样运动变化的……"莫里尔认为空间具有五大要点，都与人类行为密切相关：①相对位置；②距离，即空间的分离；③集聚性；④大小规模；⑤可接近性。他强调，距离要素是空间结构中最重要的，地理学应根据距离这一单一变量建立学术框架，进一步概括出以下空间结构理论的逻辑框架：

（1）社会要达到两种空间效率目标：充分利用每一块土地，以达到最大利益化；以最小的费用达到最充分的交流目的。

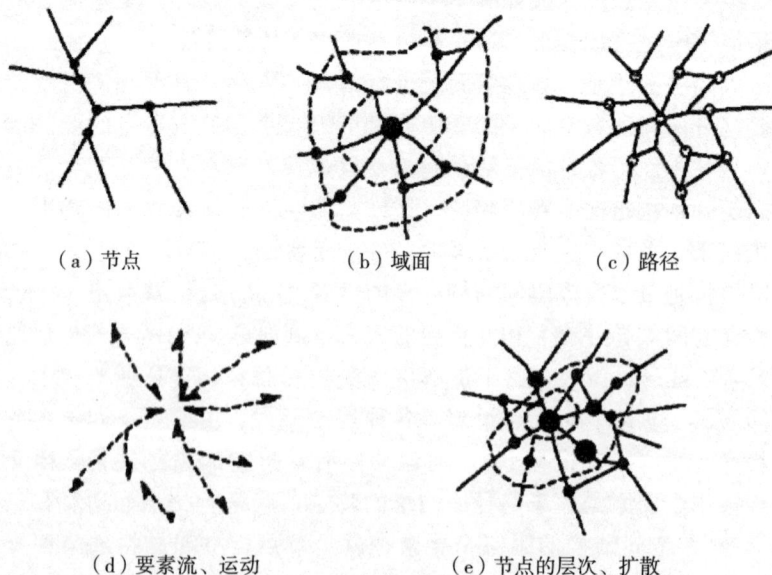

（a）节点　　　　　（b）域面　　　　　（c）路径

（d）要素流、运动　　　　（e）节点的层次、扩散

图 6 - 4　区域空间结构基本要素

（2）有四种决定区位的方法以达到上述两种目标：可接近性上，以地点代之交通消耗；决定市场上时，就地生产取代交通运输；集中效益取代运输消费；改变自给自足（高额生产费用）取代贸易（高额运输费用）。

（3）空间结构及其变化取决于下列情况：区域空间等级；空间土地利用梯度；由于环境变量引起的空间变化；空间扩散过程变化；并非最恰当的区位。

区域空间结构的五大组成要素：节点、通道、流、网络和等级体系，其中节点和通道是形成空间结构骨架的物质要素；流、等级和网络是形成空间属性的功能要素。生态学派把空间结构划分为基质、斑块和廊道三要素等。实际上，这种划分方法是用有形的、静态的物质性组成要素进行划分的。然而，除这些静态的、看得见的内容以外，组成空间结构的"运动"内容即动态的或非物质性内容更加具有空间结构的规定性。"流""体系"和"网络"正是三个动态的空间结构要素。"流"是物质的或非物质要素的一种动态外在形式，"流"是真正推动区域空间结构变化的要素；"流量"是衡量区域空间的开放性，可以表明区域空间是否充满着增长的活力。"流向"则指出空间结构演化过程中此消彼长的方向；"流速"反映了空间作用摩擦力的大小，是综合衡量空间结构的内部组织与外部邻接有效合理与否以及空间通道的运行质量和管理水平的重要指标。网络表现出了区域空间各组成客体的相互区位关系，社会学认为网络是行动者间的一种社会关系，空间结构中的网络也是行动者间的一种经济或社会关系，这种抽象关系投影到区域空间上，便形成了空间网络。根据节点所在区位的重要性和节点本身的竞争力，造成不同节点在网络中控制权力不等，一般而论，某地域通道的密度是某节点网络权力大小的反映。一个网络结构体系必然会存在着等级体系，在网络结构中，网络权力越大的节点其在等级体系中的地位越高，等级高低决定着区域空间分工的不同。高等级节点配置高等级的资源及高等级产业，从而产生高效率输出，也是形成强大带动能力的前提。高级节点是区域空间发展的调控者，又是稳定器。空间节点的网络权力大小、等级高低及资源配置三方面必须协调合理，通常是区域空间结构演化的重要原则之一。

当然，空间结构组成要素的划分方法有很多。吴传钧认为点、线、面等不同形态的自然和人文要素在地理空间中的位置、分布形式和相互关系构成了地理学的空间结构（吴传钧，1997）。一般地，区域空间结构由点、线、网络和域面四个基本要素所组成（李小建，1999）。

区域空间结构中的点是指经济活动在地理空间上集聚形成的点状布局。由于工业、商业和服务业等在空间上集聚，于是就产生了工业点、商业点和服务网点等，空间整体上呈现出点状形态。由于区域内的社会活动和人口不断向点集聚，城市也就应运而生，并且成为区域空间结构中的重要节点。可以说，点是区域经济活动中的主要场所，是区域经济的重心。由于经济活动在空间上的集聚规模大小不一，区域空间结构中的点因而也有规模等级之别。空间内各种规模不一的点互为联系，有机组合在一起于是形成了点的等级体系。

区域空间结构中的线是指经济活动在地理空间上呈现的线状分布形态。根据经济活动性质，线包括由铁路、公路、水运及航空等组成的交通线，由各种通信设施组成的通信线，由各种能源设施组成的能源供给线，由各种水利设施组成的给排水管道。还有由一定数量的城市作线状分布所形成的线，这种线状是区域经济空间结构中一种重要的综合性的线，在区域经济发展中有着特殊意义，因而常常被称之为发展轴线。线也可以根据组成要素的数量、质量、密度及重要性等分成各种等级。不同等级但相同种类的线之间往往在功能上形成互补，它们相互连接，有机组合，共同完成某一种经济活动的运行。

区域空间结构中的网络是由区域中相关的点和线互相连接所形成的，网络是连接点与线的载体。网络的重要意义在于它能拥有那些单个点或线不能完成的功能。网络可分为单一网络及综合网络两者。单一网络由性质相同的点与线组成，如交通网络及能源供给网络、通信网络等。综合网络由不同性质的点和线组成。正是由于存在空间网络，使得经济发展中的各种人流、商品流、信息流和资金流才可能产生。

区域空间结构中的域面是由区域内经济活动在空间上表现出的面状分布状态。最普遍的域面有农业经济活动的空间分布所呈现的域面、各类市场布局所形成的域面以及城市经济扩散所形成的域面。此外，所有经济活动在一定区域空间范围内呈较密集的地理连续分布，都可是域面。

6.2.4　区域空间结构要素组合

如果对点、线、面区位要素进行"矩阵"构造分析，可形成以下几种空间子系统和组合实体类型（曾菊新，1996）（表6-1）。

（1）点与点要素组合形成节点系统。节点要素的空间运动呈集聚形态，一般地，条状城市带和块状城市群是其空间组合的两种模式。

（2）点与线要素组合成工业、交通等经济枢纽系统，其要素的空间运行一般沿枢纽发展。

（3）点与面要素结合，组成城市—区域系统，区位要素的空间运行一般呈结节性发展。

（4）线与线要素结合，组成网络设施系统，区位要素的空间运行一般呈网络发展。

（5）线与面要素结合，组成产业区域系统，区位要素的空间运行一般呈地带性发展。

（6）面与面要素结合，组成宏观经济地域系统，区位要素的空间运行一般呈区域相互作用或协调发展。

表6-1　空间结构要素的组合模式

区位要素及其组合	空间子系统	空间组合类型
点—点	节点系统	村镇系统、集镇系统、城市系统
点—线	经济枢纽系统	交通枢纽、工业枢纽
点—面	城市—区域系统	城市集聚区、城市经济区
线—线	网络设施系统	交通通信网络、电力网络、给排水网络
线—面	产业区域系统	作物带、工矿带、工业走廊
面—面	宏观经济地域系统	基本经济区、经济地带
点—线—面	空间经济一体化系统	等级规模体系

6.2.5　构建区域空间结构演化类型的意义

（1）一般意义。区域空间结构不断运动变化，有从量的积累过程到阶段性的质的演变，因此，区域空间结构既具有绝对变动性又具有相对稳定性。正是因为空间结构具有相对稳定性，其实质就是通常所说的区域空间结构的阶段性，所以才具备研究的可能性。区域空间结构变化与区域发展有着密切的关系，探讨区域空间结构及其演化规律，具有重要实践意义。区域空间结构不是简单的空间架构，而是通过一定的空间组织形式把分散于地理空间的相关资源要素有序组织起来，没有合理的区域空间结构，区域中相关的要素和资源就不能合理地结合在一起。区域经济空间结构能产生特殊的经济效益，如节约经济、规模经济和集聚经济等多种形式，所以，一个地区的经济发展模式与其经济空间结构有着密切的关系。区域经济发展模式反映区域内生产力空间配置的总体格局，这种总体格局与区域内部的资源空间分布格局与区位配置格局、市场配置格局相吻合。区域空间结构有着重要的经济意义，主要体现为对经济活动的组织作用以及对区域经济增长的促进作用两方面。

（2）特殊意义。区域空间结构演化类型的研究对区域空间结构的完善和优化提供了良好的借鉴，对区域空间规划有着很好的指导意义。但是已有的演化模式阶段划分较粗糙，还不能具体反映区域空间结构演化的延续过程，且大多仅限在定性描述，技术手段上缺少空间统计分析，而且大多停留在主要以节点和轴线要素构建的区域空间模式上。鉴于以上考虑，在前人研究基础上，本书以城市为区域单元，在城市节点的经济综合实力扩散演化基础上构建主要以面要素的区域空间结构演化类型，为泛长三角城市经济区空间整合以及未来发展对策提供科学依据。

6.2.6 泛长江三角洲空间结构演化类型构建

从泛长三角城市经济区形成过程分析，尤其是合－宁－沪－杭－甬沿线区域的空间结构演变可以知道，其整个空间结构的演变经历了从增长极到点-轴然后到网络的发展特征，而在这一过程中还有些其他类型也显现出来。

6.2.6.1 泛长三角空间结构演化五类型

区域发展处于不断的演化状态，由不发达逐渐向发达过渡、由不成熟逐渐向成熟阶段演进，由低级向高级演化。区域发展的各大要素在不同发展阶段具有空间上的不同组合，表现为十分丰富的各种形态和结构，而这些形态各异的内部结构是建立区域空间结构演化类型的基础和依据。本书根据区域空间结构理论、区域的内部形态结构及其国内外区域不同发展阶段的特征研究以及上文对区域空间结构要素的探讨，突出以面要素为构成基础，根据泛长三角1978年以来的城市影响区空间形态特征及其演化规律归纳出疏点类型、散块类型、条带类型、团块类型及板块类型五种空间结构类型，如图6-5所示。

对图6-5作如下说明：黑圆点为城市节点，虚线圆圈表示城市影响区，直线为建立在交通线基础上的城市经济扩散通道；图中的城市节点因分布在不均质地域，从发生学角度应该是随机分布，但本图中都是以规律几何图形对城市节点及其布局、影响区面状等进行示意，以达到图形简约明了的效果；图中城市节点个数（含附属城市节点个数）并不代表严格意义的城市数，有些并没有副中心城市，但本书为周到起见，一并附上，并与其他城市产生作用关系；扩散通道的建立和发生过程也仅代表一般意义上的情况。五类型是一个有序渐进的过程，也是泛长三角区域空间结构演变的五阶段，由图5-2可知，泛长三角各区域空间结构类型在不同年份的演化情况见表6-2。

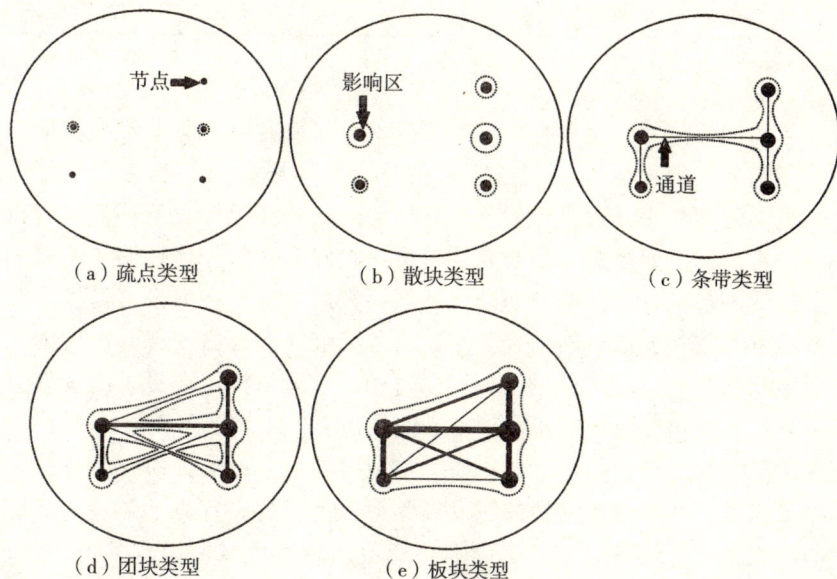

图6-5　泛长三角空间结构演化类型

217

表6-2　泛长三角区域空间结构演变类型对应区域

空间结构类型	1978年	1990年	2000年	2010年
疏点类型	皖北，皖南，苏北，苏中，浙西南			
散块类型	苏南，浙东北	皖北，皖南，苏北，苏中，浙西南	皖西北，皖南，苏北	
条带类型		皖中，苏南，浙东北	皖中北，苏中北，浙西南	皖北，皖南，苏北
团块类型			皖中，苏南，浙东北	苏中北，皖中北，皖中南
板块类型				皖中，苏南，浙东北

6.2.6.2　泛长三角空间结构演化类型发展特点

区域内任何社会经济客体的空间活动及其彼此间的关系都会形成一种空间态势。随着区域社会生产力的发展，区域空间结构也会随之演化，由混沌到秩序，由简单到复杂。有关区域社会经济在不同发展阶段形成的对应的空间结构特征研究较丰富，它们无一例外地证明了不同发展阶段的区域具有不同的空间结构特征，大致接近的区域发展阶段，其一般具有大致相似的空间结构。泛长三角城市经济区由改革开放前的无序混沌状态到21世纪最终形成复合式核心-边缘结构，在漫长的发育过程中，泛长三角广大地域不同地区空间结构上先后表现出如图6-5中的五大类型空间形态。当然，这一演化类型对于某个地域如皖北、苏北及苏中等来说并非一成不变地按照发展类型向前演化。首先，随着经济社会的发展及相互作用，在某个时期可能会出现跨地域而形成某个类型；其次，可能由于受区域发展导向及政策等因素、城市间的区位等原因会急剧缩短或延长某个类型的演化过程。下文主要选取具有结构要素较全、演化相对完整的宁合城市群（第七章里有阐述）等城市群为例就五种空间形态发展演化特征作阐释。

1. 疏点类型

疏点类型从空间形态上表现为本区域内一个或若干个城市影响区范围相对较大，而其他城市影响区范围极小，甚至可以忽略，整体上表现为若干个城市影响区稀疏点缀于空间内。如图 5 - 2（a）所示，图 6 - 5（a）中疏点类型主要发生在改革开放前后的皖中、苏北、苏中及浙西南。通过对图 5 - 2 的演化规律以及泛长三角近代社会经济发展的历程情况分析，图 6 - 5（a）空间结构形式，对宁合城市群来说，大约发生在新中国成立前后。西边较大节点是合肥，拥有较小的城市影响区；东边较大节点是南京，拥有相对较大的影响区，其他节点分别代表巢湖、马鞍山和镇江。

到改革开放前后时期，除了苏南和环杭州湾一带，由于历史上就有一定的工商业基础而发展相对较好，形成散块类型外，广大苏中、苏北、浙西南、皖北和皖南城市经济还是很落后。这些地区经历了自清朝政府闭关锁国政策的原始农业经济，民国时期战乱纷争的分散的小农经济到新中国建立以来的计划经济，城市经济发展相当缓慢，对周围地区影响极小。这时期，苏中、苏北、浙西南、皖北和皖南由于交通运输业不发达、劳动地域分工不明确、各城市间经济相互联系很少，并未形成明显城市等级体系。由于劳动地域分工不明确，市场机制缺乏，城市还没有产生急剧的极化效应，没有形成规模较大的增长点或增长极核，经济停滞不前，形成广泛分散、互不相关的地方中心和低水平的、相对均衡的稳定空间结构。第一产业在产业结构中所占比重极高，人口广泛分布在广大农村地区，商品经济发育不前，市场规模狭小。资金积累能力很低，自我发展能力弱，经济增长速度缓慢。疏点类型是个漫长的发展阶段，只要社会生产力得不到解放，城市经济没有发展的根本动力，这种类型就会长期存在，可以这样说，漫长的农业社会直至改革开放前后的泛长三角外围的城市基本上都处于这种状态。从以上发展特点和经济发展规律看，疏点类型是散块类型的前奏。

2. 散块类型

散块类型类似经典的极化模式发展阶段。由于城市经济的集聚力及城市腹地交通的改善，周围的各种生产要素流涌向城市，规模收益递增，极化效应产生，并带动邻接区域的发展，城市影响区范围扩大。另外，由于资源禀赋、区位优势、历史基础和政策因素等造成了极化作用的不平衡，使得先前的疏点城市影响区开始出现等级分化，除了产生一级中心城市（或副中心）外，还会出现二级中心城市和三级中心城市的等级差别。散块类型从空间形态上表现为某地域范围内若干城市影响区由疏点状急剧增大而呈现大块状，散状分布。与原来较均衡的疏点类型影响区范围不同的是，这些城市影响区不仅是面上放大了，而且还出现了一个或两个巨大城市影响区，这些影响区突出的城市就是本地域范围内的一级中心城市或副中心城市（当时还只是两个孤立的体系并没有形成一个统一系统，按当时的状况仅分别是两个体系的各自一级中心城市），这与图 6-5（b）中的两个较大的城市节点及其影响区相对应。其他的二级城市和三级城市个数由地域环境等因素决定，图中仅以 2 个二级城市和 1 个三级城市表征。

　　散块类型是区域经济发展的起飞阶段，虽然散块类型在结构特征上是疏点类型的扩展，但疏点类型只是在狭小的萌生区空间内发生着经济现象，还没有大的扩散能力，而散块类型的经济发展属于一种邻接发展。由于这时期生产力得到解放，生产要素流动性增强，城市经济集聚同时开始向腹地进行邻接扩散，表现为居住和制造业郊区化，其影响面已经大大超出本身的萌生区，因此散块类型是疏点类型在量的积累基础上质的飞跃。当然不排除一些地区由于历史的积淀、资源禀赋和地理区位等优势在生产力还未得到充分解放时就可成为散块类型，如泛长三角中部地区。这时期城市影响范围呈独立分布，城市影响力还较低、城市可达性有待提高，城际的相互联系亟待增强。产业结构表现为第一产业中经济作物比重增加，第二产业中农副产品加工业，如食品和纺织等率先发展，粗加工度的制造业得到较快发展，商业开始活跃。

　　散块类型发展特征具体表现在宁合城市群的是：1978 年前后，苏、皖交界中部地区的合肥、巢湖、马鞍山、南京和镇江就属于散块类型。显然，这一地域拥有沿江的良好区位优势和历史积淀，马鞍山铁矿资源丰富，合肥和南京是皖、苏省会，占有行政资源优势，南京在历史上就是古老的城市，城市发展早已具备一定规模，因此南京和合肥在这一地域内得到极化相对较早，成为一级中心城市和副中心城市，马鞍山和镇江为二级中心城市，巢湖为三级中心城市（图6-6（a）和图6-6A）。散块类型发展特征具体表现在泛长三角外围地区的是：1990年前后，中国的改革开放已进行了十余年，计划经济开始解体，市场经济逐渐在经济运行中显示出其强大的引擎作用。这时期，大江南北城市经济迅速发展，苏中、苏北、浙西南、皖北和皖南城市影响区呈散块状分布（图6-6（b））。

3. 条带类型

图6-5（c）中，除了各级城市节点相应增大（表征经济实力）和城市影响区扩大外，在正副一级中心城市间、正副中心城市与各自附属二级中心城市或三级城市间建立了发展轴线，即经济扩散通道，区域内城市影响区相互衔接起来，空间形态上形成带状格局。条带类型类似点轴式空间结构。近代制造业和交通运输业带动了其他产业的快速发展，成为推动经济增长的主导力量。区域内中心节点在极化作用进一步加强的同时会沿交通轴线向周围强力扩散其作用力，使得沿交通轴线地带得到了初步开发，形成了区域发展轴线，通过交通发展轴线，节点间的合作联系进一步加强。这时区域社会生产力有了质的飞跃，国民经济进入强烈动态增长时期，主要发展的部门是钢铁、机械、化工、动力和纺织等，经济总量迅速扩大。

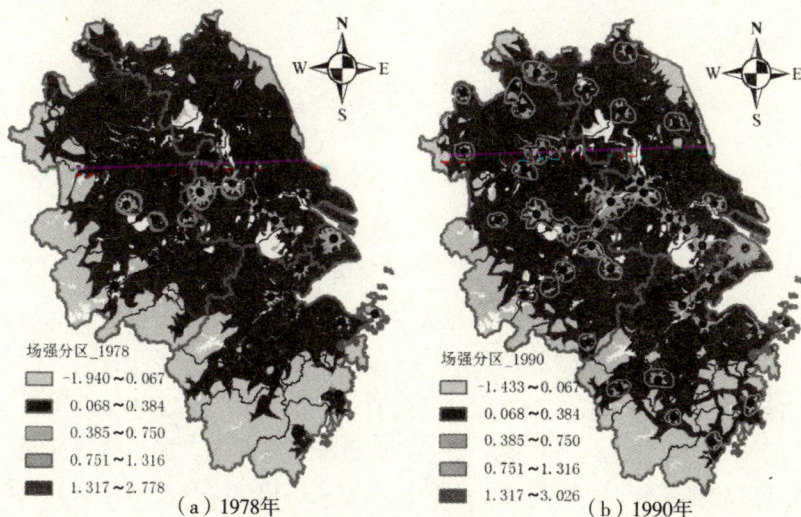

场强分区_1978
-1.940～0.067
0.068～0.384
0.385～0.750
0.751～1.316
1.317～2.778
（a）1978年

场强分区_1990
-1.433～0.067
0.068～0.384
0.385～0.750
0.751～1.316
1.317～3.026
（b）1990年

221

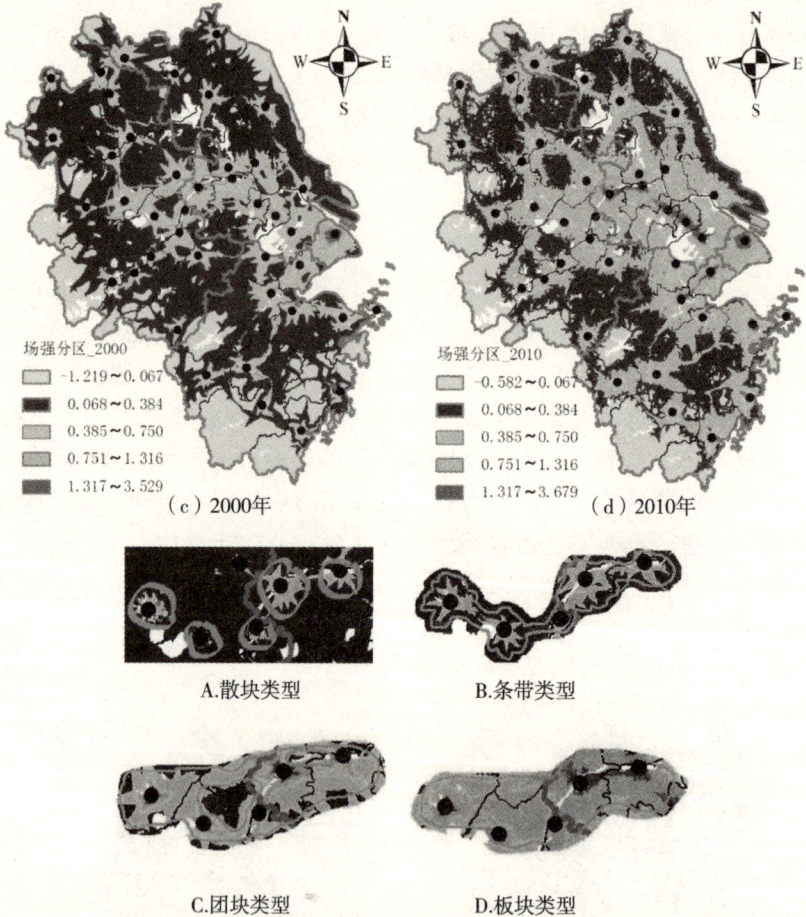

场强分区_2000
- -1.219~0.067
- 0.068~0.384
- 0.385~0.750
- 0.751~1.316
- 1.317~3.529

（c）2000年

场强分区_2010
- -0.582~0.067
- 0.068~0.384
- 0.385~0.750
- 0.751~1.316
- 1.317~3.679

（d）2010年

A.散块类型　　　　　　　B.条带类型

C.团块类型　　　　　　　D.板块类型

图6-6　宁合城市群演化类型

　　由于经济实力还不很强大，并不是所有的边缘地带都得到了充分的开发，空间结构仍处在急速变化之中。产业结构发生根本性变化，第二产业部门逐渐成为支撑国民经济的主导部门。与此同时，商品经济也快速发育，区域专业化分工迅速发展，第三产业逐渐兴盛起来。稠密的交通网络深入到区域各部分，并且形成了多种运输方式，构成综合交通体系。大城市、集聚区持续发展的同时，由于经济发展和资源开发，区域第二级和第三级中心得到加强，这时可以看到城市的职能分工和等级体系的初期状态：越是大的城市，一般综合性就越强，其吸引范围就越大；人口和经济活动不断向城市地区集中，工业化和城市化进程加速进行。

20世纪90年代初，合宁高速公路通车，这是安徽的第一条高速公路，其目的就是向东发展，加强与东部城市的联系，缩短了合肥与南京近一半的时空距离，大大推动了长三角和海外资金向省会合肥的注入。与此同时南京经济不断向上下游的马鞍山和镇江辐射，带动了沿线产业的发展；合肥—芜湖产业带是安徽经济主发展轴，处于这条产业轴上的巢湖同样受到了合肥经济的影响，图6-6中（b）和B即是宁合城市群形成前的条带类型。

4. 团块类型

团块类型是区域未完全网络化前的发展类型，是点轴模式向网络化模式过渡的中间类型。一方面，各等级城市节点综合实力进一步增大，沿发展轴线的扩散作用增强；另一方面，这时一级中心城市和副中心城市与对方的二级或三级城市建立起了发展轴线，形成了区域内二级发展轴线，从而拓宽了经济扩散渠道，使得区域发展轴线开始交错纵横，区域内城市间紧紧抱成团状。这样直接改观了城市影响区的空间结构，原来的条带形扩散面转变成了团块形。这时期，城市间各大经济发展通道将各城市连接在一起，城市间相互联系合作扩大，同时竞争力有所增强。资源导向型的产业结构朝高加工度方向发展，资金和技术含量迅速增加，生产力流量增大，农业的集约化程度提高，服务业中的生产性服务业迅速发展。

2000年时，整个宁合城市群城市经济扩散能力增强，另外，随着合肥与马鞍山以及南京与巢湖之间经济开始加强联系，宁合城市群产业发展轴线更加稠密，图6-6（c）和图6-6C显示，宁合城市群已由原来的条带形转变为团块形。而图6-6（d）中，扬州—泰州—南通—盐城—淮安和淮南—蚌埠—滁州都形成团块状，浙南的温州—台州—金华—衢州—丽水也近似团块状。

5. 板块类型

板块类型有着工业化后期的社会发展特点，它是在社会生产力发达背景下发生的，近似于网络化模式。板块类型是区域经济的相对发达阶段，是在团块类型的基础上通过合理的规划与管理建立起来的，区域的发展开始走向理性化和秩序化。此时期，在区域内各等级城市扩散能力增强的同时，各等级城市间交通网络日益完善，城市交往变得更加频繁，产业发展轴线在所有城市间建立起来，其层级体系也变得复杂。城市影响区遍布整个区域，如同一个无缝板块。这时，一方面出现巨型国际化都市等高级节点和大都市连绵区；另一方面，随着城市化水平的提高，城乡一体化和城乡融合过程迅速推进。在这一阶段，产业布局的地理局限减少，区域内形成众多的依产业内价值链分工的产业集群区。经济高速增长的势头减缓并逐渐趋于稳定；工业化达到了较高的水平，第三产业较为发达，基础设施齐备，交通和通信基本形成网络；生产部门结构的综合性日益突出，区内资金积累能力强。新兴制造业、高加工度制造业和服务业占主导地位，智力和技术密集型、生产性服务业和资金密集型产业构成主导产业；农业活动以都市型农业生产为主，处于依附地位。

从城市影响区空间形态看，板块类型尽管是区域空间结构演化类型的最优类型，是区域空间结构演化的高级阶段，但仍不是区域发展的最高阶段，因为板块类型将是一个长期发展和不断完善的过程，其内部空间结构还没有达到均衡化和完全网络化，地区资源还没有得到合理有效的利用，区域间发展还不平衡，就业、收入、消费水平和选择机会的差异还未消失，城乡发展还不协调。

到"十一五"末，合宁高铁、宁马高速、合芜高速以及马鞍山长江大桥的通车等都大大增强了城市间的联系，区域一体化发展加快。合肥地区生产总值从"十五"末的925.6亿元增加到2 701.6亿元，年均增长17.9%，增速位居全国第一，大大增强了对地区的带动能力和空间扩散能力，使得宁合城市群安徽区域城市影响区的最后一块空白区域消失，从而最终形成了以南京为中心、合肥为副中心的宁合城市群板块区。

第七章　泛长江三角洲空间结构整合

7.1　泛长江三角洲发展中的问题及其制约因素

纵观第三、四、五章泛长三角地区的城市经济、交通可达性以及场空间结构发展演变过程，与国外较成熟的经济区相比较，显然泛长三角地区的发展还存在不少差距，其核心城市发展、土地资源利用、基础设施、产业结构、区域联系、现代服务业发展及地区平衡方面都较欠缺。"泛长三角"这一概念的提出其实时间并不长，虽然学界对长三角的泛化已经进行了相关研究，实际上对于其地域范围来说至今也没有一个统一的官方认可，更谈不上国家和地区有系统地、有计划地着手进行统筹规划。从这一点上来讲，泛长三角区域存在着不足和有待解决的地方也在情理之中。

7.1.1　核心城市发展有待加强

上海作为泛长三角地区的一级核心城市，与纽约、伦敦及东京等国际经济中心城市相比还存在较大差距，全球城市的功能提升空间很大。2010 年全球大城市 GDP，东京为 29 900 亿美元，纽约为 26 300 亿美元，伦敦为 6 955 亿美元，上海的 1 511 亿美元仅列于第 23 名，远远落后于世界大城市。按人均 GDP 计算，上海为 1.1 万美元，伦敦和纽约分别超过和接近 13 万美元，东京为 8.14 万美元，香港也有 3 万多美元。从人均收入角度来计算，2010 年纽约人均收入 7 万美元，香港人均收入约 2.2 万美元，上海仅 3 500 美元，是纽约的 1/20、香港的 1/6。在经济结构上，全球性大城市第三产业所占比重一般达 80% 左右。21 世纪以来，上海制造业中心地位有所下降，第三产业比例有了很大提升，但 2010

年上海第三产业比重仍不到 60%，第三产业从业人口比重低于香港近 16 个百分点。而中国社会科学院《2009—2010 全球城市竞争力报告》显示全球城市综合竞争力排名前 10 位的城市是：纽约、伦敦、东京、巴黎、芝加哥、旧金山、洛杉矶、新加坡、首尔和香港，上海仅列 37 位。目前上海及其所引领的泛长江三角洲地区在一定程度上成为全球制造业中心（主要集中在长江三角洲），但在金融、贸易及航运等方面的中心地位远未确立。显然，当初开发浦东以期带动整个长江流域的发展这一目的还远未实现（顾朝林，2006）。

7.1.2 行政区划体制下的矛盾日益尖锐

自 20 世纪 80 年代以来，国家在行政区划上开始实行市带县体制。随着经济的发展，县域经济实力不断增强，与此同时，地级市的经济发展也在加快。这样出现了一些县域经济与地级市的市区经济相当，甚至超过它们，一些地级市的发展也不逊色于省级城市。经济发展速度的不平衡，低级行政区独立性的增强，势必会与行政格局管理体制相冲突，于是出现统一行政体制下各自为政、自成体系、矛盾重重的局面。如在城市空间拓展、土地资源利用上激烈争夺，要么没有统筹观念要么没有全局意识，突出的如杭州市和萧山区、常州市和武进区、南京市与江宁区等。在空间布局、项目引进、投资政策等方面实施相互围堵，只顾自我发展，其结果必然造成整个区域发展的抬升和整体竞争力的加强受挫。如前文分析，以泛长三角地区核心地带为准，城市场空间类型经历了由改革开放前的散块类型向 20 世纪 90 年代开始的条带类型到 21 世纪初的团块类型，再到 2010 年的板块类型发展的递进过程，然而这一过程中，外围地区场空间类型始终要落后于核心区。一方面由于泛长三角地区社会经济发展存在着明显的地区差异，泛长三角南部和北部地区因生产力水平较低，城市化发展速度相对较慢，城市体系不健全，城乡二元结构非常突出。另一方面，由于安徽皖江城市带与长三角城市群在打造各自的城市群时分头行动，功能重置和地区分割现象比较严重。因此，从总体上看，与国外发达国家泛经济区相对较成熟的城市空间结构相比，泛长三角城市空间模式的结构体系不完整、整体功能不显著且网络化程度较低，尚处于初级阶段（沈玉芳，2011）。而且，迄今以上局面仍缺乏有效的协调机制和手段。

7.1.3 基础设施建设缺乏统一规划和整体协调

目前不仅是泛长三角城市就连长三角区内多数城市在高速铁路、高速公路、国际航空枢纽及深水集装箱港口等巨型工程建设中也是缺乏统一的全球化战略布局设想，而且缺乏协作分工意识，存在相互挤兑的现象。各城市之间的高速铁路和高速公路交通衔接性差，大区域性的交通网络还未形成，极大影响区域交通的经济快捷运行，这一点尤其体现在安徽与江、浙、沪间的陆路交通对接上，其中又突出体现在皖北与苏北间。航空方面，一方面由于没有全局意识，存在机场重复建设现象，部分机场出现亏损运营；而另一方面全球航空枢纽的建设对于中国最大的城市经济区来说将越来越重要。因此，在上海浦东枢纽港建设的同时，协调好在长江三角洲北翼和南翼以货运为主的航空枢纽港建设应是紧迫的事。长期以来，东部各地区对港口资源的争夺很大程度上影响了港口发挥综合作用以及港口战略地位的确立，造成深水大港和航运中心脱节、港口岸线的利用疏密失衡以及江海联运效率低下。建设中的上海大、小洋山港及临港新城区很难满足全球化对泛长江三角洲"世界工厂"的客观需要；宁波舟山港单打独斗地建设也仅是"一头热"，因集装箱港的投资大，有着巨大的规模效应，且缺乏国家层面和临近区域的产业支撑，其未来的发展难以为继；江苏省建设长三角大型集装箱枢纽港"群"脱离了全球大型集装箱枢纽港体系发展趋势。实际上，如何统筹利用长江三角洲的深水岸线资源，摆脱按行政区建设航空枢纽的思维，建设出口加工区群—快速集、疏、运支撑体系—大型集装箱喂给港的泛长三角运输体系可能更加重要。其他大型基础设施，如电力、供水、污水处理及通信等方面也存在供给不足的问题，如淮北地区的火力发电东送该是当务之急。

7.1.4 经济结构与地区布局不够合理

在企业组织结构上，要么"大而全""小而全"比较普遍，要么专业化、社会化程度不高，泛长三角北部和南部比较突出。产业重复建设、盲目布点，产业结构趋同，城市职能同构竞争大于互补合作，特别是苏南与浙北产业结构趋同现象更为明显。第三产业基础薄弱，缺乏良好的投资环境，影响对外开放、对内搞活，这一点在安徽、浙中和苏北尤为严重。沿海大城市过于膨胀，广大腹地没有得到很好开发，区内经济发展水平东高西低，层次分明。以人均 GDP 为例，2010 年，上海人均水平最高，为 73 297 元，浙江、江苏次之，分别为 44 895 元和 43 907 元，安徽仅有 16 656 元，而皖西、皖北、浙南都低于本省平均值。

7.1.5 区域环境污染严重，生态退化明显

水体污染、大气酸雨、土壤污染和固体废弃物堆积问题突出，跨界污染问题引发地区之间矛盾冲突不断。乡镇工业在带动农村经济发展的同时，由于缺乏合理布局及污水处理等原因，使污染从城市扩散到农村。城市化进程产生的生活污水急剧增加且集中排放的问题使得水资源丰富的长江中下游却出现普遍的水质性缺水，太湖、淮河及巢湖的蓝藻铺天盖地。地下水过度地开采也导致出现了大面积地表沉降、水质浸染。与此同时，土地退化加剧，生物多样性减少，原生生态破坏严重。生态破坏加剧的趋势尚未得到有效控制，特别是"各自为政"治理环境问题的方式，影响了泛长三角地区统一的规划建设与环境的统一治理，进而影响了区域的可持续协调发展。

7.2 泛长江三角洲发展战略与目标

7.2.1 泛长江三角洲区域发展战略

针对泛长三角城市经济区发展中呈现的新特点和出现的新问题，如何解决这些问题，并引导这一区域走向健康可持续发展之路？必须在全面贯彻落实科学发展观的国家战略指导下，加强合作联动，把转变经济增长方式和改善发展环境作为新时期引导地区发展的主线，把推动地区产业结构升级作为加快地区发展的战略重点。尽早制定《泛长江三角洲区域规划》，并明确泛长三角地区发展的战略定位为亚太地区重要的国际门户、拥有较强国际竞争力的世界级城市群、全球重要的现代服务业

和先进制造业中心。可把这一战略定位具体细分为：实施产业集聚战略，构建与全球产业链密切关联的泛长三角城市经济区现代产业体系；实施空间整合战略，推进泛长三角城市经济区形成点、线、面相结合的统一有序的空间新格局；实施高度一体化战略，加快推进泛长三角城市经济区一体化；实施可持续发展战略，不断提升泛长三角区域资源环境承载能力和保障能力；实施国际化战略，进一步扩大该地区对外开放步伐，抓住全球供应链重构机遇，快速融入国际化。

7.2.2　泛长江三角洲区域发展目标

从世界经济发展基本趋势，国内经济发展格局，江、浙、沪等发达地区经济发展总体布局以及泛长三角地区发展的现状和条件来看，泛长三角地区经济国际化进程将会进一步加快，在国际分工中的地位和参与国际经济合作与竞争的能力会进一步提高。在这种背景下，泛长三角城市经济区的空间集聚发展在自构和被构相互复合作用的自组织过程中会不断加强，资源环境约束下的产业结构升级与城市空间模式的协同也会不断得到强化，这就迫切需要改变目前囿于行政分割的城市空间模式及相关发展惯性，主动和及时地对其进行系统区域整合，实现泛长三角地区产业结构升级要求下的城市空间模式的合理优化和有序演进。要求淡化行政区界限，促进不同城市政府组织机构间形成相互制约的负责任的管理机制，权力重新划分、义务与利益重新分配。立足区域面向全球，统筹产业空间整体格局，组织产业分工和协作，建立自由流动的要素市场，发挥中心城市极化效应和扩散效应，带动区域产业发展和创新，促进城市体系内部及城市与腹地间互动性、相关性及相互依存度不断提高。因此最终目标是通过包括空间优化等一系列措施下的区域整合，实现人与自然的平衡发展、区域经济社会的协调发展，达到城市和区域效率的最佳发挥和可持续发展。

按照区域产业结构升级以及区域整合的最终目标的总体要求，泛长三角经济区应该是"体系完整、组织有序、结构合理、功能互补、分工协作、轴向集聚、整体联动"的城市结构层级体系和高度发达的城市网络体系；未来泛长三角城市经济区应该成为国家及世界级产业集聚与先进制造业基地、国家经济发展的战略重心区和核心区以及对外开放合作先进城市经济区。

7.3 泛长江三角洲空间结构整合

就目前而言，泛长江三角洲地区城市网络体系的现代化程度还较低，覆盖范围和可达性有限，还处于低级阶段，对区域产业结构空间调整和能级的提升及城市群整体功能发挥都构成了一定的阻碍。因此，要加强城市空间结构与产业发展的协同，促进区域产业结构整体升级，泛长江三角洲地区城市网络体系高级化任务仍然比较繁重。

根据新时期泛长江三角洲承担的战略任务及城市群功能的内在要求，泛长江三角洲现代化的城市网络体系应该具有以下主要特征：①应是以国际、国家及地区等不同等级的城市为节点的空间协同网络；②应以现代化立体交通体系为重要发展支撑；③应有利于提高区域资源配置效率，不断增强经济社会环境的可持续发展能力以及促进城乡统筹；④应具较大的开放度和外向性，既要有内部要素资源充分流动前提下的各组成单元的交流畅通，还包括依托重要城市节点与世界经济发生的广泛协作联系；⑤能够满足一定时期内区域经济可持续发展的要求。本节从空间结构认识要点出发结合泛长三角发展现状，以加强中心城市（点）建设、建立产业发展轴线（线）、强化城市群（面）产业分工为切入点对泛长三角空间结构进行整合。

7.3.1 新时期泛长江三角洲空间结构整合的认识要点

7.3.1.1 空间整合的必要性和总体思路

无论是一个区域还是一个城市，社会经济客体及相互间产生的运动规律，都会形成一种空间态势。经过长期的规划和发展，区域往往形成具有一定空间结构和发展功能的体系，即区域的经济社会体系，组成一个有机整体，并具有某种功能，或表现为某种特性，而这主要是由系统结构决定的（陆大道，1995）。区域空间结构的变化，如基础设施建设、新区的开发、城市扩展、人口的流动及新技术的扩散等，都使社会经济的发展水平、能力和对外辐射的影响等发生变动。合理的空间结构是区域发展的"调节器"和"助推器",同时空间结构是区域发展的"函数",可以通过空间结构的调控调整区域发展状态(王合生,2000),使空间相互作用达到最佳状态并最具效率,目的是优化区域资源配置,获取最大的空间协同效应和提高总要素生产力,通过人为干预可以将潜在的空间优势转化为竞争优势,对于引导城市经济区在空间上的协调有序发展,具有重要而深远的意义(王发曾,2007)。

中国目前正进入经济与社会的新一轮重大转型时期,表现在为以下五个方面,第一,短缺经济向过剩经济转型,要求空间结构的生产型转向空间结构的生产—消费型;第二,要求计划经济向市场经济转型,封闭的、均衡的空间结构向开放的、高效的空间结构转化;第三,要求国家经济向全球经济转型,地方空间向流动空间转化;第四,要求区域经济的投资主体向多样化转变,致使空间结构重组的动力机制转化;第五,要求在以经济发展为根本目标的大前提下,行政型的空间结构体系应向有序的经济型空间结构体系转化,重新定位各个区域的空间归属及促进空间结构的体系化。为应对新一轮重大转型时期带来的各种挑战,增强泛长三角区域综合竞争力,实现经济、社会和环境的和谐发展并在其主题思想下实施泛长三角区域发展战略,实现发展目标,泛长三角空间整合自是首当其冲的主要任务。同时,在当前日益深入的区域融合趋势下,泛长三角全球城市区正在加速崛起,泛长三角城市的发展离不开周围腹地,要实现整个泛长三角区域生产要素的合理流动和配置、经济社会结构与功能的优化组织,提升整体实力,达到辐射带动作用,也必须走城市经济区空间整合发展的道路,空间整合机制如图7-1所示。

作者基于泛长三角场空间结构演变过程及其作用机理,在对2010年泛长三角城市场空间结构特征进行分析基础上,认为泛长三角空间结构整合的总体思路是"立足以上海为极核,长三角为内核,开发苏北、辐射浙南、带动安徽"。具体表现为在充分尊重市场机制对资源要素高效配置和城市合理分工主导作用的基础上,积极发挥区域空间整合对产业结构整体升级的引导作用,以实现泛长三角区域一体化目标。按照"分层实施、梯度推进"的原则,通过构建以主要中心城市为节点的城市网络体系(Urbannet System)形成以上海为核心,南京、杭州、合肥、宁波和苏州为次级中心,并辐射众多中小城市的综合性功能地域;

依托新建交通骨干延伸线和产业拓展轴，培育一批地处落后地区的城市经济新增长极。根据"以点建轴，以轴布面"的思想，以积极推动泛长三角城市结构合理层级关系和高级城市网络体系为核心内容，加强对城市发展和基础设施建设的统一规划和合理调整，促进各级产业发展轴带的形成；在产业发展轴线的基础上，构建不同层级的产业城市群。

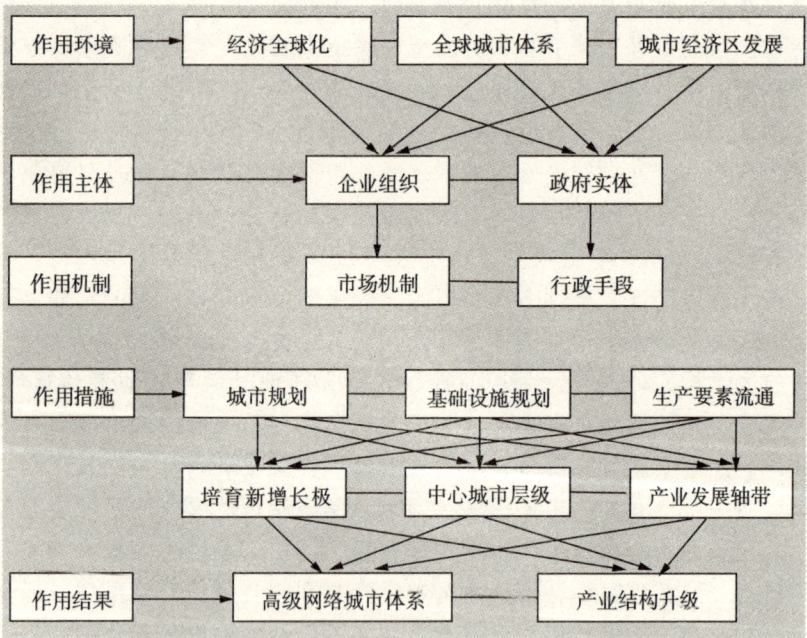

图 7-1　区域空间整合机制

从宏观看，泛长三角区域东部地区节点发育、网络结构及区域空间等级体系相对较好，而西部、南部和北部地区的区域空间结构正处于链接、重组阶段，其发育水平较差，尤其体现在各区域的空间归属不明确、区域地位和功能混乱，目前还处于局域空间的完善阶段。

为实现泛长三角经济区产业结构升级协同城市体系网络化、高级化，下列问题必须充分认识。

7.3.1.2　充分认识公共资源的投入对空间整合的引导作用

时下经济全球化及新经济快速发展，尽管政府逐步降低控制微观经济活动的支配权力，但是在市场经济条件下，政府在区域宏观经济的走向及公共资源的配置等方面的作用却在增长。政府的主体作用在空间结构整合方面，表现为它能通过优化公共资源环境，使之有效地引导生产力流动，以致引导生产力要素在区域内重新调配，最终实现空间结构的重新整合。以上海为核心的泛长三角地区，通过西气东输、西电东送以及合宁、沪宁、沪杭、京沪高速铁路、浦东国际机场和上海国际集装箱深水港等一系列重大公共资源工程的建设，促进了泛长三角地区快速地积聚各种国际、国内的优质生产力要素。如20世纪90年代，上海吸引了我国中西部地区大量的优质资本，仅注册资金就有31亿元，其中长江中上游各省有13.7亿元，占整个中西部地区在上海注册总资金的45.0%（沈玉芳，2000）；同样，湖南省通过对湘江沿线重点开发区域"一点一线"地区公共资源的高强度投资，吸引了大量优质生产力要素的积聚，使这一地区迅速成为长江流域的重要增长空间（陈修颖，2003a）。

7.3.1.3　淡化行政界线，实施大区域规划

泛长三角城市经济区是个跨越三省一市的经济区，而且内部经济发展不平衡，各种矛盾重重，没有区域联动发展的整体战略意识是根本谈不上泛长三角的发展和区域一体化的实现的。原来各自为政的"行政区经济"必须走向跨越行政地域的大城市群经济。因此，在当前经济全球化和我国经济面临全面转型的关键时期，泛长三角区域各级成员政府应该尽快转变传统的"省域""市域"观念，树立新型的区域观，树立"立足全球、区域联动、共同发展"的整体战略意识；尤其在基础设施建设、城市产业结构调整等方面应淡化省市行政界线，从国家利益及大城市群的整体利益大局出发，从长远着眼，取长补短，积极创造并寻求相互之间的合作和交流机会，为"联动发展、共赢共荣"创造良好的经济政策环境。唯有这样，才能使泛长三角在区域整体层面上积极参与世界经济竞争，并取得成功。

泛长三角是我国经济发展最为活跃的地区之一，但要把它建设成国际水平的大城市经济区，还需各地方政府相互合作，特别是要开展跨行政区规划，以达到持续发展的目标。跨行政区规划的内容包含基础设施的联合建设、环境与生态统一规划和区域经济一体化。区域一体化首先

要打破计划经济时期形成的"条块"分割状态，使区内各城市之间及区内外间的生产要素能够自由流通和重新组合，在发挥各城市优势的基础上，实现较为合理的劳动地域分工。

7.3.1.4 产业组织是空间整合的主体

企业是实现区域空间整合的真正主体，通过资产经营各类型企业实现产权重组及空间重新布局，以实现空间结构重整，并最终呈现出新的空间结构图式。通过资产经营，促进企业跨区域整合，以实现区域企业组织方式两种转变：一是由共和式企业网络向王国式企业网络转变；另一个是由水平式重复分布模式向垂直式价值链分工协作模式转变。王国式企业网络是以总部和销售中心驻上海的大型企业为核心，在整个泛长三角区域中支配和领导某个产业领域内的绝大多数价值链有关企业，广大腹地的不同经济发展水平地区则有大量不同水平的相应企业作为大型企业的生产基地及供应商组成的多层级区域网络。其最大效应就是促进有着不同资源禀赋的区域和城市呈现依价值链而分工协作的空间结构，并通过企业集团的运行自动地链接各次区域空间。而共和式企业网络往往导致企业规模狭小、重复布局及区域间恶性竞争等不利局面。目前，长三角地区已提出要培育一批跨区域的"小巨人企业"及一批大型跨国大型企业，这是符合世界经济发展潮流的，也是泛长三角空间整合的必然要求，广大腹地应积极响应，在制造业领域和第三产业领域主动地依据自身现状参与到价值链分工环节中来（陈修颖，2003a）。

7.3.1.5 科学规划及合理引导安徽地区城市体系建设

由于安徽地处我国中部，为泛长三角最不发达区域，经济发展滞后，城市体系建设方面的问题较多。但是安徽的资源类型和产业特点，决定了今后它在产业发展方面将是长江三角洲核心区产业转移和产业拓展的最佳首选地区。以"皖电东输"为例，自 2003 年长三角地区发生大区域电荒以后，拥有煤电资源优势的淮南市成了沿海各省市竞相合作的对象，成为沿海地区的资金技术与中部地区的能源资源结合的最佳典范，实际上这推动了拥有丰富资源地区的产业发展及城市体系建设。可以预测，随着煤电资源的进一步开发，淮南的地区生产总值将会快速提升，将为"两淮一蚌"城市群或徐淮连城市群的形成及发展创造更好的条件。另外，安徽皖江城市的制造业发展基础比较好，在长期实施的

"东向发展战略"过程中，产业发展方面与长江三角洲发达地区已经建立了日益紧密的联系。因此，从一定意义上可以说，合理引导和科学规划安徽地区尤其是皖江地区和皖北城市体系建设，以及根据资源优势和区位条件，加强区域间合作，联动建设跨省界城市群，这是实现泛长三角城市空间整合的重要环节之一。

7.3.2 构建城市层级体系，增强中心城市实力（点）

理顺和优化城市结构层级关系，完善城市网络体系，促进其向高级化方向发展，对城市布局和空间资源进行整合，促进形成合理有序的城市结构层级体系总体框架，是泛长三角城市空间整合的首要任务，也是对产业结构整体升级形成有力支撑的保障措施之一。

众所周知，一个经济区的经济中心是多层次、网络型的。就泛长三角城市经济区来说，上海作为最主要的中心城市外，区内的其他大、中、小城市，也都为一定地域范围的经济中心，在不同层次上发挥多功能的作用。

区域中心城市作为区域发展的增长极，有极化效应和扩散效应。众所周知，一定程度上的极化，是产生扩散效应的前提。因此，物资、人才和资金在一定阶段往往向中心城市作适度的规模集聚，并产生良好的经济效益，它通过与外界的经济联系，将中心城市自身的优势扩散和辐射到区域的其他地方，这是市场配置资源的必然结果。为此，要把中心城市的发展放在区域开发开放的突出位置，增强其经济实力，使之成为区域经济的动力源。根据泛长三角城市场强影响区的演变趋势尤其是2010 年城市场强影响区格局，结合城市经济发展特征，显然，上海作为整个区域极核城市，带动了整个区域的发展，南京、苏州、杭州、宁波和合肥作为二级影响城市带动了地域性发展。

7.3.2.1 加快一级中心城市的国际性大都市建设

具体而言，作为泛长三角城市经济区第一等级的中心城市上海要理清思路，加快步伐，不仅要成为国内大都市，更要成为国际性大都市，不仅向泛长三角和全国广大腹地辐射，更要向全世界辐射，从而真正担负起世界级城市的作用。

（1）充分发挥一级中心城市的辐射作用。无论是对外开放还是对内搞活，都要发挥一级中心城市上海强大的辐射作用。为了进一步发挥上海这一主要中心城市的作用，必须从战略思想到具体措施上实行一系列的转变。上海应从"立足泛长三角、服务全国、融入世界"的发展战略高度出发，努力提升城市核心竞争力，同时，正确处理好自身发展与服务泛长三角、服务全国的关系。要打破东部地区尤其是长三角地区产业同构、产品同构的结构性弊端，关键在于上海新一轮产业转移和产业结构调整的力度，从而在周边地区腾出相应的产业拓展空间。在城市功能方面，继续要由原来单纯发挥工业制造基地作用，转向发挥多功能作用，特别是积极向第三产业转移。在城市自身建设方面，要由原来单纯强调经济建设，转向与增强基础设施同步进行及协调发展的轨道。要提高以其为中心的城市群聚合功能，发挥中心城市的综合功能，使之成为区域发展的要素配置中心、产业扩散中心及技术创新中心。只有这样，上海才能真正成为经济区的中心，在全区起到核心的作用。

（2）加快建设上海国际航运中心。20世纪90年代初，浦东开发的目标是尽快把上海建成国际经济、金融和贸易中心，从而带动长三角乃至整个长江流域地区经济的飞跃。为实现这一重大战略决策，1996年1月，中央政府就已做出建设上海国际航运中心的重大决策，而建立国际集装箱枢纽港是建设上海国际航运中心的发展重点和关键，进而解决长三角沿江城市远洋集装箱在境外中转的问题。

目前全球前十大集装箱港口中，新加坡、中国香港、中国台湾高雄、横滨和釜山5个在环西太平洋地区，构成了一个对中国沿海集装箱运输的弧形竞争圈。随着经济的发展未来泛长三角地区将有超过1 500万TEU的集装箱生产量，其中约一半为远洋集装箱生产量。这不仅关系到该地区以及我国经济发展，也是国际经济竞争和政治斗争的要求。与此同时，为在新一轮激烈竞争中占据优势，这些世界级港口纷纷扩建码头容量，增建深水泊位，而且其目标直取我国长三角地区和长江沿江区域集装箱运输市场，这些竞争态势是对建立上海国际航运中心的严峻挑战。

国际航运中心的形成需要优越的港口条件、广阔的腹地、发达的集疏运网络、大城市的依托和良好的港口服务系统等，在区域合作的前提条件下，以上海港为中心的组合港具备国际航运中心形成的条件。上海港具有多种优越条件，其主要缺点还是水深不够，即使长江口挖深到12.5米，三、四代集装箱仍需候潮进港，况且未来集装箱还将向更大型发展，故加快深水港建设迫不及待。太仓港作为中心的北翼，有一定的深水岸线，紧邻上海，临近腹地苏南地区，箱源丰富，中国国际远洋公司在此驻地有强大的船队。太仓港建成后可进入上海港的核心圈，对扩充上海港的集装箱泊位将是有力的支撑。宁波—舟山港作为组合港的南翼，具有深水优势，风浪掩蔽条件好，航道稳定，可接纳第五代超大型集装箱和15万吨以上巨轮，可以弥补上海港的水深不足，而且有助于在长江口拦门沙疏浚和深水港建成前及早发挥组合港在国际航运市场上的作用。

7.3.2.2　提高二级中心城市的区域性强劲带动力

作为经济区第二等级的中心城市南京、苏州、杭州、宁波和合肥要从本区域实际出发，同时协同彼此间的发展战略，带动腹地发展。

随着《长江三角洲地区区域规划》的实施，长三角地区一体化进程加速，南京作为承东启西、承南启北的门户城市，城市地位更加凸显，为集聚发展资源、提升发展能级提供了新机遇。《长江三角洲地区区域规划》将南京确定为长三角辐射带动中西部地区发展的重要门户、国家综合交通枢纽和科技创新中心，城市的战略地位显著提升。南京长江隧道、沪宁城际铁路等一批重大基础设施相继建成，南京禄口国际机场客运量超过1 000万人次，全国综合交通枢纽地位凸显。今后应抓住国际产业结构变革的机遇，后国际金融危机时期，国际国内产业、金融、能源和投资结构发生变化，正在催生新一轮重大科技创新和产业革命，为南京加速产业转型升级、构建现代产业体系提供强大动力，把发展服务业作为产业结构优化升级的战略重点，加快形成服务业发展的态势。

苏州与上海紧密相连，上海的发展为本区域提供了强有力的支撑。苏州市已进入工业化后期，城乡一体化和城市现代化、战略性新兴产业和现代服务业均呈现并将保持快速发展态势。鼓励加快跨行政区的联合，联合上海建设交通、通信及供水等基础设施。要求苏州全面接轨上海，构建上海国际金融中心和现代服务业延伸基地及上海国际航运中心配套基地、上海先进制造业转移基地、上海旅游度假首选基地。大力建设新城市、集聚新人才、发展新产业；以严格保护山水资源为前提，科学规划建设高新区西部生态城、太湖滨湖新城，高水平建设苏州太湖旅游度假区，打造现代服务业和生态人居高地。加大苏州港开发建设力度，完善港口配套服务和辐射功能，提升临港产业集聚发展水平，建设江苏沿江最具竞争力的产业集聚和服务中心。强化中心城区和沿沪宁线地区要素集聚载体建设，完善制造业的创新功能和现代服务业的引领作用，增强中心城市的辐射带动力，提升沿沪宁线东西发展轴的竞争力。充分发挥苏嘉杭高速公路的要素流通功能，拓展专业市场的服务内涵与辐射范围，促进苏州中心城区与吴江、常熟的融合发展，推动苏州与苏中、苏北地区的联动发展，提升沿苏嘉杭高速南北发展轴的集聚发展水平。充分发挥开发区先行先试的体制优势，大力推进重点开发区板块"二次创业"。加快资源重组、能级提升和"腾笼换凤"步伐，突出特色开发，强化功能创新，引导开发区从产业集聚向能级提升转变，从政策优惠向体制优化转变，打造全市转型升级的主增长极。

杭州同南京作为长江三角洲经济圈两个副中心城市，今后应构建以高速铁路和高速公路为主体的综合运输体系，发挥"公、铁、水、空港"枢纽的综合优势，加强各种运输方式的高效衔接，形成综合运输网络，建设国家级综合交通枢纽。修建杭长（沙）、杭甬、宁杭、杭黄客运专线，推进杭台温城际铁路前期工作和建设，谋划大江东产业集聚区铁路货运专线建设。优先发展现代服务业，培育发展战略性新兴产业，发挥投资对扩大内需的重要作用，保持投资合理增长，优化投资结构，提高投资质量和效益，有效拉动经济增长。

宁波为长三角南翼经济中心和浙江省经济中心，由于东临大海、北面杭州湾，随着杭州湾跨海大桥的落成，宁波到上海的时间从原先的4个小时缩短为2个小时。随着杭甬高速、甬台温高速公路、甬金高速公路、甬舟高速公路及象山港跨海大桥等多条高速公路的相继落成，宁波已成为浙江东部的交通枢纽。当前，最大的机遇就是浙江海洋经济发展上升为国家战略，宁波作为海洋经济大市，发展海洋经济既有基础、有条件，更有优势、有潜力，理所当然应该在浙江建设海洋经济核心示范区中起好领跑和示范作用。

合肥虽身居内陆，处于整个区域发展的劣势区位，但其是安徽省经济发展中心，离南京仅1个小时车程，是南京经济圈的延伸链，其作用是南京所不能替代的。生产力布局演变规律告诉我们，一般的生产力布局从内河型布局到临海型布局，在高信息、高技术时代，产品高附加值是个非常重要的砝码，因此，生产力临海型布局最终会走向临空型布局，这是产业布局发展的必然趋势。所以，作为内地城市，合肥崛起并赶上其他二级中心城市是完全可能的。因此，合肥需要加大科技体制改革力度，大力培育和完善各类高新技术开发区。要学会能站在一个新的、更高的起点上和其他城市竞争，并发挥泛长三角西部地域领头羊的作用。而且要实现全区域开发开放，合肥协调配合的职责非常重大。为此，应采取得力的措施，如加大投入、实施政策倾斜等。

7.3.2.3 积极培育区域经济新增长极

根据泛长三角各省市"十二五"规划、江苏沿海开发及皖江城市带发展规划等地方性战略平衡以及泛长三角地区产业结构升级和产业发展轴线空间整合的战略布局平衡要求，应在泛长三角一些战略要点地带加快培育新增城市经济增长极，则是目前的重要任务。沿海地区是江、浙、沪最具发展潜力的区域之一，是江浙沪发展的重要增长极。从各省市规划情况来看，目前沿海地区已分别成为苏浙沪三省市着力发展的重点地区，尤其是江苏沿海地区已于 2009 年 6 月上升为国家战略。

（1）加快江苏沿海开发。《江苏省城市体系规划》已经将连通连云港、南通作为未来省内重点建设的五条城市聚合轴之一，同时作为沿海发展轴线上的连云港、盐城、南通等三级中心城市显然目前经济实力和带动力远远不够，理应成为沿海地区首选增长极培养对象。要按照建设大港口、发展大产业、引进大项目及构建沿海经济带的总要求，实施港口、城市、产业三位一体联动开发，提高开发水平。要积极创造条件，大力建设沿海深水大港；大力发展临港产业，推进重大项目建设；加强中心城市和县级城市功能建设，促进人口和产业集聚，使沿海地区成为全省重要的经济增长极。应以南通、连云港和盐城三市的市区为依托，促进资源和要素集聚，加快城市化建设步伐；以沿海地区主要交通干线为发展纽带，积极强化腹地的产业优势，注重特色产业的开拓；应以临近深水海港的区域为节点，加快临港产业的布局，大力建设临港工业集中区和物流园区，培育并发展壮大重点城市，形成"南通、连云港和盐城三极一带多节点"的空间开发格局。

"三极"具体要求：重点建设三个中心城市，扩大其城市规模，完善城市功能。加强中心城市间及其与周边城市的联系，增强城市辐射带动作用。要以开发区为依托，以大产业、大项目和大企业为载体，同时以现代服务业和先进制造业为发展方向，不断提升产业发展水平和层级。"一带"具体要求：依托沿海铁路、沿海高速公路及通榆河等主要交通干线，不断完善沿海重大基础设施，积极发展新能源、石化、纺织、林纸、机械、车船和特种装备等优势产业，积极建设高效外向型农业和海洋特色产业基地，并加快发展商务商贸、现代物流及产品市场等服务业，新规划并建设旅游生态功能区，以形成沿海优势产业、新型城市和生态走廊。"多节点"具体要求：以可建深水海港的区域作重要节点，以临海重要城市为依托，集中布局建设临港产业。其中，重点建设南通港洋口港区、连云港主体港区和盐城港大丰港区，要适时推进滨海港区、南通港吕四港区、盐城港射阳港区及灌河口港口群等建设，实现港口与产业互动发展的新格局。

（2）高度重视金衢盆地开发。金衢盆地位于四省边际，同时又与杭州湾相连，在多山的浙南地区实为难得的地理环境，可以建成一条具有战略性的工业走廊。除了金华和衢州等中心城市外，还有如义乌和东阳这些颇具特色的工业商品城市，具有很高的开放度。但从发展泛长三角区域西南部及向我国中部地区纵深发展所具有的战略意义来说，其本身实力以及受到政府重视程度还很不够。它们都面临经济总量偏小、财政实力偏弱、城市化水平偏低及发展基础薄弱等问题。从泛长三角整体战略平衡以及中部崛起意义上讲，都应把金华和衢州打造成为泛长三角新的重要经济增长极，这将是一个长期而艰巨的任务。今后，应借助上海"四个中心"建设和科教人才高地的辐射带动效应，提升对外开放水平和产业国际竞争力，主动融入长三角现代化市场体系、现代化基础设施网络体系和现代服务体系。加快义乌机场改扩建工程，加大铁路建设力度，重点建设杭长客运专线及金温新双线，尽早开工建设金台、金甬和金黄（金华至建德段）铁路，积极推进杭—金—衢城际铁路建设，以及管道运输设施，并逐步建立内河水运网。要以发展先进制造业和强化外资利用为导向，大力推进工业结构战略性调整，对传统优势主导产业，以改造提升为主，通过培育一批现代产业集群，加快工业转型升级，形成以战略性新兴产业为主要成长点、优势主导产业为支柱、生产性服务业相组合及产业集群特色突出的产业结构。积极参与长三角和海西经济区区域经济一体化，把金衢盆地工业走廊打造成为连接长三角地区和海峡西岸经济区的纽带及长三角地区先进制造业基地、绿色农产品基地和生态休闲旅游目的地。

（3）努力加强皖江城市群建设。在当前长三角产业发展的困境下，毋庸置疑，皖江城市群显然是长三角产业转移的最好接受地，可以预言，皖江城市群作为国家战略层面上的承接产业转移示范区，将势必成为中部地区最具活力和潜力的核心战略增长极。努力开发皖江城市群对于提升皖中、皖南的经济实力，延伸长三角地区经济向西带动以及平衡泛长三角地区发展都有全局意义。作为国家"T"形开发战略上的沿江轴，皖江段的马鞍山、芜湖、铜陵、池州和安庆沿江城市群与苏南城市群发展相比，还任重道远。未来应加快皖江城市带基础设施建设，大力构建与长三角地区一体化发展的综合交通运输体系，增强区域能源供应水平，强化人水和谐的水利保障体系，加快推进区域信息一体化，为承接产业转移提供强有力的基础设施保障。充分发挥皖江示范区毗邻长三角的有利区位，依托东向快速通道和长江黄金水道，推进产业集聚，优化产业分工，增强中心城市功能，构建大中小城市协调发展的现代城市体系，形成城市功能完善、产业布局合理，错位发展、各具特色的空间开发格局。强化芜湖的沿江中心城市地位，加快芜湖－马鞍山同城化进程，实施城市东扩南进，加强与江北联动发展，密切和南京城市群的广泛合作，把芜湖建设成现代化滨江组团式的大城市。要加强安庆市基础设施建设，壮大城市规模，加快安庆中心城区发展，增强服务功能，向西开放，向东融合，增进与武汉城市圈和环鄱阳湖城市群的合作与交流。在现有的文化历史基础上建设城市现代化，打造成引领皖西南、辐射皖鄂赣交界区的区域中心城市。要重视马鞍山、铜陵等资源型城市的转型，积极妥善关闭资源枯竭矿山，同时进行矿山土地复垦和地质环境治理，加强市、县城区一体化建设，增强综合服务功能，强化马鞍山与芜湖、南京的东西双向融合。

7.3.3 规划交通运输网络，优化产业发展轴线（线）

历史和国际经验告诉我们，在社会、经济大转型时期，由产业结构主导的空间结构极其动荡，并引发重组。新中国成立以来，经济体制先后经历了高度集中的计划经济→有计划的产品经济→有计划的商品经济→社会主义市场经济三次大转变，经济体制的每次大转变都会对区域产业结构及空间结构提出新的整合升级要求。城市是生产要素空间配置的重要载体，城市群城市空间模式的合理化和有序演进是实现区域产业结构调整及升级的重要保障和必要前提。但由于体制惯性的原因，长期以来，城市群城市空间模式对产业结构升级的基础能动作用并未引起相关部门足够的重视。因此，鉴于今后 10～20 年间泛长三角仍然处于工业化和城市化进程快速推进的阶段，在市场约束和资源环境趋紧的背景下，对城市空间模式尤其是产业发展轴线的规划调整和优化，对促进区域产业结构升级更加具有紧迫性。

现代化交通运输网络是区域空间结构的重要组成部分，它不仅构成了现代区域空间结构的重要骨架，而且对空间结构的形成与拓展也起着非常重要的作用。根据线状基础设施的不同，发展轴可分为大河河岸发展轴、铁路干线发展轴、海岸发展轴以及复合型发展轴四种类型。优化区域产业轴线是指在加强区域重点主轴建设的同时，如长江水路、高速公路和铁路，也得重视次级轴线的建设。只有通过主轴和次级轴的建设，才能完善区域点轴空间体系，从而促进区域城市空间结构的形成与整合，最终达到缩小区域间发展差异的目的。

7.3.3.1 一级发展轴线

经济地理学认为，区域各种经济活动遵循"空间近邻效应"和"等级扩散"规律，上海对外经济扩散也遵循这一规律，在沿江、沿沪宁和沪杭线经济扩散。根据 2010 年泛长三角场强空间结构的态势看，沪－宁－合联系更趋紧密，应该充分发挥这种态势；而江浙沪沿海地区场强态势则有待增强，沿海有充分的自然资源条件和地理区位优势，同时在国家"T"形战略线上；沪杭发展轴线，今后对沿线地区经济发展将发挥越来越重要的作用，然而纵深太短，不利于带动浙中、皖南腹地以及长三角地区的产业转移，应该延伸其发展轴线。这样，沿海、沿江、沪

—宁—合及沪—杭—衢共同组成一个犹如"发梳"型发展轴（图7-2）。今后泛长三角城市经济区发展将会在"发梳"型发展轴结构框架下，不同等级规模的城市之间联系将日益密切，达到带动整个区域城市发展的作用。"发梳"模式一级轴线把泛长三角三省一市紧密连在一起，除上海的一级发展轴线达三条外，其余三省都有两条一级发展轴线经过，而且很大程度上分布较均匀。"发梳"型发展轴结构框架是在国家"T"形发展战略基础上，结合泛长三角发展实际，同时考虑平衡发展理念制定的。

　　（1）重点建设长江干线产业发展轴线。发达国家为了利用航运资源，十分注重在水运岸线旁建设铁路和公路体系，形成强大的沿江运输通道，建设工业密集带，如莱茵河密集产业带的形成与铁路及高速公路的支持是分不开的。由于复合型发展轴线是国家和地区社会经济高度发展的产物，因此，宏观尺度上生产力布局主轴线一般都是复合型发展轴。沿海和沿江轴线作为国家生产力布局的一级轴线，不是单一的水轴，而是由水运、铁路、公路和航空等运输方式共同组成。各种运输方式之间既相互竞争又相互促进，以铁路和水运为例，铁路开通后可通过发达的陆上交通网，将更大的范围连接起来，成为大河港口的腹地，而且铁路建设带来了大河沿岸社会经济的繁荣和交流的增加，也显然会增加客货运量。相关数据研究表明，早在苏、皖沿江铁路未贯通前，长江上货运密度最大的铜陵经南京至镇江段，恰有宁铜铁路和京沪铁路沿江平行，沿江城市和工业较密集；它的上游和下游都因为没有沿江铁路，沿江地段难以吸引大运量的工业，水运密度反而显著下降。因此，国内外的区域发展实践证明，修建沿江综合交通运输网对产业带建设和生产力布局至关重要（王合生，2000）。

　　首先，进一步密集苏皖沿江轴线通道，做大做强"上海—苏州—南京—马鞍山—芜湖—安庆"陆路发展轴。在目前沿江高速和沿江铁路两条通道基础上，当下最重要的是加快建设皖江高速铁路，形成与江苏高速铁路对接，从而缩小皖江地带和沪、宁时空距离。加快建设东西向陆上通道，这对皖江城市群承接长三角制造业转移有至关重要的推动作用，能加速发展皖江城市，使之成为安徽重要产业支撑点，真正建成苏、皖沿江城市经济走廊。目前，安徽生产力布局重心不在沿江地区，从实践和中观角度看，这种布局结构应该是合理的，但从大区域和全国的角度看，必须正确处理沿江一级轴线和二级轴线之间的关系，重视沿江地区的发展，促进沿江产业密集带的整体形成和发展。另外，以上海建设国际航运中心为契机，加快沿江港口和长江航道建设的分工与协作；同时还应加快能源、资金、信息、人才和技术等要素流动的无形通道建设，以促进生产力要素的自由流动，尽快建成沿江现代化的泛长三角东西大动脉。

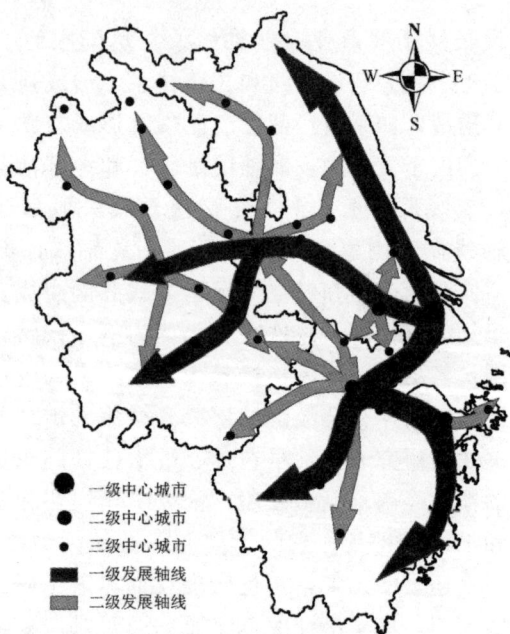

图 7-2　泛长三角产业发展轴线

（2）稳步发展沪—宁—合跨三省市发展轴。2010 年泛长三角区域场强空间态势图显示，合肥与长三角地区场强空间几乎连成一体，因此强化这一发展轴对壮大合肥影响力有很大的推动作用，有助于提高合肥的辐射强度，且安徽可借助合肥处于中部的良好区位，带动整个安徽的发展。沪—宁—合发展轴是沿江发展轴线在南京处向安徽中部的延伸，这一发展轴线跨越三省市的省会，是泛长三角城市经济区跨地域合作的典范，是整合泛长三角各种社会经济发展资源的有力通道，也是泛长三角区域一体化的根本基础。目前沪宁高速、沪宁高铁已通车运营，1个小时车程就可以到达南京，是安徽向东发展的主要通道之一。

（3）积极开发黄金海岸发展通道。随着江苏沿海开发的展开以及浙江沿海岸经济的起飞，未来泛长三角交通体系中将会形成以上海为核心，沿黄金海岸和沿江黄金水道呈"T"字形展开的两条最重要的发展轴。上海的辐射功能将以梯度推移的方式沿交通发展主轴持续向外扩散，并且通过次一级中心城市的辐射传递和接力作用影响到浙南、苏北、安徽，最终形成以沿江的经济带与城市带为"一体"，以上海北南沿海城市带为"北冀"和"南冀"的"一体两翼"新格局，泛长三角的区域整合力、外在辐射力和国际竞争力将会大幅提升，成为带动我国经济发展的重要的主力区域。

长期以来，江苏沿海地区经济发展处于相对弱势，但拥有十分丰富的土地资源，人均土地资源拥有量位居华东地区的前列；浙江沿海地区缺电缺水严重，而海岛资源却极其丰富，且经济氛围活跃，企业家资源和资本积淀都比较雄厚。因此，从目前长三角地区所面临的资源环境约束和产业结构升级的总体要求情况看，加大对沿海大通道尤其是苏北沿海地区的建设力度，在很大程度上可以开拓长三角的经济活动延伸空间，可给产业结构的腾挪及空间调整创造更大的回旋余地。在今后一段时期内，沿海大通道地区无疑是长三角城市体系拓展和空间模式合理化的优选切入地区及产业增量布局和重化工业转移的理想空间之一。在"十一五"期间，以国家东部沿海大动脉建设为契机，长三角地区开通了由上海北上经崇明连接江苏南通、盐城和连云港的越江交通干线；但需更具前瞻性意识修建江苏沿海高铁，做到真正的人流物流畅通，才能真正带动这一地区的发展。与此同时，由上海南下跨杭州湾也将建成两条以上连接浙江多个城市的快速通道。浙江甬台温沿海高速和开通的高铁远离浙江东北沿海，不能带动众多半岛的发展，应尽快建设像山湾、三门湾及台州湾等港湾大桥及其沿线的高速公路通道。

（4）大力延伸沪杭发展轴线。目前浙江经济主要集中在环杭州湾，这是长三角南翼经济区，其次是甬台温沿海经济带。广大浙江西南地区的发展一直没有引起足够的重视，是浙江经济发展的软肋，如杭州以南的金衢盆地地理条件优越，资源丰富，却没有得到应有的开发。大力向南延伸沪杭发展轴，使之成为沪一杭一衢泛长三角一级发展轴，不仅一改浙江经济空间不平衡格局，对于皖南的发展也有一定的带动效应，而且对加速赣东北经济更有深远意义，从而有利于长三角产业转移多渠道向内地推进，从更深远意义来说还可带动江西的发展。所以，国家要从更高层面上出发，尤其是浙江相关部门应组织广大专家学者进行科学论证并争取统一认识，加大对沪一杭一衢基础设施的投入力度，大力给予政策倾斜，真正实现泛长三角区域一体化目标下的一级发展轴线的带动效应。

7.3.3.2 二级发展轴线

一级发展轴线构建了泛长三角三省一市发展大通道，尽管布局均称，但还需要通过二级发展轴线把经济扩散到地方性区域，这样才能基本构架起泛长三角经济发展脉络。在"发梳"发展轴线大框架下，把二级中心城市南京、杭州、合肥、苏州和宁波作经济扩散源，以此建构二级发展轴线，通过二级发展轴线的辐射，不仅带动沿线区域小城市的成长发育，还可以实现一级发展轴线不能完成的相邻省际的城市彼此连接，即二级发展轴线把所有相邻省份的两两地带连接起来，做到整个区域全方位的连通，共生共长。二级轴线又是以三级中心城市为增长极发端的三级发展轴线的基础框架，最终泛长三角形成不同等级增长核心和发展轴线，各发展轴线相继延伸，互相交织，构成泛长三角区域的空间网络型发展态势（图7-2，表7-1）。

表7-1 泛长三角二级发展轴线

名称	增长极		依托主要国家或地区交通干线
	二级中心城市	三级中心城市	
宁一淮一徐发展轴	南京	淮安，宿迁，徐州	京沪高速，长深高速，205国道
宁一泰一盐发展轴	南京	扬州，泰州，盐城	沪陕高速，扬泰高速，盐靖高速

（续表）

名称	增长极		依托主要国家或地区交通干线
	二级中心城市	三级中心城市	
宁一蚌一宿发展轴	南京	滁州，蚌埠，宿州	京沪高铁，京台高速，蚌宁高速
宁一湖一杭发展轴	南京，杭州	湖州	宁杭高速，104国道
合一宣一杭发展轴	合肥，杭州	芜湖，宣城	合杭高速
合一六发展轴	合肥	六安	合六叶高速，沪蓉高铁，312国道，
合一安发展轴	合肥	安庆	合宿高速，合九铁路，206国道
合一淮一阜发展轴	合肥	淮南，阜阳，亳州	合淮阜高速，206国道，合一淮一阜一亳铁路
杭一黄发展轴	杭州	黄山	徽杭高速
杭一金一丽发展轴	杭州	金华，丽水	杭金衢高速，330国道，杭一金一丽铁路
甬一舟发展轴	宁波	舟山	甬舟高速
苏一通发展轴	苏州	南通	苏通高速
苏一湖发展轴	苏州	湖州	苏一湖高速
苏一嘉发展轴	苏州	嘉兴	苏嘉高速

　　二级发展轴以二级中心城市为核心向其腹地扩散影响力，呈现向四周放射状态，把经济辐射到泛长三角三级中心城市，是保证区域走向平衡发展的重要布局。这些二级发展轴线有的是已经很成熟的发展轴线，如杭一绍一甬一舟发展轴、苏一嘉发展轴、合一安发展轴、合一宣一杭发展轴中的合一芜发展轴（安徽生产力布局轴心带）及宁一泰一盐发展轴等；还有些是需要培育的如合一宣一杭发展轴、合一杭发展轴及杭一金一丽发展轴等。其中，跨江浙皖三省的合一杭发展轴、宁一湖一杭发展轴及合一宁发展轴（一级）三条轴线构成稳定的三角形，与上海极核

不同的是，它居泛长三角中央，形成了上海以外的另一个强有力的经济辐射圈。宁、杭、合三城市间交通便利，产业发展各具特色，存在较强的关联性，同时各城市在功能上也存在一定的互补性，具有实现整合的有利条件。今后应进一步加强各城市之间的经济联系，重点搞好产业整合和基础设施整合，构建泛长三角城市经济区发展的经济辐射圈。

7.3.3.3　三级发展轴线

三级发展轴线是以三级中心城市为经济扩散源，在二级发展轴线基础上对整个区域进行产业发展轴线布局的进一步拓展。三级中心城市间彼此经济相互影响，互通有无，它可以具体深入到高级发展轴线不能达到的县级城市和广大的农村地带。其中，这些三级发展轴中不乏有在某一局域层面起着很大程度带动作用的发展轴，如徐州－盐城发展轴、徐州－宿迁发展轴、徐州－淮北发展轴、温州－丽水发展轴及湖州－嘉兴发展轴等。由于三级发展轴众多，本书不详细说明。

另外，需说明一下的是，四级发展轴主要是更小的县级城市之间的连通枝束，是对泛长三角产业发展轴线的最后补充，它的功能是把整个区域真正做到产业布局成板块状。

7.3.4　合理调整区域分工，构筑三层级城市群（面）

"以点建轴，以轴布面"是经济地理学者对区域规划的常用思路，本研究亦如此。显然，在泛长三角一、二级中心城市基础上建构了一级发展轴线，三级中心城市建构了二级发展轴线，中心城市级别越高则建构的发展轴线层级越高。同样如此，泛长三角城市经济区也是由不同等级的大小城市群组合而成，层级较高的城市群主要由高级发展轴线组成，层级较低的城市群由低级发展轴组成。而下一个问题是这些城市群的层级数是多少？另一问题是划分的城市群控制范围及其彼此之间的相邻关系如何界定？前文把泛长三角场强空间结构分为核心区（内核区）、邻接区和外缘区，这里依此分区法结合各级产业发展轴线及产业布局特征把泛长三角城市经济区分为内核城市群、邻接城市群和外缘城市群三类型（图7-3）。三类型城市群空间上相互毗邻，三种城市群空间布局大致为由里及外。

城市体系网络化必须通过空间结构整合实现，其本质是区域生产力要素的重新配置，因此生产力的流动是顺利实现空间结构整合的根本途径。泛长三角城市经济区的生产力流动应以产业结构升级为手段，实现劳动力、资金、技术、知识、信息和商品这六大基本生产力流的自由流动。根据现代产业经济学理论，一般地，产业升级应包括两方面：一是产业部门结构效益的优化，就是以工业化程度为基本标志，通过提高各产业内部增长质量以及协调一、二、三产业的结构比例，实现由较低层次向较高层次推进。二是产业升级还意味着产业空间结构的优化，也就是对资源要素进行高效合理的空间配置。核心区、邻接区和外缘区是典型的核心-边缘结构，一般来说，由里及外三次产业结构的优等层级逐渐降低，即第三产业比率逐渐趋小。

7.3.4.1　内核城市群

根据构建城市群的中心城市等级与产业发展轴线等级相匹配的原则，参照一级和二级中心城市区位和彼此间联系紧密程度，可以对泛长三角区域建立三个内核城市群，分别是宁合城市群、沪苏城市群和杭甬城市群。这三个内核城市群分别以合肥－南京、上海－苏州及杭州－宁波形成城市群的双核，其中上海、南京和杭州是主核，苏州、宁波和合肥为副核，三对双核城市群分别以合宁发展轴、沪苏发展轴及杭甬发展轴构成了各自城市群的中枢发展轴。三个城市群是既相互独立又相互依存的有机统一体，共同组成泛长三角板块区域，是泛长三角最发达的地区，也是产业结构层级较高的区域。它们是泛长三角经济区的发展动力源头，不断通过二级产业发展轴向其邻接区直接扩散经济影响力，带动邻接区三级城市的发展。

首先，根据三大内核城市群的场强强度空间结构中的板块区基本界定总体内核城市群范围，板块区是泛长三角经济最发达、城市经济联系最为密切地区，也是泛长三角内核地带。其次，三大内核城市群彼此界限通过三个双核中的主核城市相互竞争，通过 GIS 技术分析会得到两两的场强势能边界线，即是三大内核城市群的彼此分界线，显然三大城市群都是沿一级产业发展轴线布局（图 7-3）。三大城市群各自边界如图 7-4。

图 7-3，三大主核城市影响区在整个泛长三角空间布局如下，上海尽管偏居东部，但显然对全域都有很大的辐射和带动作用，不愧为泛长

三角城市经济区的极核城市，而南京和杭州只能对其周围一定区域产生影响。图7-4显示宁合城市群与沪苏城市群分界区位于镇江的丹阳市、常州市的金坛市和溧阳市，考虑到行政区的潜在意识作用和与南京的时空距离，在具体规划时应该把这一边界地区作为宁合城市群范围。而杭甬城市群与沪苏城市群的分界区位于湖州市的北部界限、嘉兴以及平湖市的南部界，自然在实际规划时把嘉兴归于杭甬城市群，以免相互推诿。

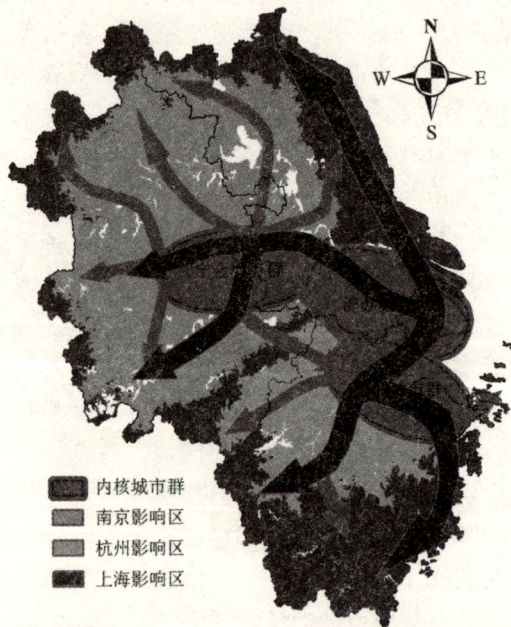

图7-3　泛长三角内核城市群两两边界

以沪苏城市群为代表的内核城市群是泛长三角甚至是中国最发达的地区之一，尽管三大内核城市群发展并不同步，但今后应以发展第三产业为主并努力提高第三产业的绝对比重，第三产业内部各行业的高低等级比重也应该出现由东到西依次降低。三大城市群应按照集约化、高端化、服务化，推动"三二一"产业融合发展，加快形成以服务业为主的产业结构发展方针，大力推进产业结构战略性优化和调整，整合产业空

间布局，加快构建以战略性新兴产业为引领、现代服务业为主导、先进
制造业为支撑的新型产业体系，不断提升产业核心竞争力。着力提升金
融业、航运物流业、现代商贸业的国际竞争力，增强城市资源配置能力
和集聚辐射功能。做大做强信息服务业，提高城市智能化、信息化水
平。加快发展文化创意产业，打造时尚创意之都。着力提高旅游会展业
国际化水平，建设国际都市旅游目的地和会展中心城市。积极培育专业
服务、高技术服务、医疗保健、教育培训和家庭服务等新兴服务业。在
此基础上各城市群内城市根据自己优势产业又可细微分工，上海市要充
分利用对内对外开放的有利条件，引进和采用先进技术，开拓新兴产
业，发展第三产业，向高、精、尖方向发展；杭州发展丝绸、机械制造
和旅游；嘉兴、湖州发展丝绸、皮革、建材；绍兴发展酿酒、陶瓷和手
工艺品；苏州发展丝绸、工艺美术、食品加工和旅游；无锡发展电子工
业和旅游业；常州发展纺织和机械等等。

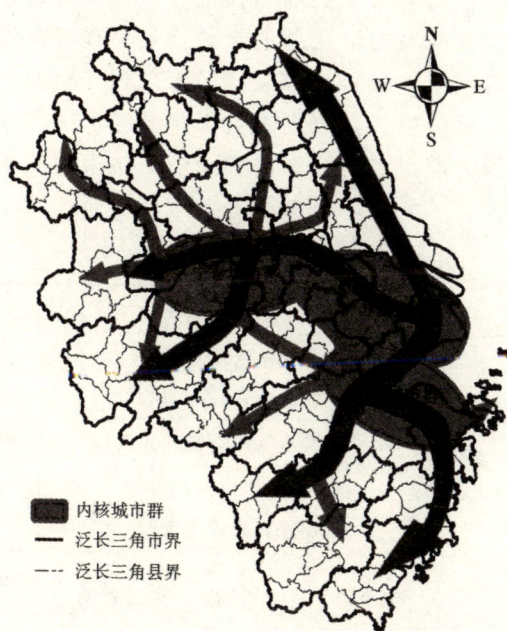

图7-4　泛长三角内核控制区

另外，内核区一定要跳出制造业领域的束缚，尤其是宁合城市群和杭甬城市群，要从资源要素集聚基地，向资本输出地转变，从商品生产基地向商品集散基地转变，依托本地区金融系统和专业市场群，努力将内核区打造成为运作全球资本、集散全球商品的新空间。通过资本的输出和商品的集散，获取更低的环境成本、更高效益的超额利润。

7.3.4.2 邻接城市群

邻接城市群位于邻接区也即是团块区，邻接城市群在一级发展轴线上的薄弱区和二级发展轴上，根据三级城市在团块区的场强强度空间结构以及发展现状，并充分考虑到自然地理条件、国家相关发展战略等情况综合比较，划分出五大邻接城市群——扬泰通淮盐城市群、滁淮蚌城市群、皖江城市群、金衢丽城市群和温台城市群，其发展主轴见表7-2，除了温台城市群的发展主轴在浙江沿海的一级发展轴线外，其余都至少有两条发展轴线。邻接城市群彼此间的界线大多以地级市行政区为参考，同时考虑到场强强度分布特征等因素划定。扬泰通淮盐城市群与滁淮蚌城市群相邻的天长市划为前者，皖江城市群南边参考黄山市和杭州市地级行政界限，但考虑到宣州的绩溪县和旌德县是徽州文化区且远离皖江，故划入黄山旅游经济区，其他以皖江城市产业示范区范围为准。温台城市群和金衢丽城市群北接板块线，其余都以地级市为界。

表7-2 邻接城市群主发展轴

邻接城市群	发展轴	三级中心城市
扬泰通淮盐城市群	江苏沿海一级发展轴，宁—扬—泰—盐发展轴	扬州，泰州，南通，淮安，盐城
滁淮蚌城市群	宁蚌宿发展轴，合淮阜发展轴	滁州，淮南，蚌埠
皖江城市群	皖江一级发展轴，合杭发展轴，合安发展轴	芜湖，铜陵，池州，安庆
浙中城市群	杭金衢一级发展轴，金丽发展轴	金华，（义乌），衢州，丽水
温台城市群	浙江沿海一级发展轴	温州，台州

邻接城市群（图7-5）是内核城市群向外的延伸，是内核城市群产业转移的首选地，当然有些城市属于长三角城市本身也存在产业向外转移。邻接城市群三次产业结构基本上是"二三一"顺序，当然，一般来讲越靠近东部城市"二三一"更加优化。应大力发展制造业并逐步提升产业结构高度，积极承接核心城市群的产业转移，但要依据自身优势确定一定的第三产业发展目标，避免与长三角地区恶性竞争。产业拓展方面，应制定产业适宜性评价指标体系和相关政策，立足于现有基础和各类专业化城市，有选择性地承接宁、沪、杭三大内核城市群转移和扩散的部分产业，积极培育和增强特色主导产业的能级，促进相关产业的集群化发展。同时，制定相应规划，以金华、衢州、盐城以及皖江上游的铜陵、池州和安庆为重点，通过培育新增城市经济增长极加快产业与人口的集聚速度，以增强和壮大新增城市经济增长极的综合实力，带动群内城市以及下辖各县级城市的发展，理顺和整合沿线城市密集区的发展次序与空间，形成"品牌突出、特色鲜明、功能互补、高效集约"以及大中小城市协调发展的新型城市产业密集带。

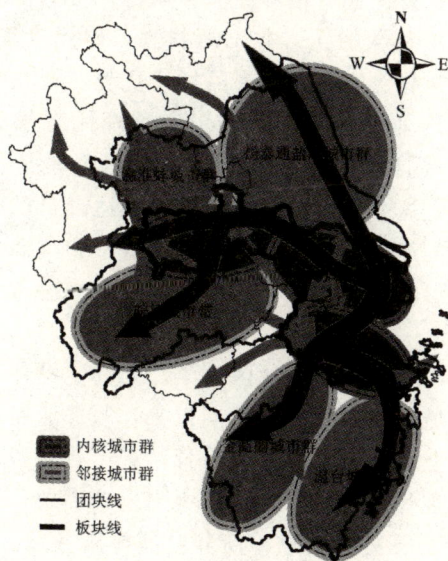

图7-5　泛长三角邻接城市群

扬泰通淮盐城市群尽管有沿海水产品产业、苏中纺织、机械、汽车、化工等产业特性以及苏北农产品产业特点，但考虑到这些城市间整体团块结构清楚，彼此间联系紧密，虽然其结构内部复杂，但总体上还是邻接区的产业特征，且这些不同产业特性可以互补更有利于区域发展，故划为一个由5个城市组成的大城市群。随着江苏沿海大开发，为长三角产业转移带来了很大的腾挪空间，注重发展纺织服装、机械等传统产业的发展基础上，还要大力发展特色产业，尤其是沿海地区具有较好的自然资源，适宜布局能源工业、临港产业、高效农业和海洋产业，增强区域产业发展的整体实力。

安徽沿江城市及滁州、淮南和蚌埠等皖北和皖中城市已拥有较好的制造业发展基础，在实施"东向发展战略"过程中，与长三角发达地区在产业发展方面已经建立了密切联系。因此，一定意义上说，科学规划和合理引导承接的产业项目对安徽特别是皖北和沿江地区城市体系建设将有很大的作用。结合本地产业发展特点和优势，皖江地区重点承接发展汽车及零部件、钢铁、化工、轻纺、建材、船用设备加工、文化创意及文化旅游等产业；发挥铜、铅锌、非金属矿产资源优势产业基础上承接发展有色金属冶炼及深加工、非金属材料，确保汽车、钢铁、有色、机械设备、化工、建材、家电、农产品加工优势产业在全国地位进一步提升，加快高技术产业快速发展，逐步完善现代服务业体系。滁—淮（南）—蚌埠城市群同样跨皖中和皖北，制造业和能源产业混搭，产业结构上互补性较强，这一城市群既要做好承接适合自己的产业又要做好一味依赖能源工业的产业转换。沿江城市经济带和滁淮蚌城市群作为安徽的两个城市群，形成南北联动、共同支撑安徽快速崛起的经济增长新格局。

温台城市群起步比江苏沿海地区要早，尤其是民营经济制造业的发展大大推动了温台城市群的发展。长期以来，服务业发展相对滞后，今后应以集群化大产业和总部型大企业培育促进产业转型升级，大力发展海洋经济，构筑以现代服务业为主体，突出发展商贸、物流、金融、旅游及信息业，加快发展文化创意、商务会展等服务业。在稳固汽摩配、皮革、服装及精细化工等产业基础上积极发展先进装备制造业、新能源产业、新材料产业。金—衢—丽城市群要推进工业转型升级，要坚持增量与提质并举，需壮大提升先进制造业。既要充分激发民营中小企业的活力，又要扎实推动大平台、大产业、大项目、大企业建设，力求培育新优势，取得新突破。既要大力发展战略性新兴产业，又要积极提升传统医药、服装和纺织等产业，推动块状经济向现代产业集群升级，在产业结构调整上迈出更大步伐。浙江的两大邻接城市群由于三次产业结构呈现"三二一"的趋势，目前应该把做大做强现代服务业作为重点，要深入推进现代服务业综合配套改革，建立现代服务业优先发展及创新发展、集聚发展的新机制。大力发展生产性服务业，加快发展生活性服务业，积极发展公共服务业，支持现代服务业集聚区和总部基地建设，推进现代服务业规模化、集群化和品牌化发展。

7.3.4.3 外缘城市群

外缘城市群（图7-6）处于泛长三角边缘地带，经济发展相对迟滞，产业发展相对落后，整体经济欠佳，它包括皖西北城市群、徐连宿城市群和黄山旅游经济区。皖西北城市群包括阜阳和亳州，另含不包括舒城县的所有六安地区，黄山旅游经济区容黄山地级市、绩溪县和旌德县，北接皖江城市群和板块区，南接金衢丽城市群。皖西北城市群地区经济联系欠缺，中心城市地位不突出，整体功能不成熟，均处于正在形成之中，属于今后需要加以重点培育的成长型城市群。由于长三角的辐射及其产业转移目前还难以企及，工业化发展水平较低，因此，提高工业化水平及就业保障能力应为首要任务，提升产业结构应以传统产业的改造升级为主而不是以新兴产业为主，调整方向以改变资源型产业结构为主。

徐连宿城市群包括徐州、连云港、宿迁、宿州和淮北5个城市，把宿州和淮北划归徐连宿城市群，主要是考虑它们与徐州的经济联系较紧密，且都属资源型城市。徐连宿在地理区位上虽然与内核城市群不直接相邻，但考虑到其产业发展情况，尤其是东陇海铁路沿线生产力发展水平明显高于淮阴、盐城，因此归为邻接城市群。要开展煤炭、铁路、港口、旅游、机械制造、新医药、新材料及农副产品等资源的整合，实现资源共享，要加快徐连经济带建设，形成另一个区域性经济增长极。用高新技术改造传统产业，用产业链延伸提升传统产业。徐州要加快发展装备制造业，打造工程机械主机、特色装备制造、关键零部件及新兴装备制造等产业链，加快发展食品、农副产品加工业、轻纺、制鞋及木材加工。加快发展能源产业，巩固提升传统能源产业优势，重点推进以光伏光电、风电设备及生物质能为主的新能源产业，大力推进煤盐化工、冶金及建材产业的转型升级。加快推进煤炭资源综合利用，带动煤电化产业集群发展。大力发展海洋运输、海洋工业、海洋渔业及海洋旅游业。以市场化、产业化、社会化和国际化为方向实施服务业提速，努力促进生产服务业集聚化、基础服务业网络化和公共服务业均等化。

黄山旅游经济区纳新安江和富春江，这一地带不仅有颇具特色的以西递－宏村为代表的徽州文化，而且有风景秀丽的黄山、波光粼粼的千岛湖和太平湖。这里富有大自然优美的自然环境，原始生态保护良好，可以大力发展各项旅游产业、生态农业、绿色光源、绿色食品、茧丝绸服装产业和农副产品精深加工产业，另可发展机械电子、纺织服装、新型材料、高新技术和新能源等产业。

图 7-6　泛长三角外缘城市群

第八章　泛长江三角洲区域一体化发展对策

空间结构整合协同产业升级推动整个泛长三角城市结构体系空间有序，产业结构布局阶段性合理，这是促进泛长三角区域发展的巨大动力，但空间结构整合仅是区域一体化的硬件环境，还必须有一体化的软件环境，那就是区域一体化的相关对策和措施。

8.1　泛长江三角洲区域统筹协调发展

8.1.1　区域统筹协调发展主要目标

推动泛长三角区域一体化，不仅有利于加速本地区的发展，对整个长江流域的发展都有很大的促进作用。将以上海为龙头的内核城市群的服务业优势与江、浙、皖的制造业优势结合起来，泛长三角的国际、国内竞争力将超过国内任何经济区，其在我国经济发展大格局中的作用无可比拟。经过长时间的努力，可以把这一地区建设成为经济最发达、体量最大、产业最密集、最具活力的地区，进而使泛长三角在我国现代化建设中担当发展的强劲引擎。加快江苏、浙江及安徽以资本密集型和劳动密集型为基础的制造业、交通运输和商品贸易业的发展，同时利用安徽和苏北的农业资源优势，发展现代农业，加快农业产业化、现代化与工业化的发展步伐。

在对外开放上，提升泛长江三角洲地区的对外开放水平，主动积极地参与国际市场竞争，以良好的心态迎接经济全球化带来的挑战，使得该地区成为国际分工与合作体系的重要环节，以提高整个地区的国际竞争力。为适应国家实施西部省份大开发及中部地区崛起战略的需要，应利用泛长三角在长江流域经济带中的龙头主导地位，加强泛长三角地区与中西部地区尤其是沿长江流域各省市区间的分工与合作，使之成为东西联动发展的推动力量并起到积极示范作用。在模式创新上，须在国家创新体系大环境中，构建具有泛长三角地区特色的区域创新体系，为该地区的可持续发展提供制度、技术支持及良好的市场环境。

泛长三角的合作宗旨是强调在平等互利、优势互补的前提下开展合作，强化对内对外开放水平，提高经济运行质量和资源配置效率，以促进经济社会共同发展，提高地区整体竞争力；合作原则是公平开放、市场主导、优势互补、互利共赢；要求各方政府着重在基础设施的协调、市场环境建设、区域品牌构筑及可持续发展促进的四个方面推进合作发展；主要领域包括基础设施、商务与贸易、产业与投资、农业、旅游、劳务、信息化建设、科教文化、环境保护及卫生防疫等方面。

8.1.2　区域统筹协调发展政策建议

（1）重视市场机制的作用。区域整合是建立在区域共同市场和区域经济一体化基础上的，高市场化水平是区域间产业分工、空间链接与重组的根本动力来源。因此，必须充分发挥市场机制在促进泛长三角区域整合与发展中的基础性作用。要培育一体化的消费品市场、劳动力市场、技术市场及资本市场，尤其是人才市场和统一的产权市场。在遵循市场经济运行规律前提下，及早建立能与国际接轨的市场运行规则和市场退出机制。在各城市协同的基础上，制定相关合作制度，打破行政壁垒，确立统一的市场准则，营造公平的市场竞争条件，保证生产力要素和资源畅通无阻，以优化资源配置。根据市场原则，组建区域性的大型企业集团以及与此相配套的产业链组织分工体系。

（2）建立创新管理机制。从经济运行角度看，虽然市场机制是区域合作的基础，但在区域分工合作的整个进程中，政府行为仍具有极其重要的作用。在泛长三角区域发展中出现的大量基础设施建设、投资与贸易、资源配置、发展规划、环境治理和公共安全等诸多区域性公共问题，以传统的行政边界的单一地方政府显然爱莫能助，因此，泛长三角经济区双边或多边的政府间合作则应是泛长三角一体化的关键所在。

针对中国目前的行政区划体制和行政建制特征，可以着重借鉴西方大都市区"双层制"管理体制进行稳妥而有效的改造（顾朝林，1999）。

双层制管理模式是在现有行政体制下另外建立区域合作专门管理机构和体制，专门管理机构和地方政府不是层级关系，是合作和影响关系。如建立一个泛长三角区域合作发展管理委员会的专门管理机构，设立机构秘书长、常务委员和委员会成员，委员会成员由各地级市和以上城市较高级别的官员担任，形成日常办公制度，并每年召开一届市长联席会议并形成制度，另外正式邀请安徽参加一年一度的沪、苏、浙经济合作与发展座谈会（峰会）。相对于地方政府而言，专门管理机构致力于解决大区域内的协调发展问题如江海港口、高速公路、铁路、机场、城市体系规划、筹措经费、项目布局、收集和传递经济技术信息、提供经济技术服务、大区域环境整治，农业发展及战略规划编制和执行等，以避免恶性竞争，防止低水平重复建设，促进生产要素合理流动。

（3）相关措施。首先，加强基础设施建设。根据一级产业发展轴线和二级产业发展轴线制定泛长三角综合交通规划，尤其是加速建设一级发展轴线薄弱区域的城际铁路客运专线，需要重视安徽城市与江、浙、沪的对接；另外要加强一级发展轴线与二级发展轴线间的综合对接能力；应充分发挥沿江、靠海及河网密布的优越条件，把沿海、沿江的重要港口联合起来。充分利用大吨位船舶和沿海港口优势，支持安徽"内陆干港"建设，把海上运输与内陆运输联结起来，提高"陆海联运"的效率，实行水水联运、水陆联运以及水、陆、空综合运输。在邮电通信方面，重点是改善大、中城市市内电话和长途电话的联通能力。

其次，加强能源建设及调控能力。能源是一个地区发展的关键要素之一，目前，泛长三角中东部地区的能源供给问题亟待解决。能源不足的解决途径须从多方面入手，其中包括积极开发两淮地区煤炭资源，建设坑口电站，发展煤电联营，如加强"皖电东送"工程，利用安徽丰富的煤炭资源是实现安徽与长三角最有效合作的举措之一。目前国务院已解冻了核电建设，在提高准入门槛基础上，核电机组应在符合三代安全标准的前提下，有计划有步骤地新建沿海核电项目。

第三，加强区域产业分工与合作。国外区域经济发展的成功经验表明，一个经济区域要具有强劲的国际竞争力，就必须有一个服务功能完备的核心城市或内核发展区，以形成层次清晰、分工明确的产业群。内核区城市尤其是上海市表现出的综合性服务功能及辐射功能，在资本市场、高新技术、外贸通关和交通枢纽等方面,为整个泛长三角地区及其他大中城市提供了便捷、及时、高效的服务;而长三角外围的江、浙、皖次级城市及其腹地则发挥业已形成的传统优势,在传统产业及其内部强化分工合作关系,目的是加速区内城际生产、贸易联动发展进程,以便大大提升整个区域产业发展的国际竞争力,为早日实现泛长三角区域一体化共赢奠定扎实的物质基础。

第四,健全金融等服务业一体化体制。国家可以在上海设立商业银行总行审批制度,在上海设立更多的区域中心,诸如资金中心、信贷中心及清算中心等,实现信贷资源共享,统一结算,各商业银行的资金统一调度,以对泛长三角的经济发展起到更大的支撑作用。

第五,以数字化信息网络建设为机遇,加快区域城市信息化进程。当今世界,科技日新月异,信息科学技术蓬勃兴起,信息化渐升为推动区域经济社会全面发展的关键要素,已成为人类社会进步的新标志。各国各地区无不感受到信息技术带给经济发展的益处,都将积极发展信息产业和实现信息化作为争夺未来经济制高点的重要战略。因此,当务之急是泛长三角区域内应重点选择若干中心城市作为信息化节点,通过快速、便捷、大容量的数字化通道将区内城市连通起来,走建设信息城市、数字城市之路。

第六,加强旅行社和各类旅游服务组织的联系,积极打造泛长三角各地区互补性旅游专线,推进旅游一体化进程。

第七,消除行政体制的歧视行为和做法,加大户籍制度、住房制度、就业制度、医疗制度、教育制度及社会保障制度等方面的改革力度,进一步完善食品认证体系、质量监督体系及信用评价标准,统一市场准入条件,拓宽商品交换绿色通道。

8.2 泛长江三角洲城乡统筹协调发展

区域一体化不仅需要城市之间横向协调,还需要城乡之间的纵向协调。按照科学发展观和"五个统筹"的要求,统筹城乡发展包括城乡政治、经济、生态环境、人口、文化及空间融合等方面内容。城乡一体化发展是社会经济发展的必然趋势，是生产力发展到一定水平，城市和乡村成了一个相互促进、相互依存的统一体，积极发挥城市与乡村各自优势及作用，使城市和乡村的劳动力、资金、技术、信息和资源等生产要素在一定区域内进行顺畅交流与组合，从而建立合理的城乡体系，同时做到生态协调及生活环境优雅，人们享有充分的自由。在经济、社会、生态环境效益统一的前提下，整个城乡经济全面、协调、可持续发展（冯德显，2005）。2010 年安徽省农民人均收入为 5 285 元，城市居民人均可支配收入为15 788元，城市居民收入是农民收入的 2.99 倍。江苏城市居民收入（22 944元）是农民收入（9 118 元）的 2.51 倍，浙江城市居民收入（27 359元）是农民收入（11 303 元）的 2.42 倍，上海城市居民收入（31 838元）是农民人均收入（13 746 元）的 2.32 倍。从城乡收入看，显然，泛长三角地区城乡差别还很大，还需要努力提升广大农村地区发展水平。要突破传统的城乡二元制观念，切实实施要求城乡一体化举措。

（1）强化中心城市的人口集聚及现代服务功能，为城市本身及周边腹地提供高质量的现代化服务，引导健康的现代城市思想观念和生活方式向农村地区传递，同时，农村地区要加快非农产业的发展，吸引中心城市的制造业和部分服务业转移，形成农村与中心城市间产业互补的发展格局。

（2）改变传统城市规划方法。实现城乡协调发展，将城市和乡村划分为二个规划体系的规划方法必须改变。传统的城市规划以区域为边界划分多个规划控制单元，把乡村和城市人为隔离开来，要打破这种格局，须以新的城市规划思路强化区域网络化格局。首先，要树立全局意识，城市规划的建设用地布局及基础设施建设应突破城乡之间、区域之间的行政边界束缚，必须强调农村和城市均具有不相上下的生产发展基础，只是生产功能有差别而已，具体作为何种用途开发，要根据地域发展需求而定，不该是以城乡界限范围而定。其次，在建设用地分类上，进行城市规划时应充分考虑到城市建设用地和农村建设用地的有机融合，不应以城市、集镇和乡村来区分土地使用性质，要实现各类用地均具有相同的发展机会。最后，在城市规划的配套保障指标上，须实现城市、集镇和农村居民点之间的有机统一，以区域性公共财政作保障，确保城乡建设在最初的规划阶段就能实现基础设施和社会公共服务的均衡化配置，为实现城乡融合、协调发展打下基础。

（3）城乡一体化进程不能搞一刀切。泛长江三角洲因为发展基础和区位原因，区域内城乡差异大，长三角地区城乡差异在日益缩小，而安徽地区的城乡差异却有拉大的趋势。应因地制宜，有条件的区域实施协调发展，甚至率先实现一体化，不具备条件的区域要稳步发展，不可跨度太大，要有区别地对待各区域的实际情况，不搞一刀切。

8.3 内核区产业转移的必然趋势

区域产业的整合是通过产业的运动来实现的（吴海东，2000），这种产业运动包括了产业转移和产业互补两种形式。产业转移是指产业层次较高的发达地区向产业层次较低的不发达地区的产业空间流转，产业转移由产业置换引发，又会推动产业置换。产业互补传递或是由于资源禀赋存在差异从而形成不同产业，或是由于产业层次的差别，形成产品、资源及产业在地区间的流动（冯年华，2004）。

内核区在经历长达 30 年的高速发展以后，早已越过经济起飞阶段，但持续多年的高速增长也使内核区的资源环境压力日渐突出，诸如电力供应等基础设施已不堪重负，土地和劳动力等生产要素价格更是急剧攀升。从三次产业布局来看，整个内核区的分布情况十分不合理，第二产业的比重畸高，第三产业普遍偏低。2010 年，内核区除了上海、南京和杭州少数城市第三产业比重达 50% 外，其余都只有 40%。与此同时，区域内部经济差异的逐步收敛也使得竞争日益加剧，企业利润空间不断被压缩。随着近年来自国际市场需求增长的势头逐步趋于疲软，以加工制造业发展为主导的增长模式也遇到了前所未有的阻力。毫无疑问，要实现内核区经济持续增长，就必须利用其与周边地区巨大的经济势能差，把该区那些价值链低端的产业向区外转移，"腾笼换鸟"，以加快产业升级，使内核区原先以制造业为主导的初级阶段产业结构向以金融服务业为主体的高级阶段产业结构推进。从这个意义上说，加快产业梯度转移，不仅是该地区各级政府推动产业进一步发展的战略选择，也是内核区向外释放其强大的经济与社会功能的必然表现（方劲松，2010）。

泛长三角地区场强强度所形成的"核心-外围"结构实际上也是产业的空间布局结构。要发挥泛长三角核心区、邻接区及外缘区各自比较优势，发展优势互补产业，实现区域共赢发展，最终实现区域一体化。泛长三角内核区应借助要素成本上升机遇，加快推动产业转型升级，大力培育新能源、新材料、生物工程、信息网络及海洋产业等新兴产业，努力形成与外围区优势互补的产业格局。向外围地区（含邻接区和外缘区）转移的产业主要应是城市产业中被高新产业替代但同时对转入地区经济有较强支撑力的那些产业。邻接区的外围区和外缘区，应大力发展劳动密集型产业和资源依赖型产业，在较短时间内，推动城市人口集聚、空间规模扩张和经济总量扩大，形成规模效应。产业转移方式可采用兼并与收购国内、区内企业的方式，也可以品牌、技术、管理及质量上的优势为依据，采取参股、控股等手段，实行产权投资。无论是哪种方式，其本质是采取低成本扩张战略来实现产业的转移和扩散。

8.4　安徽省承接长江三角洲产业转移

安徽居中靠东，沿江通海，是泛长三角落后地区，同时又是江、浙、沪沿海省份的能源基地、粮食基地和劳动力输出重要省份。从泛长三角场强板块区分布看，安徽所占区域很小，而且外缘区基本分布在安徽境内。随着国家促进中部崛起战略地深入实施，高速公路和铁路地加快建设，安徽区位优势、资源优势及科教优势日益凸显，在区域经济发展格局中的地位进一步提升，参与泛长三角分工与合作的基础进一步夯实。近年来，安徽坚持东向发展，积极融入长三角，与长三角地区在基础设施对接、市场融合、旅游合作及产业转移等方面都取得了长足进展，时空距离进一步拉近（殷君伯，2008）。国内外的经验充分表明，区域经济一体化是区域经济发展的必然趋势。内核区和长三角的快速发展，为与其无缝对接的安徽省带来了难得的机遇。基于安徽省在泛长三角中的劣势地位、自身发展潜力、当前发展势头以及从泛长三角区域一体化考量，就当前来说，安徽省应该积极采取相应措施加快承接长三角产业转移。

8.4.1　承接长江三角洲产业转移是安徽省经济发展的需求

按照区域经济学的梯度推进理论，每一国家或地区都处于一定的经济发展梯度上，低梯度国家或地区或者说后发区域的发展，相对于先发区域历经的某个发展阶段，可能会出现超常规的赶超行为，即实现跨越式发展。所以，参与发达国家的产业分工，充分发挥自身比较优势，从而带动本地区经济加快发展，一直是众多落后地区特别是当今一些发展中国家追赶发达地区的重要战略选择。安徽的经济发展水平与长三角平均发展水平差异显著，在泛长三角区域内处于落后的低梯度地区，应抓住全球产业转移和长三角泛化的历史机遇，积极参与泛长三角区域分工合作，构筑皖江区域经济增长极，辐射带动整个长江流域经济社会发展，有利于安徽加快构建现代产业体系，转变发展方式，推进经济转型，加速新型工业化和城市化进程，实现安徽经济跨越式发展。

多年来，安徽省为实现跨越式发展，一直积极实施东向发展战略，希望通过融入长三角经济区，搭乘区域经济一体化的快车，从而率先在中部地区崛起。特别是近两年来，安徽为抓住长三角地区产业升级和制造业纷纷内迁的契机，安徽省各地区积极打造各种平台，采取多种优惠政策，积极承接长三角的转移企业，以最大限度地吸纳该地区的资金和技术。

近年来，随着泛长三角内核区和邻接区的经济发展方式的转变、社会结构的转型和自主创新能力的快速增强，该长三角已进入一个区域结构的加快调整期，区域内城市间的"距离"在拉近。内核区及长三角中心城市和直接腹地经过多年发展基本上已经完成了城市功能的积聚，新兴市场要素正在注入，传统生产能力正在渐渐外溢，核心区的资源环境承载能力迅速下降。因此跨区域的发展是必然选择，于是核心区迫切需要安徽这样的纵深腹地以支持其可持续发展，达到优势互补的目的，目前，安徽与长三角地区生产要素跨区域流动趋势愈加频繁。据统计，安徽55%以上的省外资金来自长三角，75%的劳务输出也集中在长三角地区，70%以上的省际物流和通信面向该地区，一半以上的省际旅游客源来自长三角。承接内核区和长三角产业转移促进安徽产业结构优化升级，拓展产品销售市场，提高对外开放水平，推动体制创新步伐，是安徽经济发展的必然要求。

8.4.2　安徽省承接长江三角洲产业转移的条件

（1）区位及交通优势。从地理区位看，安徽省位于长三角的腹地，东邻江苏、东南接浙江，是中部省份与长三角地区距离最近、接壤最多的省份，正成为中部地区甚至全国的综合交通枢纽和物流中心，处于承接长三角产业转移的一线位置。自 2004 年始，安徽开始实施"861 行动计划"，总投入超过万亿元。仅国家支持的皖北地区"煤、电、盐、化一体化工程"，就将投资千亿元左右。作为国家支持的民族汽车企业的龙头，奇瑞和江汽两大集团年产值已突破 700 亿元大关。未来 10 年左右，铁道部将与安徽共注入资金 1 000 亿元，把安徽省建成全国重要的铁路枢纽。这些举措都必将拉动安徽交通运输业、能源、化工及加工制造业等产业的发展速度。这对于安徽省紧邻的长三角地区来说，无疑是良好的历史时机，定将给长三角的各类企业带来无限商机。目前，安徽省以高速铁路、高速公路、国际空港和内河航道为主体的快速交通体系已基本建成，今后数年将相继建成合武、合蚌客运专线、京沪安徽段及宁宜城际等高速铁路，率先在中西部建成高速铁路网，实现合肥一个多小时到南京、两个多小时到武汉、三个多小时到上海、四个多小时到北京的目标，这些目标已经实现，这样可以加速提升安徽省参与泛长三角地区分工与合作的区位优势。

（2）安徽自然资源丰富，自然环境优越，铜、铁、硫、水泥石灰岩和煤炭储量位居全国前列，是我国重要的能源基地和粮食基地；相对于东部地区，安徽省劳动力成本便宜，水资源充沛，土地资源相对宽松，综合商务成本较低，具有参与泛长三角区域分工合作的要素禀赋优势。

（3）科技创新基础。安徽拥有中科院合肥物质科学研究院等省级以上科研机构 158 家、中国科技大学等各类高校 101 所、国家大科学工程 4 个，拥有省部级重点实验室 43 个，合肥科技创新型试点市建设已取得重大进展，这些对安徽的科技创新正发挥重要作用。同时，高新技术产业正成为安徽新的经济增长点，合肥、芜湖和蚌埠三个高新技术开发区以及芜湖医药、铜陵电子材料等一批颇具特色的高新技术产业基地正在使科技资源转变为产业创新体系。并且，开辟了一系列的自主创新的产业发展大道，如以奇瑞、江汽为代表的汽车工业，已成为我国民族汽车自主知识产权及自主品牌的象征。这些创新资源方面的优势，使得安徽愈加成为泛长三角地区重要的高新技术产业化基地和科技成果输出地，为安徽参与泛长三角区域分工合作提供了广阔的空间。

（4）工业发展基础良好。皖江地区目前已经形成了特色明显的支柱产业基础，有建材、冶金、汽车及零部件等产业集群，拥有奇瑞、马钢和海螺水泥等一批国内外知名企业，物流服务业、现代农业和金融业等产业综合配套能力不断得到改善。在与长三角城市经济区的长期融合中，已经形成了产业发展的共生圈，皖江城市带加工产品50％以上是为长三角地区配套，家电和汽车等产业所需零部件的70％都来自长三角地区。合肥、芜湖自主创新的综合配套改革试验区建设加快推进，承接国内外高新技术项目的优势更加凸显。

8.4.3　安徽省承接长江三角洲产业转移的必要措施

安徽在参与泛长三角区域分工合作中，应本着互惠互利、合作共赢的原则，充分发挥区位优势、自然资源优势、劳动力资源优势、创新资源优势和产业优势，采取相应措施，实现泛长三角区域经济一体化。

（1）加强投资环境建设。硬环境建设最主要的是加快建设交通等相关基础设施，全方位、立体化打通与长三角的交通连接。加快连接长三角的多条高速公路建设，加强建设皖江内河港口，拓展江海联运，全方位实现铁路、公路、水运和航空等交通网络对接，构建通畅便捷、高效安全的现代化综合交通运输体系，形成完善的连接通道。安徽作为长三角地区最重要、最便捷的能源基地，尤其是加快煤电能源建设，想方设法降低电价，为承接长三角地区产业转移提供安全、廉价的能源保障。

软环境建设上国家要从投资政策、财税政策及金融政策上给予倾斜，对区内重大基础设施建设和重大产业项目，国家在规划编制、产业布局、审批核准、投资安排、资金补助及贷款贴息等方面应给予支持；行政体制的改革要与社会管理体制和经济体制的改革同步进行，吸收沿海地区的经验，逐步建立与沿海发达地区相一致的政府管理体制，充分发挥市场的调节作用，加强法制建设，建设法制市场，为承接产业转移提供良好的法律保障。要努力推动政策创新，比如，对于减轻企业社会责任方面，如企业的员工培训，可以采取"社会承办、政府买单、订单培训"的办法，以解决企业用工问题；对园区企业要实行集中排污治污，以降低企业成本等。对投资相关费用方面，进入安徽的外地项目审批过程中所产生的地方性行政收费应考虑采取适当放宽的优惠政策。此外，还可考虑设立产业转移基金，制定园区财政资金扶持办法等。采用各种积极有力的措施留住区内的高端人才，还要特别重视从区外引进掌握高新科技的人才资源。

（2）要做好产业承接的空间布局规划。安徽产业整体发展水平不高，且内部发展不均衡，因此，不同地区在承接长三角地区产业种类上，应该有所区别。如合肥、蚌埠、芜湖和马鞍山等地的经济基础与发展水平相对较高，人才、研发基础与技术储备都较好，是安徽实现跨越式发展的中坚力量及坚实基础，其承接的应限定在那些有技术前景的产业。安徽东南部一些地方，如宁国、当涂和宣城市区多年来一直是安徽县域经济中发展较好的地区，具备一定的发展基础，应当承接在技术上能与当地产业形成对接且有助于形成集聚效应的产业为主。安徽较为落后的北部和西部县市，以能否带动当地就业为主要判断依据来决定是否承接产业转移，当然前提是不能牺牲环境。2010 年 1 月 12 日，国务院正式批复实施《皖江城市带承接产业转移示范区规划》，标志着皖江城市带承接产业转移示范区建设上升为国家战略。安徽可以依托皖江城市带承接产业转移示范区，主动承接长三角产业转移，这将大大加速安徽的产业结构升级。

产业园区是承接产业转移的平台，要进一步做好各类园区的产业发展规划，加快园区功能、基础设施和服务平台的完善，注重产业链上下游的延伸和产业配套能力，科学界定园区的产业定位，重视打造特色园区，避免内部低水平竞争，做到差异化发展，错位化承接。

（3）控制引进产业项目标准。在招商引资活动中，应打好"特色牌""优势牌"，善于让投资者看到安徽特别是皖江地区的优势所在，以及优势的价值潜力所在，借特色之力推动经济的发展，以吸引更多的战略投资者。承接的应是能够做大做强的成长型产业，能够延长产业链的产业，能够丰富和弥补安徽主导产业组合条件的产业，能够带动、提升现有产业成为品牌的产业，能够利用安徽优势资源和尽快大规模开发的产业，能够吸纳大量劳动力的产业，能够为经济发展提供要素支撑条件的产业，包括人才、资本、管理、金融和现代物流等，能够推进安徽参与泛长三角区域分工合作的基础性产业，如交通和通信等。另外，在主动承接产业转移的同时应极其重视对环境的保护和治理，在产业选择上务必要注意避免一些高污染、高耗能的落后产业向安徽转移。

（4）培植安徽优势产业。承接产业转移是手段而不是目的，目的是促进本地资源的整合重组，优化升级，最终形成具有核心竞争优势的主导产业，在全国加工制造业领域形成安徽板块和集聚态势。近些年，安徽省加大资源开发力度，大力发展资源加工工业，培育了相当数量的资源加工龙头企业。但总体看，安徽资源加工工业大多为初级加工，而精深加工能力不足，其资源优势没有很好地转化为经济优势。因此，需要围绕优势资源开发，加强承接资源精深加工企业力度，拉长产业链，发展下游产品，提高产品的附加值和科技含量，做大做强安徽省资源加工型产业，这是安徽扩大经济总量、改善经济结构、加快经济发展最重要的现实选择。安徽拥有一批独具特色的优势产业，如汽车、电子信息、水泥、机械制造和冶金等，在国内有着举足轻重的地位，但问题是这些产业大多有点无面，规模还不足够大，实力还不足够强，故对本省经济的带动还不能足够地显现。另外，安徽还有众多在关键技术、关键环节上具有独特优势的产业和产品，由于缺少相关环节及技术支持与配合，要走上产业化、规模化的生产道路，还有很长距离。承接产业转移一方面有助于安徽对现有的优势产业做强做大；而另一方面可以拾遗补阙目前尚未形成优势的产业和产品，相互配套，尽快形成强大的生产能力。各类产业都可以在与长三角产业转移的大势中找准自己的坐标，明确自己的定位。

（5）加快发展现代服务业。现代服务业是现代经济的重要组成部分，是承接产业转移的重要条件。要培育引进一批重点物流企业，发展新型物流业态，立足本省承东启西、连南襟北的地理区位，建设一批大型专业市场和大型物流基地，建设一体化的区域性商贸基地和物流基地。要大力健全金融体系，发展金融服务业，拓宽服务领域，完善服务功能，提高服务质量。争取更多的外资银行和国内股份制银行来皖兴建分支机构，同时采取积极举措促进徽商银行做大做强。要大力发展企业管理服务、信息服务、法律服务和职业服务等中介组织。

（6）增强产业配套能力。产业的发展不是企业的简单集聚，而应该还有产业配套体系的完善，或可理解为一种产业网络的形成，这是实现产业承接成功与否的必要条件。因而，要更多地从产业配套体系和产业所需要的重要服务功能诸方面来考虑如何实现产业的整体承接。如上所述，安徽的产业整体实力依然弱小，较强竞争力的产业集群比较缺乏，尤其是正着力培育的电子信息、机械装备、化学化工和生物医药等产业更是缺少龙头企业的强力带动、关联企业的紧密对接以及配套企业的相互衔接。其深层次原因是安徽产业的配套能力较弱，一定程度上给龙头企业的驻入带来阻碍。需要转移的企业因为难以找到合适的配套企业，而当地的原料或产品又往往达不到转移企业的需求，造成企业所需的零配件仍然要到东部地区或国外采购，自然增加了企业负担，必然抵消了进驻安徽所带来的土地、资源和劳动力等方面的成本优势，造成转移来的企业很难发挥最大效应。联合国贸易与发展大会发表的《2001 年国际投资报告》中明文提出："国际投资不再朝低成本方向转移，而是向产业集群方向转移。"对此，经济学家们的解释是，时下产业配套集聚的优势已经超过低成本优势，产业集群已成为吸引外资投向的主导力量。围绕安徽"861"发展项目，要一一列出产业配套"清单"，有针对性地补强薄弱链条和引进缺失链条、提升关键链条。强调走规模化、专业化道路，细分产业链中某一产品或某一环节为主攻方向，通过内联外引方式促进形成众多大中小企业相互配套，形成带动力强、关联度大、辐射面广和集约化高的优势产业集群，推进承接产业转移和产业发展良性互动，提高安徽产业的综合实力。

（7）加强文化建设，提升城市发展内涵。城市内涵是一个城市具有竞争力的灵魂，包括城市的精神、文化和风格，是城市间彼此区别的关键标志。在承接产业转移中，能否成功引进"总部经济"，形成产业集群，城市内涵起着根本性的作用。城市文化是城市的灵魂，是城市内涵的关键。安徽有亳州市、歙县（黄山市辖县）、寿县（六安市辖县）、绩溪县（宣城市辖县）、安庆市等"历史文化名城"以及许多的"中国优秀旅游城市"，皖江地区素以历史悠久和文化璀璨著称。因此要做好城市文化定位，打造各具特色的"文化名城"，要加大文化投入，建设各种文化体育设施，着力提升群众文化生活质量，不断满足群众的精神文化需求。

参 考 文 献

[1] 朱舜，高丽娜，张春梅. 泛长三角经济区空间结构研究 [M].成都：西南财经大学出版社，2007.

[2] 陆大道. 区域发展及其空间结构 [M]. 北京：科学出版社，1995.

[3] 陆大道. 中国区域发展的新因素与新格局 [J]. 地理研究，2003，22 (5)：261-271.

[4] 万荣荣，贾宏俊. 安徽经济区域划分研究 [J]. 安徽师范大学学报：自然科学版，2001，24 (3)：298-301.

[5] 崔功豪，魏清泉，陈宗兴. 区域分析与规划 [M]. 北京：高等教育出版社，1999.

[6] 佘之祥. 长江三角洲经济区的由来和发展 [J]. 城市发展研究，2009，(10)：8-11.

[7] Baxter R S, Leniz G. The measurement of relative accessibility [J]. Regional Studies，1975，9 (1)：15-26.

[8] Berry B J L, Pred A. Central Place Studies：A bibliography of theory and application [M].Philadelphia：Regional Science Research Institute，1961.

[9] Berry B J L, Neils E. Location, Size, and shape of cities as influenced by environmental factors：the urban environment writ large [A]. In Perloff, H. S. ed.，The quality of the urban environment [C].Baltimore：The Johns Hopkins University Press，1969.

[10] Berry B J L. Hierarchical diffusion：the basis of developmental filterlng and spread in a system of growth centers. In Hansen, N. M.，ed. Growth centers in regional economic development [M]. New York：Free Press，1972.

[11] Berry B J L. The Human consequences of urbanization [M]. New York: St. Martin's Press, 1973.

[12] Bounge W. Theoretical Geography [M]. Lund: The Royal University of Lund, 1966.

[13] Boventer E V. Standortentscheidung und Raumstruktur [M]. Hannover: Hermane Schoedd Verlag, 1979: 50 – 135.

[14] Bowen J. Airline hubs in Southeast Asia: national economic development and modal accessibility [J]. Journal of Transport Geography, 2000, 8 (1): 25 – 41.

[15] Breheny M J. The measurement of spatial opportunity in strategic planning [J]. Regional Studies, 1978, 12 (4): 463 – 479.

[16] Cai F, Wang D, Du Y. Regional Disparity and Economic Growth in China: the Impact of Labor Market Distortions [J]. China Economy Review, 2002, 13 (2): 197 – 212.

[17] Chorley R J, Hagget P. Models in Geography [M]. New York: Methuen, 1967.

[18] Converse P D. the Elements of Marketing [M]. New Jersey: Prentice-Hall, 1965.

[19] Dickinson R E. The metropolitan regions of the united state [J]. Geographical Review, 1934, 24 (2): 278 – 291.

[20] Djankov S, Freund C. Trade flows in the Former Soviet Union, 1987 to 1996 [J]. Journal of Comparative Economics, 2002, 30 (1): 76 – 90.

[21] Forman R T T. Landscape Ecology [M]. New York: John Wiley and Sons, 1986.

[22] Fotheringham A S. A new set of spatial interaction models: the theory of competing destinations [J]. Environment and Planning A, 2011, 15 (1): 15 – 36.

[23] Friedmann J R. Regional development policy: A case study of Venezuela [M]. Cambridge: MIT Press, 1966.

[24] Friedman J R. Urbanization Planning and National

Development [M] . Beverly Hills, CA: Sage Publication, 1973.

[25] Friedman J R. The World City Hypothesis [J] . Development & Change, 1986, 17 (1): 69 – 83.

[26] Fuellhart K. Inter-metropolitan airport substitution by consumers in an asymmetrical airfare environment: Harrisburg, Philadelphia and Baltimore [J] . Journal of Transport Geography, 2003, 11 (4): 285 – 296.

[27] Fujita M, Hu D. Regional Disparity in China 1985 — 1994: the Effects of Globalization and Economic Liberalization [J] . The Annals of Regional Science, 2001, 35 (1): 3 – 37.

[28] Gallent N. The rural-urban fringe: A new priority for planning policy?　　[J] . Planning & Research, 2006, 21 (3): 383 –393.

[29] Gauthier H L. Transportation and the growth of the Sao Paulo economy [J] . Journal of Regional Science, 1968, 8 (1): 77 – 94.

[30] Geertman S C M. GIS and models of accessibility potential: an application in planning [J] . International Journal of Geographical Information System, 1995, 9 (1): 67 – 80.

[31] Gutierrezz J, Urbano P. Accessibility in the European union: the impact of the trans-European road network [J] . Journal of transport geography, 1996a, 4 (1): 15 – 25.

[32] Gutierrezz J, Gonzalez R. The European high-speed train network [J] . Journal of Transport Geography, 1996b, 4 (4): 227 –238.

[33] Gutierrezz J, Gomez G. The impact of orbital motorways on intra-metropolitan accessibility: the case of Madrid's M-40 [J] . Journal of Transport Geography, 1999, 7 (1): 1 – 15.

[34] Gutierrezz J. Location, economic potential and daily accessibility: ananalysis of the accessibility impact of the high-speed line Madrid-Barcelona-French border [J] . Journal of Transport Geography, 2001, 9 (4): 229 – 242.

[35] Haggett P. Locational analysis in Human Geograph [M]. London: Edward Arnold Ltd, 1966.

[36] Haggett P, Cliff A D. Locational Models [M]. London: Edward Amold Ltd, 1977.

[37] Hagerstrand T. Innovation diffusionas a Spatial Process [M]. Chicago: University of Chicago Press, 1968.

[38] Hagerstrand T. What about people in regional science? [J]. Papers in Regional Science, 1970, 24 (1): 6 – 21.

[39] HarveyJ M. Modelling accessibility using space-time prism concepts within geographical information systems [J]. International Journal of Geographical Systems, 1991, 5 (3): 287 – 301.

[40] Haughton G. Developing sustainable urban development models [J]. Cities, 1997, 14 (4): 189 – 195.

[41] Hillier B. Space is the machine: a configurational theory of architecture [M]. Cambridge: Cambridge University Press, 1996.

[42] Huallachain B O. Linkages and foreign direct investment in the united states [J]. Economic geography, 1984, 60 (3): 238 –253.

[43] Ingram D R. The concept of accessibility: a search for an operational form [J]. Regional Studies, 1971, 5 (2): 101 – 107.

[44] Isard W. Methods of Regional Analysis: an Introduction to regional Science [R]. Boston: MIT Press , 1960.

[45] Isard W. General theory: social, political, economic and regional [M]. Boston: MIT Press, 1969.

[46] Jiang B, Claramunt C, Batty M. Geometric Accessibility and Geographic Information: Extending Desktop GIS To Space Syntax [J]. Computers, Environment and Urban Systems, 1999, 23 (2): 127 –146.

[47] Kaufmann A. Patterns of innovation relations in metropolitan regions: the case of the Vienna urban region [J]. The Annals of Regional Science, 2007, 41 (3): 735 – 748.

[48] Kirby H R. Accessibility indices for abstract road networks

[J] . Regional Studies, 1976, 10 (4): 479 - 482.

[49] Koenig J G. Indicators of urban accessibility: theory and application [J] . Transportation, 1980, 9 (2): 145 - 172.

[50] Kunzmann K R, Wegener M. The Pattern of Urbanization in Western Europe [J] . Ekistics, 1991, 350 (351): 282 - 291.

[51] Linneker B J, Spence N A. Road transport infrastructure amd regogional economic development: The regional development effects of the M25 London Orbital Motorway [J] . Environment and Planning A. 1996, 4 (2): 77 - 92.

[52] Lu M, Wang E. Forging ahead and falling behind: changing regional inequalities in post-reform China [J] . Growth and Change, 2002, 33 (1): 42 - 71.

[53] Matsumoto H. International urban systems and air passenger and cargo flows: Some calculations [J] . Journal of Air Transport Management, 2004, 10 (4): 239 - 247.

[54] McGee T G. The emergence of Desakota regions in Asia: Expanding a hypothesis [A] //N. Ginsburg et al . (ed.), Extended Metropolis: settlement transition in Asia [C] . Honolulu: University of Hawaii Press, 1991: 3 - 25.

[55] Meyer D R. A Dynamic Model of the Integration of Frontier Urban Places into the United States System of Cities [J] . Economic geography, 1980, 56 (2): 120 - 140.

[56] Milan J. The Trans European Railway Network: three levels of services for the passengers [J] . Transport Policy, 1996, 3 (3): 99 -104.

[57] Miller H J. Measuring Space-Time Accessibility Benefits within Transportation Networks: Basic Theory and Computational Procedures [J] . Geographical Analysis, 1999, 31 (1): 1 - 26.

[58] Morrill R L. The shape of diffusion in space and time [J] . Economics Geography, 1970, 46 (6): 259 - 268.

[59] Mu L, Wang X. Population landscape: A geometric approach

to studying spatial pattern of the US urban hierarchy [J]. International Journal of Geographical Information Science, 2006, 20 (6): 649－667.

[60] Muller E K. Regional urbanization and the selective growth of towns in North American regions [J]. Journal of History Geography. 1977, 3 (1): 21－39.

[61] Murayama Y. The impact of railways on accessibility in the Japanese urban system [J]. Journal of Transport Geography, 1994, 2 (2): 87－100.

[62] O'Kelly M E, Grubesic T H. Backbone topology, access and the commercial Internet, 1997-2000 [J]. Environment and Planning B, 2002, 29 (4): 533－552.

[63] Perroux F. Economic space: theory and application [J]. the Quarterly Journal of Economics, 1950, 64 (1): 89－104.

[64] Pyrgiotis Y N. Urban Networking in Europe [J]. Ekistics, 1991, 58 (2): 272－276.

[65] Reilly W J. The Law of Retail Gravitation [M]. New York: The Knickerbocker Press, 1931.

[66] Stimson R J, Robson A, Shyy T K, Alistair R, Tung-Kai S. Modeling regional endogenous growth: an application to the non-metropolitan regions of Australia [J]. The Annals of Regional Science, 2009, 43 (2): 379－398.

[67] Rondinelli D A. Applied Methods of Regional Analysis: the Spatial Dimensions of Developments Policy [M]. Boulder: Westview Press, 1985.

[68] Rostow W W. The stages of economic growth: a non-communist manifesto [M]. Cambridge: Cambridge University Press, 1991.

[69] Russon M G, Vakil F. Convenience and distance decay in a short-haul model of United States air transportation [J]. Journal of Transport Geography, 1995, 3 (3): 179－185.

[70] Sakkas N, Pérez J. Elaborating metrics for the accessibility of

buildings [J]. Computers, Environment and Urban Systems, 2006, 30 (5): 661 – 685.

[71] Schaefer F K. Exceptionalism in Geography: A methodological examination [J]. Annals of the Association of American Geographyers, 1953, 43 (3): 226 – 249.

[72] Smith D A. Interaction within a fragmented states: the example of Hawaii [J]. Economic geography, 1963, 39 (3): 234 – 244.

[73] Siddall W R. Wholesale-Retail trade ratios as indices of urban centrality [J]. Economic Geography, 1961, 37 (2): 124 – 132.

[74] Spence N, Linneker B. Evolution of the motorway network and changing levels of accessibility in Great Britain [J]. Journal of Transport Geography, 1994, 2 (4): 247 – 264.

[75] Taffe E J. The urban hierarchy: an air passenger definition [J]. EconomicGeography, 1962, 38 (1): 1 – 14.

[76] Talen E, Anselin L. Assessing spatial equity: An evaluation of measures of accessibility to public playground [J]. Environment and Planning, 1998a, 30 (3): 595 – 614.

[77] Talen E. The social equity of urban service distribution: An exploration of park access in Pueblo, Colorado and Macon, Georgia [J]. Urban Geography, 1997, 18 (6): 521 – 541.

[78] Talen E. Visualizing fairness: equity maps for planners [J]. Journal of the American Planning Association, 1998b, 64 (1): 22 – 38.

[79] Taylor J A. The ecological basis of land use [M]. New York: John Wiley and Sons, 1984.

[80] Thomas E N. Areal associations between population growth and selected factors in the Chicago urbanized area [J]. Economic Geography, 1960, 36 (2): 158 – 170.

[81] Tsou K W, Hung Y T, Chang Y L. An accessibility-based integrated measure of relative spatial equity in urban public facilities [J]. Cities, 2005, 22 (6): 424 – 435.

[82] Ullman E L. American Commondity Flow [M]. Esattle: University of Washington Press, 1957.

[83] Wachs M, Kumagai T G. Physical accessibility as social indicator [J]. Socio-Economic Planning Science, 1973, 7 (5): 437 -456.

[84] Wheeler D C, O' Kelly M E. Network topology and city accessibility of the commercial Internet [J]. the Professional Geographer, 1999, 51 (3): 327 - 339.

[85] Whittaker R. Biological management and conservation [M]. London: Houghton Co, 1975.

[86] Wilson A G. A statistical theory of spatial distribution models [J]. Transportation Research, 1967, 1 (3): 253 - 269.

[87] Wilson A G. A family of spatial interaction models and associated developments [J]. Environment and Planning, 1971, 3 (1): 1 - 32.

[88] Yu H, Shaw S L. Revisiting gerstrand' s time-geographic framework for individual activities in the age of instant access [M]. Netherlands: Springer Science, 2007: 103 - 118.

[89] Zipf G K. Some determinants of the circulation of information [J]. the American Journal of Psychology, 1946a, 59 (3): 401 - 421.

[90] Zipf G K. The P1P2/D Hypothesis: on the intercity movement of persons [J]. American sociolological review, 1946b, 11 (6): 677 - 686.

[91][美]艾萨德. 区域学 [M]. 徐继成, 译. 沈阳: 辽宁科学技术出版社, 1992.

[92] 敖荣军. 中国地区经济差距及其演变的产业变动因素 [J]. 长江流域资源与环境, 2007, 16 (4): 420 - 424.

[93] 陈才. 区域经济地理学原理 [M]. 北京: 中国科学技术出版社, 1991.

[94] 陈栋生. 区域经济学 [M]. 郑州: 河南人民出版社, 1993.

[95] 陈洁, 陆锋, 程昌秀. 可达性度量方法及应用研究进展评述

[J]．地理科学进展，2007，26（5）：100－110.

[96] 陈田．我国城市经济影响区域系统的初步分析［J］．地理学报，1987，42（4）：308－318.

[97] 陈彦光，王永洁．城市体系相关作用的分形研究［J］．科技通报，1997，13（4）：233－237.

[98] 陈彦光．空间相互作用模型的形式、量纲和局域性问题探讨［J］．北京大学学报：自然科学版，2009，45（2）：333－338.

[99] 陈勇，陈荣，艾南山，等．城市规模分布的分形研究［J］．经济地理，1993，13（3）：48－53.

[100] 陈勇，艾南山．城市结构的分形研究［J］．地理学与国土研究，1994，10（4）：35－41.

[101] 蔡渝平．地域结构的演变和预测［J］．地理学报，1987，42（1）：69－81.

[102] 曹小曙，阎小培．经济发达地区交通网络演化对通达性空间格局的影响——以广东省东莞市为例［J］．地理研究，2003，22（3）：305－312.

[103] 曹小曙，薛德升，阎小培．中国干线公路网络联结的城市通达性［J］．地理学报，2005，60（6）：903－910.

[104] 车冰清，朱传耿，杜艳，等．淮海经济区城市空间影响范围与城市经济区划分［J］．人文地理，2010，（5）：86－91.

[105] 崔功豪，王本炎．城市地理学［M］．南京：江苏教育出版社，1992.

[106] 崔树强，费洪平．胶济沿线产业带空间结构演化模式研究（下）［J］．山东师大学报：自然科学版，1995，10（1）：50－53.

[107] 戴旻，陈国生，陆利军．湖南省城市空间影响范围划分与城市经济区问题［J］．经济地理，2008，28（3）：430－433.

[108] 戴学珍．论京津空间相互作用［J］．地理科学，2002，22（3）：257－262.

[109] 邓先瑞，徐东文，邓魏．关于江汉平原城市群的若干问题［J］．经济地理，1997，17（4）：82－84.

[110] 董青，刘海珍，刘加珍，等．基于空间相互作用的中国城市

群体系空间结构研究 [J] . 经济地理, 2010, 30 (6): 926 - 932.

[111] 范剑勇, 朱省林 . 中国地区差距演变及其结构分解 [J] . 管理世界, 2002, (7): 37 - 44.

[112] 费洪平, 崔树强 . 胶济沿线产业带空间结构的演化模式研究 (上) [J] . 山东师大学报: 自然科学版, 1993, 8 (3): 67 - 71.

[113] 冯云廷 . 城市化过程中的城市聚集机制 [J] . 经济地理, 2005, 25 (6): 814 - 816.

[114] 高鹏飞, 徐逸伦, 张楠楠 . 高速铁路对区域可达性的影响研究——以沪宁地区为例 [J] . 经济地理, 2004, 24 (3): 407 - 411.

[115] 高小真 . 空间相互作用模型的发展与应用 [J] . 经济地理, 1989, 9 (4): 251 - 255.

[116] 顾朝林 . 中国城市经济区划分的初步研究 [J] . 地理学报, 1991, 46 (2): 129 - 141.

[117] 顾朝林, 赵晓斌 . 中国区域开发模式的选择 [J] . 地理研究, 1995, 14 (4): 8 - 22.

[118] 顾朝林, 张敏 . 长江三角洲城市连绵区发展战略研究 [J] . 城市问题, 2000, (1): 7 - 11.

[119] 顾朝林, 庞海峰 . 基于重力模型的中国城市体系空间联系与层域划分 [J] . 地理研究, 2008, 27 (1): 1 - 12.

[120] 管卫华, 林振山, 顾朝林 . 中国区域经济发展差异及其原因的多尺度分析 [J] . 经济研究, 2006, (7): 117 - 125.

[121] 何伟 . 区域城市空间结构及优化研究——以江苏省淮安市为例 [M] . 南京: 南京农业大学出版社, 2002.

[122] 胡焕庸, 张善余 . 中国人口地理 (上、下) [M] . 上海: 华东师范大学出版社, 1984.

[123] 黄建毅, 张平宇, 刘毅 . 1990 年以来黑龙江省城市经济影响区范围变化研究 [J] . 经济地理, 2010, 30 (7): 1118 - 1123.

[124] 江斌, 黄波, 陆锋 . GIS 环境下的空间分析和地学视觉化 [M] . 北京: 高等教育出版社, 2002.

[125] 金凤君, 王姣娥 . 20 世纪中国铁路网扩展及其空间通达性 [J] . 地理学报, 2004, 59 (2): 293 - 302.

[126] 李春芬. 区际联系——区域地理学的近期前沿 [J]. 地理学报, 1995, 50 (6): 491-496.

[127] 李国平, 杨开忠. 外商对华直接投资的产业与空间转移特征及其机制研究 [J]. 地理科学, 2000, 20 (2): 102-109.

[128] 李国平. 中国区域空间结构研究的回顾及展望 [J]. 经济地理, 2012, 32 (4): 6-11.

[129] 李家清. 两湖平原城市体系的结构与功能研究 [J]. 华中师范大学学报, 1995, 29 (4): 522-528.

[130] 李俊峰, 焦华富. 江淮城市群空间联系及整合模式 [J]. 地理研究, 2010, 29 (3): 535-544.

[131] 李平华, 陆玉麒. 城市可达性研究的理论与方法评述 [J]. 城市问题, 2001, (1): 69-73.

[132] 李巍, 毛文梁. 青藏高原东北缘生态脆弱区城市体系空间结构研究 [J]. 冰川冻土, 2011, 23 (6): 1427-1434.

[133] 李晓帆. 生产力流动论 [M]. 北京: 人民出版社, 1993.

[134] 梁进社. 论节点走廊模式对我国城市体系规划的适用性[J]. 城市规划, 2005, 29 (4): 30-34.

[135] 梁玉芬. 城市空间结构决定的城市功能模式探讨 [J]. 海淀走读大学学报, 2003, 63 (3): 48-51.

[136] 林玲. 城市与经济发展 [M]. 武汉: 湖北人民出版社, 1995.

[137] 刘承良, 余瑞林, 熊剑平, 等. 武汉都市圈路网空间通达性分析 [J]. 地理学报, 2009, 64 (12): 1488-1498.

[138] 刘继生, 陈彦光. 城市体系空间结构的分形维数及其测算方法 [J]. 地理研究, 1999, 18 (2): 171-178.

[139] 刘继生, 陈彦光. 东北地区城市体系分形结构的地理空间图式 [J]. 人文地理, 2000, 15 (6): 9-16.

[140] 刘继生, 陈彦光, 刘志刚. 点-轴系统的分形结构及其空间复杂性探讨 [J]. 地理研究, 2003, 22 (4): 447-454.

[141] 刘彦随. 山地土地类型的结构分析与优化利用——以陕西秦岭山地为例 [J]. 地理学报, 2001, 56 (4): 426-436.

[142] 刘兆德，陈素清. 城市经济区划分方法的初步研究 [J]. 人文地理，1996，11（增刊）：38-40.

[143] 刘振灵. 资源基础型城市群城市体系规模结构的时空演变研究 [J]. 资源科学，2011，33（6）：1118-1125.

[144] 陆大道. 人文地理学中区域分析的初步探讨 [J]. 地理学报，1984，39（4）：397-407.

[145] 陆大道. 2000年我国工业布局总图的科学基础 [J]. 地理科学，1986，6（2）：110-118.

[146] 陆大道. 区位论及区域研究方法 [M]. 北京：科学出版社，1991.

[147] 陆大道. 关于"点-轴"空间结构系统的形成机理分析 [J]. 地理科学，2002，22（1）：1-6.

[148] 陆军. 论京津冀城市经济区域的空间扩散运动 [J]. 经济地理，2002，22（5）：574-578.

[149] 陆玉麒. 哀牢山的梯田景观 [J]. 热带地理，1994，14（2）：180-185.

[150] 陆玉麒. 区域双核结构模式的形成机理 [J]. 地理学报，2002a，57（1）：85-96.

[151] 陆玉麒. 论点轴系统理论的科学内涵 [J]. 地理科学，2002b，22（2）：136-143.

[152] 马立平. 统计数据标准化——无量纲化方法 [J]. 北京统计，2000，121（3）：34-35.

[153] 牛慧恩，孟庆民，胡其昌，等. 甘肃与毗邻省区区域经济联系研究 [J]. 经济地理，1998，18（3）：51-56.

[154] 牛亚菲. 中心地模式的实验研究——江苏省赣榆县和灌云县城市网的优化设计 [J]. 地理学报，1989，44（2）：167-172.

[155] 欧向军，沈正平，朱传耿. 江苏省区域经济差异演变的空间分析 [J]. 经济地理，2007，27（1）：78-83.

[156] 潘裕娟，曹小曙. 乡村地区公路网通达性水平研究——以广东省连州市12乡镇为例 [J]. 人文地理，2010，111（1）：94-99.

[157] 覃成林，李敏纳. 区域经济空间分异机制研究——一个理论

分析模型及其在黄河流域的应用 [J]. 地理研究，2010，29 (10)：1780 - 1792.

[158] 单卫东，包浩生. 区域中心城市地价的空间扩散研究 [J]. 经济地理，1997b，17 (1)：42 - 45.

[159] 沈玉芳. 长三角地区城市空间模式的结构特征及其优化和重构构想 [J]. 现代城市研究，2011，(2)：15 - 23.

[160] 沈惊宏，陆玉麒，段保霞. 承接长三角产业转移背景下的皖江示范区通达性分析 [J]. 经济地理，2011，31 (11)：1786 - 1792.

[161] 沈惊宏，陆玉麒，兰小机，等. 区域综合交通可达性评价——以安徽省为例 [J]. 地理研究，2012，31 (7)：1280 - 1293.

[162] 沈惊宏，孟德友，陆玉麒，等. 中国入境旅游经济地区差距演变及其结构分解 [J]. 人文地理，2013，(1)：80 - 86.

[163] 沈惊宏，陆玉麒，靳诚，等. 区域旅游经济影响力的空间格局分析 [J]. 地理与地理信息科学，2012，28 (4)：83 - 87.

[164] 沈惊宏，陆玉麒，周玉翠，等. 皖江城市群旅游经济空间联系格局 [J]. 长江流域资源与环境，2012，21 (12)：1434 - 1441.

[165] 沈惊宏，陆玉麒，韩立钦，等. 基于"点—轴"理论的皖江城市带旅游空间布局整合 [J]. 经济地理，2012，32 (7)：43 - 49.

[166] 沈惊宏，孟德友，陆玉麒. 皖江城市带承接长三角产业转移的空间差异分析 [J]. 经济地理，2012，32 (3)：43 - 49.

[167] 沈惊宏，陆玉麒，周玉翠，等. 安徽省国内旅游经济增长与区域差异空间格局演变 [J]. 地理科学，2012，32 (10)：1220 - 1228.

[168] 沈惊宏，陆玉麒，兰小机. 基于分形理论的公路交通网络与区域经济发展关系的研究 [J]. 地理科学，2012，32 (6)：658 - 665.

[169] 石敏俊，金凤君，李娜，等. 中国地区间经济联系与区域发展驱动力分析 [J]. 地理学报，2006，61 (6)：593 - 603.

[170] 宋小冬，钮心毅. 再论居民出行可达性的计算机辅助评价 [J]. 城市规划汇刊，2000，(3)：18 - 22.

[171] 孙敬之. 80 年代中国人口变动分析——中国人口续篇 [M]. 北京：中国财政经济出版社，1996.

[172] 谭遂，杨开忠，谭成文. 基于自组织理论的两种城市空间结

构动态模型比较 [J]．经济地理，2002，22（3）：322 - 326.

[173] 唐小波．西方空间相互作用模型评析 [J]．北京教育学院学报，1994，(2)：26 - 34.

[174] 田方，林发棠．中国人口迁移 [M]．北京：知识出版社，1986.

[175] 王桂圆，陈眉舞．基于 GIS 的城市势力圈测度研究：以长江三角洲地区为例 [J]．地理与地理信息科学，2004，20（3）：69 - 73.

[176] 王娇娥，金凤君，孙炜，等．中国机场体系的空间格局及其服务水平 [J]．地理学报，2006，61（8）：829 - 838.

[177] 王新生，郭庆胜，姜友华．一种用于界定经济客体空间影响范围的方法 Voronoi 图 [J]．地理研究，2000，19（3）：333 - 315.

[178] 王心源．自然地理因素对城市体系空间结构影响的样式分析 [J]．地理科学进展，2001，20（l）：57 - 63.

[179] 魏立华，丛艳国．城际快速列车对大都市区通达性空间格局的影响机制分析 [J]．经济地理，2004，24（6）：834 - 837.

[180] 吴海东，丁登奎．论重庆经济发展中的区域整合 [J]．探索，2000（1）：110 - 111.

[181] 吴启焰．城市密集区空间结构特征及演变机制——从城市群到大都市带 [J]．人文地理，1999，14（1）：11 - 16.

[182] 吴威，曹有挥，曹卫东，等．长江三角洲公路网络的可达性空间格局及其演化 [J]．地理学报，2006，61（10）：1065 - 1074.

[183] 吴威，曹有挥，曹卫东，等．区域高速公路网络构建对可达性空间格局的影响——以安徽沿江地区为实证 [J]．长江流域资源与环境，2007a，16（6）：726 - 731.

[184] 吴威，曹有挥，曹卫东，等．开放条件下长江三角洲区域的综合交通可达性空间格局 [J]．地理研究，2007b，26（2）：391 - 401.

[185] 吴威，曹有挥，梁双波．20 世纪 80 年代以来长三角地区综合交通可达性的时空演化 [J]．地理科学进展，2010，29（5）：619 - 626.

[186] 许学强，程玉鸿．珠江三角洲城市群的城市竞争力时空演变 [J]．地理科学，2006，26（3）：257 - 265.

[187] 许学强，周春山．论珠江三角洲大都会的形成 [J]．城市问

题，1994，（3）：3-6.

[188] 许学强，朱剑如. 现代城市地理学 [M]. 北京：中国建筑工业出版社，1988.

[189] 熊世伟，葛越峰. 跨国公司在上海的区位行为及其空间影响 [J]. 地理科学，2000，20（3）：229-235.

[190] 薛东前，姚士谋. 我国城市系统的形成和演进机制 [J]. 人文地理，2000a，15（1）：35-38.

[191] 薛东前，姚士谋，张红. 关于城市群的功能关系与结构优化 [J]. 经济地理，2000b，20（6）：52-55.

[192] 薛东前，孙建平. 城市群体结构及其演进 [J]. 人文地理，2003，18（4）：64-68.

[193] 薛领，杨开忠. 基于空间相互作用模型的商业布局 [J]. 地理研究，2005，24（2）：265-273.

[194] 严国芬. 对我国城市化动力机制的分析 [J]. 城市规划，1988，（1）：39-41.

[195] 杨家文，周一星. 通达性：概念，度量及应用 [J]. 地理学与国土研究，1999，15（2）：61-66.

[196] 杨建华. 从长三角到泛长三角 [J]. 南通大学学报，2008，24（5）：1-7.

[197] 杨吾杨. 区位论原理——产业、城市和区域的区位经济分析 [M]. 兰州：甘肃出版社，1987.

[198] 杨吾杨，梁进社. 高等经济地理学 [M]. 北京：北京大学出版社，1997.

[199] 阎小培，郭建国，胡宇冰. 穗港澳都市连绵区的形成机制研究 [J]. 地理研究，1997，16（6）：22-29.

[200] 阎小培，毛蒋兴，普军. 巨型城市区域土地利用变化的人文因素分析——以珠江三角洲地区为例 [J]. 地理学报，2006，61（6）：613-623.

[201] 闫卫阳，郭庆胜，李圣权. 基于加权 Voronoi 图的城市经济区划分方法探讨 [J]. 华中师范大学学报：自然科学版，2003，37（4）：567-571.

[202] 闫卫阳，秦耀辰，郭庆胜，等．城市断裂点理论的验证、扩展及应用 [J]．人文地理，2004，19（12）：12-16.

[203] 闫卫阳，王发曾，秦耀辰．城市空间相互作用理论模型的演进与机理 [J]．地理科学进展，2009，28（4）：511-518.

[204] 姚士谋，王书国，陈爽，等．区域发展中"城市群现象"的空间系统探索 [J]．经济地理，2006，26（5）：726-730.

[205] 姚士谋．我国城市群的特征、类型与空间布局 [J]．城市问题，1992，(1)：10-15.

[206] 姚士谋，朱英明，陈振光．信息环境下城市群区的发展[J]．城市规划，2001a，25（8）：16-18.

[207] 姚士谋，朱英明，陈振光．中国城市群（第二版）[M]．合肥：中国科学技术大学出版社，2001b.

[208] 叶大年．地理与对称 [M]．上海：上海教育出版社，2000.

[209] 叶大年．中国城市的对称性 [J]．中国科学，2001，31（7）：608-617.

[210] 虞孝感，段学军，刘学军，等．人地关系转折时期对策——调整结构与一体化战略——解读"欧洲 2020 战略与长江三角洲地区规划"[J]．经济地理，2010，30（9）：1409-1416.

[211] 俞德鹏．户籍制度与城市化 [J]．城市问题，1994（1）：46-48.

[212] 于洪俊，宁越敏．城市地理概论 [M]．合肥：安徽科学技术出版社，1983.

[213] 张兵，金凤君，于良．近 20 年来湖南公路网络优化与空间格局演变 [J]．地理研究，2007，26（4）：712-721.

[214] 张京祥．城市群体空间组合 [M]．南京：东南大学出版社，2000.

[215] 张立.1980 年代以来我国区域城市化差异的演变及其影响因素 [J]．城市规划，2010，34（5）：9-17.

[216] 张莉，陆玉麒．基于陆路交通网的区域可达性评价——以长江三角洲为例 [J]．地理学报，2006，61（12）：1235-1246.

[217] 张莉．区域空间结构的点轴式分析方法研究——以长江三角

洲为例 [D]．南京：南京师范大学，2008a．

[218] 张莉，陆玉麒，赵元正．基于时间可达性的城市吸引范围的划分 [J]．地理研究，2009，28 (3)：803－816．

[219] 张莉，陆玉麒，赵元正．医院可达性评价与规划——以江苏省仪征市为例 [J]．人文地理，2008b (2)：60－66．

[220] 张文尝，金凤君，唐秀芬．空间运输联系的分布与交流规律研究 [J]．地理学报，1994a，49 (6)：490－499．

[221] 张文尝，金凤君，唐秀芬．空间运输联系的分布与增长规律研究 [J]．地理学报，1994b，49 (5)：440－449．

[222] 张文忠，庞效明，杨荫凯．跨国企业投资的区位行为与企业空间组织联系特征——以在华投资的日资和韩资企业为例 [J]．地理科学，2000，20 (1)：7－13．

[223] 张孝德．中国城市化的陷阱：政府主导下的城市规模扩大 [J]．改革，2001 (6)：5－8．

[224] 赵荣，王恩涌，张小林，等．人文地理学（第二版）[M]．北京：高等教育出版社，2006．

[225] 周丽．城市发展轴与城市地理形态 [J]．经济地理，1986，6 (3)：184－190．

[226] 周一星．城市地理学 [M]．北京：商务印书馆，2003a．

[227] 周一星，张莉．改革开放条件下的中国城市经济区 [J]．地理学报，2003b，58 (2)：271－284．

[228] 朱英明．我国城市群区域联系的理论与实证研究 [D]．南京：中科院南京湖泊所，2000．

[229] 朱英明．我国城市群区域联系发展趋势 [J]．城市问题，2001a (6)：22－24．

[230] 朱英明．我国城市群地域结构特征及发展趋势研究 [J]．城市规划汇刊，2001b (4)：28－30．

[231] 王振．泛长三角地区经济发展报告2010—2011 [M]．上海：上海人民出版社，2011．

[232] Fan C C. Of belts and ladders: state policy and uneven regional development in post-Mao China [J]. Annals of Association of

American Geographers，1995，85（3）：421－449.

[233] 欧向军，沈正平，王荣成．中国区域经济增长与差异格局演变探析 [J]．地理科学，2006，26（6）：641－648.

[234] 金凤君．基础设施与人类生存环境之关系研究 [J]．地理科学进展，2001，20（3）：276－285.

[235] 王成金．中国高速公路网的发展演化及区域效应研究 [J]．地理科学进展，2006，25（6）：126－137.

[236] Dupuy G, Stransky V. Cities and highway networks in Europe [J]. Journal of Transport Geography, 1996, 4（2）：107－121.

[237] Geurs K T, Wee B. Accessibility evaluation of land-use and transport strategies review and research directions [J]. Journal of Transport Geography, 2004, 12（2）：127－140.

[238] 方创琳，宋吉涛，张蔷，等．中国城市群结构体系的组成与空间分异格局 [J]．地理学报，2005，60（5）：827－840.

[239] 潘竟虎，石培基，董晓峰．中国地级以上城市腹地的测度分析 [J]．地理学报，2008，63（6）：635－645.

[240] 麦土荣，宋周莺，刘卫东．西部地区的经济空间格局研究 [J]．经济地理，2010，30（9）：1417－1422.

[241] 王丽，邓羽，刘盛和，等．基于改进场模型的城市影响范围动态演变 [J]．地理学报，2011，66（2）：189－198.

[242] 吴启焰，陈浩．云南城市经济影响区空间组织演变规律[J]．地理学报，2007，62（12）：1244－1252.

[243] 邓祖涛．长江流域城市空间结构演变规律及机理研究 [D]．南京：南京师范大学，2006.

[244] 谢守红．苏锡常城市群空间发展及其动力机制分析 [J]．经济地理，2011，31（11）：1811－1815.

[245] 陆玉麒．区域发展中的空间结构研究 [M]．南京：南京师范大学出版社，1998.

[246] 孙胤社．城市空间结构的扩散演变：理论与实证 [J]．城市规划，1994，（5）：16－20.

[247] 朱杰，管卫华，蒋志欣，等．江苏省城市经济影响区格局变化 [J]．地理学报，2007，62 (10)：1023-1033.

[248] 方创琳．中国城市群形成发育的新格局及新趋向 [J]．地理科学，2011，31 (9)：25-34.

[249] 刘勇．区域空间结构演化的动力机制及影响路径探讨 [J]．河南师范大学学报：哲学社会科学版，2009，36 (6)：60-64.

[250] 魏也华，马润潮．我国基本建设投资区域分布的变化 [J]．地理科学，1994，14 (1)：22-29.

[251] 费潇．优化和提升泛长三角发展格局 [J]．今日浙江，2012，(4)：31-32.

[252] 单卫东，包浩生．地理系统非均质空间扩散定量研究 [J]．地理学报，1996，51 (4)：289-295.

[253] 单卫东，包浩生，张凤轩．非均质空间动态随机扩散的一般方程及其应用 [J]．地理科学，1997a，17 (2)：127-133.

[254] 苏建旭．技术创新空间扩散机理研究 [M]．天津：河北工业大学出版社，2000.

[255] 宁越敏，严重敏．我国中心城市的不平衡发展及空间扩散的研究 [J]．地理学报，1993，48 (2)：97-104.

[256] 陈修颖．区域空间结构重组：理论基础、动力机制及其实现 [J]．经济地理，2003b，23 (4)：445-450.

[257] 陈修颖．区域空间结构重组：理论与实践 [M]．南京：东南大学出版社，2005.

[258] 陈修颖．长江经济带空间结构演化及重组 [J]．地理学报，2007，62 (12)：1265-1276.

[259] 李国平，杨军．网络化大都市——杭州市空间发展新战略 [M]．北京：中国建筑工业出版社，2009.

[260] 王铮，邓悦，葛昭攀，等．理论经济地理学 [M]．北京：科学出版社，2002.

[261] 吴传钧，刘建一，甘国辉．现代经济地理学 [M]．南京：江苏教育出版社，1997.

[262] 李小建．经济地理学 [M]．北京：高等教育出版社，1999.

[263] 曾菊新. 试论空间经济结构 [J]. 华中师范大学学报：哲社版，1996，(2)：8-13.

[264] 曾菊新. 空间经济：系统与结构 [M]. 武汉：武汉大学出版社，1996.

[265] 顾朝林，张敏，张成. 长江三角洲城市群发展研究 [J]. 长江流域资源与环境，2006，6 (15)：771-775.

[266] 王合生，李昌峰. 长江沿江区域空间结构系统调控研究 [J]. 长江流域资源与环境，2000，9 (3)：260-267.

[267] 王发曾，刘静玉. 我国城市群整合发展的基础与实践 [J]. 地理科学进展，2007，26 (5)：88-99.

[268] 沈玉芳，张超，张之超. 上海与长江中上游地区经济协调发展研究 [J]. 长江流域资源与环境，2000，9 (4)：307-404.

[269] 陈修颖. 区域空间结构重组理论初探 [J]. 地理与地理信息科学，2003a，19 (2)：65-69.

[270] 顾朝林. 经济全球化与中国城市发展 [M]. 北京：商务印书馆，1999.

[271] 冯德显. 中原城市群竞合关系及一体化战略研究 [J]. 地域研究与开发，2005，24 (6)：11-17.

[272] 冯年华. 苏锡常区域整合及其协调机制研究 [J]. 地域研究与开发，2004，23 (3)：4-7.

[273] 方劲松. 承接长三角产业转移与安徽实现跨越式发展 [J]. 江淮论坛，2010，(2)：27-30.

[274] 殷君伯，刘志迎. 泛长三角区域发展分工与合作 [M]. 合肥：安徽人民出版社，2008.